後藤彰信　著

石川三四郎と日本アナーキズム

同成社

目次

石川三四郎と日本アナーキズム

序章　日本的アナーキズム論——切穴を潜る人々——

近代日本社会において、アナーキストであるということはいかなる意義と意味をもつのか。この大きな問についての私なりの答えが本書であるが、本書に収録した論考には最も早いものでは三〇年前に発表したものもあるので、はじめにこの間の私の本テーマについての向き合い方の変化も含めて、現時点での総括的な展望を提示しておきたい。

まず、社会思想史を学ぶ者としての立場から言えば、戦前の諸社会運動は、天皇制イデオロギーが民衆動員において発揮する独特の機能を見過ごしたのではないかという想いがある。それはつまり、安丸良夫氏が定式化したように(1)、戦前日本においては民衆が価値だと考えるものを体制の側が独占的に確保していたし、民衆が価値的でありたいと願うその願望を体制が易々と吸収しうる独特の社会編成原理が存在したということである。そのことによって体制が民衆の国家への献身を容易に回収できたことを、体制に抗する側は十分に認識していたとは言えなかった。それ故、このようなシステムに対して、単にイデオロギー暴露で応じたのであった。その意味で非常に政治主義的であったのであり、また同時に「科学主義」的でもあったのである。彼ら、体制批判者にとって、彼らの用いる「政治」とは、同時に「科学」でもあった。したがって、「科学」を運用している彼らは、自らを変革主体であると同時に倫理の形成主体、価値の形成主体でもあらねばならないものとして自己認識することもできなかったのである。「科学」としての「政治」の実践主体は、その内実を問われることはない。このような社会編成原理に抗するためには、自らの変革主体としての倫理的なありかたを自己点検するような契機を含み込んだ変革思想こそが必要なのであった。その結果、体制が独占的に確保している価値と異なる価値の体系を、民衆の世界のなかから引き出しえなかった。

ここでいう日本社会独特の社会編成原理とは、以下のようなものを意図している。日常的な徳目の具体化と、「国家」的かつ「伝統的」な大義（あるべき公的世界を実現する拠り所）とが直結していることが、この社会編成原理の要諦だと思われる。つまり、ここで日常の非政治の領域から政治の領域への跳躍が可能となるわけであるが、その一挙の跳躍を可能にする（媒介する）のは「天皇制」に内包される倫理性・道徳性（その裏づけとしての「歴史的事実」＝「万世一系」性）であった。また一方、日本においては神代から徳化があまねくいきわたっておりその伝統を「万世一系」の天皇が体現・継承しているという信念は、この国の「無比」な国体とそこから湧出する「道徳性」を根拠づけることになる。さればこそ、内部的には、異分子（意見を異にする者）を排除する論理が、「道徳性」への背反という名分で発動され、外的には、他国の固有の論理や文化を否定し去る論理に容易に転態していくわけである。

してみれば、このような社会編成原理は、近代においては、はなはだしく非寛容な性格を帯び、同時にそれがゆえに強い凝集力をもつイデオロギーにも転化しえたのであろうと思われる。これは、いわゆるエスノセントリズムの一般的特徴とみなせないこともないが、日常的な秩序意識と公的な大状況的な秩序意識を相互浸透させる機能をもつ「天皇制的なもの」が介在していることからすれば単純にそうとも言えず、日本のナショナリズムはこのように奇妙なエスノセントリズム的なものを中核として生まれ出た特殊なものであることは銘記されるべきである。

したがって、アナーキストたちが戦いを挑むべきであったのは、体制そのものだけではなく、反体制運動をも自らをも包み込む、このような社会編成原理そのものであった。そして、その思想と運動は、自らどのような価値に関わっていくか、あるいは自らどういう価値に立脚するかという大きなテーマのもとでなされるべきだったのである。

それ故、私は今、如何なる基軸的な価値を立てることによって価値意識の社会的共有と個の徹底的自由の確保が両立可能かという視点で営まれた思想的営為そのものとその今日的意義を、思想の内在的分析とアナーキズム運動の抱えていた歴史的な課題とを連関させて考察することによって、日本のアナーキズム運動史のなかに見出し、明らかにしたいのである。

それでは、前述したような特徴をもつ日本の近代社会において、人はなぜアナーキストになるのか、またなりえるのか。これが本書の諸章の前提的課題である。

人は切穴を潜ることでアナーキストとなる。切穴とはなにか。人は、強い社会的紐帯で結ばれた共同的な小社会から、切穴を潜って資本制的に編成された近代的な契約社会（もちろん日本的な特質をもつ）に侵入し、アナーキストとして立ち現れる。切穴とは、この二つの世界を結ぶ侵入口である。

切穴は無数にある。共同的な小社会から、そこで培養される価値意識を体して近代社会に侵入することで、アナーキストは切穴を潜り、社会のさまざまな部面に出現するのである。そして、この切穴は、向こう側の世界（共同的な小社会）があるところには、それに随伴して現れる。それは、過去にもそうであったし、現在においてもそうである。アナーキズムが、過去から現在に至るまで何度も眠り込み、蘇生してきたようにみえる理由は、ここにある。資本主義社会が、その内部に分節化された共同的な小社会を含み込んでいるかぎり、市場の論理が貫徹していようともなお、切穴は生じる。そして、それを潜る人々は、近代社会に対して、向こう側の世界の自らの価値意識を突きつける。いわゆる「高貴な野蛮人」の役割を果たすのである。彼の振る舞いは共感を呼び、同調者を生む。しかし、切穴を潜るという行為は、必ずしも自覚的なそれである必要はない。自らが直面する課題に応じて、自ら主張し、行動することによって、潜るのである。

この議論は、荒井信一氏がピカソのゲルニカ論「〈ゲルニカ〉覚え書」（『一橋論叢』八三―二　一九八〇年二月）で展開された図式の適用である。この論文では、ピカソ芸術の革命的性格を説明する論理として、ジョン・バージャーのピカソ論の一節が引かれている。

　ピカソは一人の垂直の侵入者であった。かれは、スペインからバルセローナという切穴をくぐって、ヨーロッパの舞台に出た。最初かれははねつけられたが、たちまちかれは橋頭堡を作った。ついにかれは、征服者となった。しかしいつもかれは自分が垂直の侵入者であることを意識しており、またいつも自分の周囲に見るものを、自分の国から、過去から持って来たものと比較して来たとわたくしは思う。[2]（奥村三舟訳『ピカソ　その成功と失敗』一九六六年　原著は、*Success And Failure Of Picasso 1966*）

この論の下敷きとなっているのは、バージャーが自ら言うように、オルテガ・イ・ガセットの『大衆の反逆』（一九三〇年）における大衆のイメージである。[3] オルテガは現代社会の主人公として立ち現れた大衆を「ヨーロッパで支配的になりはじめた―これは私の仮説である―人間は、かれらを生んだ複雑な文化に比べれば、原始人であり、迫り出しから現れでた野蛮人であり、《垂直的侵入者》であるといえるだろう。」と評した。[4] もちろん、その大衆社会および大衆についての評価は、批判的かつ辛辣である。バージャーは、その価値を顛倒させ、ピカソ芸術のもつラディカリズムの根源をその「垂直的侵入者」であることに求めた。ピカソは、当時のヨーロッパで一般化・大衆化していた美的価値に、歴史的文脈のまったく異なる美的価値を対置したとは言えないか。荒井氏は作品「ゲルニカ」を評して「その絵は、非政治的な性格のために、高い政治性を獲得した」[5]とも言う。アナーキズムのもつラディカリズムの秘密とは、これである。非政治的な向こう側の世界から、切穴を潜り、こちら側の世界に立ち現れるとき、その非政治性は高い政治性をもって支配秩序とあらゆる制度に迫るのである。

「帝国秩序とアナーキズムの形成―抵抗／連帯の想像力」というテーマで開催された二〇〇九年度の歴史学研究会大会近代史部会の報告者田中ひかる氏は「人はなぜアナーキストになるのか」について論じた。それは、ユダヤ系ロシア人移民がイディッシュ語を用いることによって、アメリカ社会で構築しえた「トランスナショナルかつローカルな人的紐帯」のもつ意義を強調したものであった。移民などの空間的移動によって、切穴を潜る例である。田中氏は、アナーキズムの存立基盤をその手工業労働者的性格にみるホブズボウムに代表される従来のマルクス主義的な評価から離れて、その「人間主義」的性格を重視した(6)。それは、下里俊行氏が評するように、「ナショナルな国家権力の掌握という戦略を自覚的に拒否しつつ、ミクロな権力関係の変容をめざし、ローカルに行動しながら、グローバルに連帯するという生き方」を明らかにするものだった(7)。

しかし、私は切穴の向こう側のありかたはさらに多様であると思う。理念的にいえば、資本主義的経済原理が貫徹し、代表民主主義的に組織された近代市民社会のこちら側に対し、向こう側は、近代市民社会に組み込まれた小構造でありながら、近代市民社会とは異なる編成原理をもつ。相互扶助的に組織された共同的な小社会、そこではその成員は無条件にその存在が保持され尊重される。切穴の内から外へ、第一次集団から第二次集団へ、共同的な小社会から近代市民社会へという侵入経路を思う。共同的な小社会とは、大きな資本制的な構造に取り込まれ分節化された個々のセグメントであるが、小集団であるが故の自律性をもつ。いずれは、産業合理化や重工業化のなかで解体され、それを喪失する運命にあったとしてもである。

共同的な小社会とは具体的にどのようなものか一例をあげる（アナーキストの社会的基礎とはこのようなものだったといえよう）。アナーキスト・サンジカリストを多く戦線に供給した印刷産業においては、印刷労働には活字を拾う植字工に代表されるように、比較的高い文化的素養が求められていたため、成年男子工の比率が他産業と比較して高かった。印刷産業には安定した熟練工がどうしても必要なのであった。その労働過程においては熟練工を核とした協業集団が生まれる。これは、労使間に紛争が起これば抵抗の核ともなる。このことは、印刷労働者の腕一本で工場を渡り歩く職人的性格と相まって、職場に固い結束と自律の精神を生み出したのであった。和田久太郎は、大正期サンジカリズム運動を牽引した新聞印刷工組合正進会とその機関誌『正進』を評して次のように言ったが、印刷労働者のもつ個有のメンタリティーを余すところなく摘出している。

一体印刷工の諸君には、何う云ふものだか昔しの江戸職人と言つた様な肌合が充分に残つてゐる。身巾の狭い着物を附けて、刺青をしたり、新内の一つも語ると云つた気風が、どこかに残つてゐる。毎日文章を活字に組立てて居るといふ事の他に、この気風が短く洗練された叛抗的の文章を作らす様にも思へる。(8)

印刷労働者の熟練工としての手工業労働者的特質が、独特の職人的気風を生み出し、なかでもその自律的自助的精神が、サンジカリズムの、生産者としての個の最大限の尊重という主張と結びついたのである。

彼らは、生産点に形成される、熟棟工を中心として非熟練労働者をその周囲に集めた協働集団に依拠して、労働運動を活発に展開してゆく。サンジカリズム系組合は小規模の同職組合で、この協働集団をそのまま組合に横すべりさせたものといってよく、同職的結合の強い紐帯で結ばれていた。しかも、これら熟練工は渡り職工的性格が強かったため、社会に対する見透しが利き、自律自主的気風を強くもっていた。それ故、サンジカリストたちは旺盛な行動力を示し、折柄の労働攻勢の波に乗り、サンジカリズムの風靡という状況を創出する。

他産業においても、同様なことがみてとれる。一九二二(大正一〇)年の労働組合総連合運動当時、正進会や日本印刷工組合信友会とともに反総同盟系の一端を担って論陣を張った機械労働組合連合会は、いくつかの参加組合のなかでも特に純労働者組合（大島、亀戸、月島方面の小工場従業員を組織）、機械技工組合（大井、大崎、芝方面の小工場従業員を組織）のイニシアティブの下に動いていた。どちらも、小組合ながら急進的組合として知られていたし、中小工場の鉄工・機械工を横断的に組織していたことに注目したい。

サンジカリズム運動を主体的に担ったのが印刷工に典型的に見出される手工業労働者的性格を多分に有する層、手工的熟練を要する労働に従事する部分であったといってよい(9)。

さて、先のサンジカリズムの風靡期の後、景気の長い後退局面で労働市場の閉鎖化が進むにつれて、生産点に深く根ざしているがゆえに社会の動きに対して鋭敏に反応していたはずの印刷労働者が、労働者の生活権防衛闘争を単なる改良闘争に過ぎぬとして批判し、日常闘争から距離を置くという現象がおこった。一方、あらゆる生産点から撥き出された自由労働者や、部屋制度の下に抑圧されている製菓労働者等一般労働組合に組織される中小工場労働者（技術的熟練をもたず、安定的な雇用にも与らず、身を守る何物ももたない）が、大衆闘争に進出し、サンジカリズム運動を活発化させたのである(10)。

ここに、共同的な小社会のありかたを考えるうえで注目すべきもう一つの型が存在する。彼らは、同職的結合とは異なる独特の社会的連帯性で以て、未組織労働者を組織化し、労働条件の改善のための闘争を自らの生活権の獲得・防衛という視点から戦ったのである。つまり、立て籠るべき生産点をすらもたず、それ故、安定した雇用に逃避することもできず、当然技術的熟練をもたない彼らが、最後の拠るべとしたのは、彼ら独特の社会的連帯性とでもいうべきものであり、彼らの結束力であった(11)。

つまり、共同的な小社会とは、同職的結合を核として労働者が結合する生産現場そのものであったり、生産点からはじき出されている自由労働者や隷属的な雇用関係に苦しむ中小工場労働者が多く住む労働者街、そこは彼ら特有の社会的連帯性が培養される小社会そのものだったりするのである。向こう側の世界とは、その時期に応じて拡大縮小すべきものなのであろう。アナーキズムの衰退とは、切穴の内側の世界の衰退を意味したのである。

国民国家の形成過程との関連でこの問題を論じれば、安丸氏の言う独特の社会編成原理が存在するなかでの国民国家形成過程とその結果もたらされた国家像は、西欧的なそれと共通する部分（資本制的経済システムの一定度の完成とこれまた一定度の代表民主主義の定着によって、国家形成過程のもたらす国家内の権利や生活の質の社会的な平準化は進行する）と独自の部分をもつものとなった。

そうであるならば、日本アナーキズムは、ヨーロッパ的なアナキズムと共通の戦略を保持しつつ、個別の戦略をもたなければならなかった。つまり、価値形成論的立場である。政治と社会をともに一つの価値のもとに収斂させようとする動きには、その非科学性や不当性の暴露だけではなく、より普遍性をもつ価値を対置するより他ない。それによってこそ、この独特の国民国家形成の動きに抗しうるのである。

その意味で、アナーキストの戦い方は、自覚的であるにせよ無自覚であるにせよ、向こう側の世界の価値を、こちら側の世界に対置するものであった。それは、「垂直の侵入者」性そのものである。

これから展開される諸章が、つたないながらも日本的アナーキズムがたどった価値形成史の曲折とその達成を明らかにするものとなっていればと思う。

註

（1）安丸「反動イデオロギーの現段階」『〈方法〉としての思想史』校倉書房　一九九六年　二八七頁。
（2）J．バージャー『ピカソ　その成功と失敗』一九六六年　六八頁。

（3）J．バージャー　前掲書　六七頁。
（4）オルテガ、寺田和夫訳『大衆の反逆』二〇一二年　一〇三頁。
（5）荒井「ゲルニカ」覚え書」（『一橋論叢』八三―二　一九八〇年二月）二一七頁。
（6）田中ひかる「アメリカ合衆国におけるロシア系移民アナーキスト―一八八〇年代から一九二〇年代―」（『歴史学研究』八五九　二〇〇九年一〇月）九七頁。
（7）下里俊行「２００９年度歴史学研究会大会報告批判　近代史部会」（『歴史学研究』八六一　二〇〇九年一二月）三八頁。
（8）和田久太郎「労働団体機関紙（一）　批評と紹介」（『労働運動』三次七号　一九二一年九月）
（9）後藤『日本サンジカリズム運動史』一九八四年　一五、六頁。
（10）後藤前掲書　九二頁。
（11）後藤前掲書　九四頁。

第一章　アナーキズムの受容と伝統思想

第一節　石川三四郎の思想形成と伝統思想

初期社会主義者、石川三四郎の思索と行動は、価値形成的な論点を立てて支配体制に抗し、支配の側が陰に陽に強制する「価値」を乗り越えようとする、日本の社会思想史上においては稀なかたちで営まれた。その思想形成過程のありかたを、そのときどきに伝統思想が果たした役割を重視しつつ跡づける。

そこで、初期社会主義を国民国家形成期の社会思想の一形態として評価するという視点から、石川の思想形成過程を考えてみたい。

国民国家の形成過程においては、国民統合という上からの働きかけと、「国民化」とも言うべき下からの動きが並行的に進行する。(1) つまり、あらゆる制度・システムはそれ自体で存在するのではなく、これを支える人々の存在を俟って初めて成立するのであるとすれば、このような「国民化」に向かう日本的なエトスと社会編成原理(2)に向き合い、これを対象化し乗り越える、思索の主体をかたちづくっていこうとする思想的な営為を近代思想史上から拾い出す作業が重要な意味をもつといえる。

一方、初期社会主義研究においては、つとに松沢弘陽氏が『日本社会主義の思想』（一九七三年）のなかで、一八九〇年代における初期社会主義の論理とは、無秩序な経済的自由競争がもたらす諸問題を、「立憲政体」の徹底化、つまり議会の本来的機能の拡充によって解決するというものであったことを明らかにしたが、これは言い換えれば国民国家の枠組みを、議会を手段として、より合理的に編成替えしていく考え方ということになる。この考え方は、後に「立憲政体」を「普遍的理想の〈実体化〉した」ものとして賛美する一派（議会政策派）と、「立憲政体」を国民統合の欺瞞的手段として「全面的に拒否」する派（直接行動派）とに分極することになるが、どちらも「制度を内側から支える人間行動の様式、制度を支える〈道徳〉を問う」ことがない点では共通していたとされる。[3]松沢氏は、「国民化」という下からの動きへの眼差しを、初期社会主義者が欠いていたことを指摘していたのである。

このようにみてくると、初期社会主義者は、国民国家の国民統合の機能に意義を見出し積極的にこれに関わろうとするか、全面的に拒否するかという論理しかもちえなかったという議論が成立することになるが、そうであるならば日本の変革思想は、一つの創られた価値としての「ナショナル」なもの[4]との対決を回避してきたのではないかという議論も成り立つ。

しかしひとり石川の批判精神のみは、体制そのものに対してだけでなく、国民をもまた反体制運動をも、さらに自らをも包み込む、このようなエトスと社会編成原理そのものに向けられた。そして、その思想形成は、首尾一貫して、如何なる基軸的な価値を立てることによって価値意識の社会的共有と個の徹底的自由の確保が両立可能か、という視点で営まれた。石川の思想形成の歩みは、先に述べた課題に十分答えてくれるものと思う。

一　石川のキリスト教受容と社会主義

石川は、一八七六（明治六）年、埼玉県に生まれ、一八九〇年、一四才で高等小学校を卒業後、同郷の茂木（のちに佐藤）虎次郎と橋本（のちに粕谷）義三を頼って上京する。佐藤、粕谷はどちらもミシガン大学留学の経験をもつ急進的自由主義者で、自由党員であった。石川は、この二人が同居する、自由党員の梁山泊的な家の玄関番を勤め、その傍ら教会で英語を学んだり、画塾に通ったりという生活を送る。

この家は、一時期、国会開設を睨んで新しく結党された立憲自由党の機関誌『自由新聞』の発行所ともなる。後に、この『自由新聞』の分裂で、余儀なく二人のもとを離れ、同じく自由党員だった福田友作のもとに預けられるが、この縁で彼の前半生に大きな影響を与えた福田の妻、英子（大阪事件に加わった女性民権運動家景山英子）と出会うことになる。一方、石川の長兄と次兄もまた熱心な青年自由党員で、埼玉県の県道敷設問題で対立する改進党系議員に硫酸をふりかける事件を起こしている。こうして、石川の青少年期は、国会開設後とはいえ自由民権左派のエトスの濃厚ななかで送られることになった。

石川はこのような環境のなかで、茂木や橋本・福田から、当時ようやく問題化しつつあった社会問題についての議論や海外の社会運動の動向についての論評などを聴いていたのである。石川は「私は十五、六才の時から社会主義や無政府主義のことを教えられ、学生時代から新聞や雑誌に『ソーシャリズム』を主張した文章を寄せたりしていました。しかし、本当に人類社会への献身ということを教えられ、全我をそれに傾倒しようという情熱を養われたのは全くキリスト教によってでした」と述べている(5)。

この後、井上円了の哲学館に入学し中退、また群馬県の高等小学校の代用教員を経験するなどの後、東京法学院に入学する。この学生生活のなかで複雑な女性関係に悩み、かつまた青年期特有の煩悶のなかで、キリスト教に救いを求めることになる。東京法学院卒業後の一九〇二（明治三六）年三月三〇日、本郷教会を主宰する海老名弾正のもとで受洗[6]、本郷教会の青年組織「明道会」に属して信仰生活を開始する。

本郷教会における社会主義論争

石川の思想形成を跡づけるための作業として、まず本郷教会の準機関誌的存在である『新人』誌上を中心に若き日の吉野作造と石川らによって戦わされた「社会主義論争」（一九〇五年五～一〇月）を端緒に、石川の理想とする社会についての思索のありかたを明らかにしたい。

その経緯をたどれば、この論争は、五月一四日夜の説教会での石川の「クリスチアン活動の新方面[7]」という説教に端を発する。この説教は、封建制が打倒された後に成立した「立憲代議政治」も「自由平等博愛の理想を埋没」し、「第二の封建制度」に堕したと考える石川が、宗教的自由を求めて、封建制の打破に果たした歴史的役割を踏まえて、クリスチャンが「第二の封建制度」の打破へ何故向かわないのかという問題提起的なものであった。この石川の呼びかけに、海老名が応えた。海老名は「社会主義と基督」という七月二日の午前の説教で、「社会主義に対してクリスチアンの取るべき態度、並びに社会主義者に対するクリスチアンの警告」について、以下のごとく説いた。すなわち、キリスト教は「精神の改革を計り」、社会主義は「社会組織の改革を目的」とするものであるがゆえに、「両者は相助け行きて始めて其の目的を完成すべき」であり、同時に社会主義のもつ平等主義的傾向は、あるべき競争を排除することによって社会の進歩を押しとどめるものとして、また社会主義そのものを「精神の改革」を忘れ物質主義に陥りやすいものとして非難したのである。その日の懇談の席上、石川と本郷教会に出入りしていた小川金治が社会主義者としての立場からの「弁明」を許され、「経済的競争より全く人を自由にしてこそ、真の実力の競争は行はる」旨の反論等が縷々なされた[8]。

この後吉野作造は、海老名の意を承けて、「社会主義と基督教[9]」および「再び社会主義と基督教とに就きて[10]」を発表し、本郷教会としての社会主義に対する公式的な態度を表明した。その背景には、海老名のこの説教がその意図を超えて社会主義者の側に好意的に受け止められたことがある。それを危惧した海老名が、吉野の手を借りて彼の社会主義評に若干の修正と補強を加えたものである。

「社会主義と基督教」は、「社会の惨害」が生じる要因とは、「潔められざる人心」が主であり、「社会の悪組織」は従であると主張する。そして、海老名にとってキリスト教徒が扱うべきは、「潔められざる人心」そのものである。吉野は、海老名の社会主義論を直接的に承継している。海老名は、人類の博愛と平等・幸福は、社会主義とキリスト教共通の大目標であり、社会主義は物質的側面の、キリスト教は精神的側面の救済を目指すものとする。したがって両者は協調してことに当たるべしというのが、海老名の考え方であった。その一方で、海老名においては、「社会問題の根本的解決」は、専ら「人生の開発」に求められるべきなのであり、「社会組織の改革は只一時的応急的若しくは消極的の価値を有するに過ぎぬ」のである。この「人生の開発」は、個々の国民における「日本魂」の横溢、そしてその発露としての国家的隆盛と膨張と不可分に進められていくものとされる。吉野もまた、社会問題の解決が急務であることを認めたうえで、そのことを「鼓吹」することがそのまま社会主義を信奉することを意味しないと考える。むしろ「吾人基督教徒は私有財産制度の廃滅を以て社会問題の根本的最終的解釈法と認めざること」、また「社会組織の改革」が唯一の社会問題解決法であるとする立場は「明白に基督教徒の信仰と相容れざるもの」であると「断言」するのである。

先の石川の問題提起の根底には、現代文明についての強い懐疑があったことをはじめに指摘しておく必要がある。彼は、あるべき文明の姿とはいかなるものかという彼自身の思想的課題についての答えをキリスト教に求めていた。

それは、具体的には『週刊平民新聞』二八（一九〇四年五月二二日）所載の短い文章「最末《おわり》の兆《しるし》」で展開されている。荻野富士夫氏が指摘しているように[11]、一九〇〇年前後の日本には、急速な産業化にともなう社会問題の噴出、「亡国」状況と、それへの対応としての社会主義への接近の事例が数多く存在したが、石川もその論陣の一端を担った。まず、西欧的近代化の道を市民革命の当初の理想を没却逸脱したものと非難し、その理想「博愛平等」を掲げた「国民主義」が今や「利己慾念」によって「帝国主義」に転化してしまっていると断ずる。そこで、この状況を招いた責任は支配層の私欲に基づく行動に帰せられるべきであることはもとより、民衆の「堕落」と「盲動」も同様に批判さるべきものであるとするのが、石川のユニークネスである。ここでは、キリスト教的終末観が色濃いが、石川は文明の本来的なあり方を逸脱させるものとは何かを問い、個のありかたを問う。

この論争の時期を若干さかのぼることになるが、「性論と社会主義」（『直言』二―一　一九〇五年二月）と題する論考において、石川は「個人道徳」と「社会道徳」の二つの側面を強く意識する。「個人道徳上の罪悪」は、「慾望を満足することが自由になり、智識が漸々発達し、人体の生理組織が完全になりて」、初めて消滅する。このような状況は、「社会改革の一結果」としていずれ実現するはずである。したがって、「其本性を円満に発達し得る様な自由な社会を造るなら人は幸福になる」というのが、彼の立場である。「個人道徳」と「社会道徳」の二つの側面を意識し、後者を主に考えながらも、前者の課題も没却しない点に石川の独創性がある。後の「個のありかたと社会変革の課題の同時遂行」という、彼の思想の基調をなすモチーフはすでにここに萌芽的にみられるが、石川の社会主義観を、その主要な構成要素を確定していくことで明らかにしたい。

〈社会観〉

石川にとっては、社会とは「単に個人の集合体にあらず、個人を綜合して別に一個の生命あ」るものである。したがって、個人と同様、「社会の心生活にも迷妄があると思ふ。……中略……社会主義も実に此の社会の心生活に於ける迷妄を打破せんとするものではないか」と主張する。石川にとって、社会の病理はその社会を構成する個人の病理なのである。この考え方は、キリスト教社会主義のみならず改革主義的なキリスト教運動通有のそれであろうが、単に資本主義的諸制度を解体すれば、あるいは議会で労働者政党が多数を占めれば、社会の根本的改革が成功するという立場を、石川は採らない。

〈階級観〉

石川は、労働者は「社会の生命」を構成し、貴族富豪は「社会の外殻」を構成すると規定する。そのうえで、階級対立の事実と階級闘争論を承認する。そして、どちらの階級も社会の構成要素として意味をもつが、彼は「吾人は真生命を抱ける労働階級と共に生きんのみ」と宣言するのである。

それでは階級的自覚はどうあるべきか。それは、「資本家階級を憎悪するの精神」ではなく、自らの属する階級を愛する「愛階級心」でなければならず、「私欲」ではなく、「犠牲の精神」から発するものでなければならない。このように、整理してみると、石川の階級観はキリスト教的な「同胞意識」から生じるもので、それによって成り立っているものと言えそうである。つまり、石川は資本家—抑圧者、労働者—被抑圧者という構造自体が歴史の所産であり、この構造から資本家も解放してやるべきだと考えるのである。この意味で、敵対的な階級といえど憎悪の対象とみなすべきでないのであり、そうであるならむしろ自らの属する階級のありかたの非倫理的性格に気づかせることで救済すべきなのだ、という論理もそこからは生れうる。このような階級観から導き出される労働者の歴史的任務とは何か。石川によれば、労働者は、「生命」「向上」を象徴し、「神の選び給ひし者」であり、「全社会の生命を担ふ」べき者である。一方、資本家は、「死滅」「堕落」を象徴し、「神を涜す者」であり、いずれ歴史的には「死滅に赴くべき外殻」にすぎない。

〈政党観と革命観〉

歴史的にみれば、政党は革命を「鎮圧」する。それは、フランス革命の例に明らかである。政党は、「客観の多数によって事を決す」る「凡人主義」である。一方、革命は「主観の権威を信ずるに依つて行は」れる。言い換えれば、「客観に於ける一切の障碍を否定するによりて行は」れるのである。石川によれば、これは、多数民衆の「天才発揮の結果」、可能になる。この「天才」とは何か。「天才は特殊の賦与」ではない。むしろ、「普遍の表顕」である。革命は、個人天賦の才能を物質文明の圧迫の下から救い出し全面的に展開させるという「天才主義」によってのみ可能となり、政党組織の客観主義的「凡人主義」とは相容れないのである。この「天才主義」は、社会主義のもとでのみ全面的に開花する。

最後に、社会主義者の任務とは何かが論じられる。

これは、「改革」と「伝道」であり、第一に労働者階級との一体化が図られる。ついで、「改革」（＝革命運動）つまり「資本制度の打破」が主張されるが、この事業は、「憐れむべき資本家の救済」でもある。同時に、「伝道」（＝教育運動）の必要が唱えられ、石川は「先ず伝道者たらむ」とする。その際も、社会主義は「同胞相愛の人情にもとづく」ものであるから、「労働者の私慾」（＝階級的憎悪）に訴える必要はないとする。「組織の変更」と「精神の改革」の同時遂行を主張することが彼の議論の独自な点と言えよう。

また一方で、海老名の思想的影響も指摘しておく必要がある。海老名が石川に与えたそれの強さと大きさについては、すでに吉馴明子氏が指摘しているところであるが[12]、ここでは、「神」観念についての影響関係をのみ確認しておきたい。

石川は、信仰をめぐる煩悶の後に、「我れ十字架を或は求め、或は免れんとし、或は恐怖せし愚かさよ、十字架は吾れ始めより之を負ふて居たのである」[13]と、再帰的に「神は自己の裡にこそある」との認識に至るが、これは海老名の独特の「神」観念の影響を受けたものと考えられる。海老名は、熊沢蕃山の『集義和書』から、「見るべき大地と見るべき人体を相比し、見るべからざる太虚と見るべからざる心霊と相比すべきなれば、天地は即ち大人間にして、人は即ち小天地なり」という命題を抽き出す。そして、人の内に「天地の主宰」と「一体」である「霊明」が存在すると結論づけ、「人格的唯一神の世界支配、その人間の内面への現れ」をそこにみる。[14] 石川は、この枠組みを受け容れ、儒教における「天」とキリスト教における「神」とを同義に用いている。こうした「神」観念の特徴に象徴されるキリスト教と伝統思想の融合が、その独自のあるべき文明観の構想に大きく影響していくと思われる。このことについては、後論する。

直接行動論争の思想史的意義と石川の思想的位置

ここでは、日本社会党第二回大会（一九〇七年二月一七日）前後の直接行動論争の時期における初期社会主義運動内部の思想的対抗関係とそこでの石川の位置を明らかにする。そのことによって石川の社会主義観の際立った特徴が明らかになると思われるからである。

石川は本来、政党組織に否定的で、堺利彦に日本社会党への入党を懇請されてもこれを謝絶した。このことをめぐって堺との間に議論の応酬があった。というのも、これより先、幸徳が米国から帰国し、国際社会主義運動の新潮流として直接行動論を精力的に紹介し、これまでの議会政策論を排撃するに及んで、党内に直接行動派と議会政策派の軋轢がしだいに高まり、分裂の危機すら孕みつつあったことを堺は案じて、石川にその調停者的役割を期待したのである。表向きは、平民社解散以来それぞれ別の機関誌に拠って活動していたキリスト教社会主義派と唯物論派を再び一党の下に糾合するための石川への入党要請であったが、実際はこのような事情からなされたものであろう[15]。

石川はこの時点では入党を拒むが、キリスト教社会主義派の機関誌『新紀元』を廃して日本社会党の機関紙『日刊平民新聞』に合流し、その発行兼編集人となることは受け容れる。しかし、日本社会党第二回大会が近づくと、両派の対立は「直接行動論」と「議会政策論」の対抗としていやが上にも高まり、組織を二つに割りかねない状況が生まれていた。大会当日、石川は入党して評議員に選出され、さらに堺とともに幹事にも選ばれている。両派の抜き差しならない対立のなかで、両派と距離を置く石川の独自の立場が大いに期待されることになったのである。

両派の思想的対抗関係の具体相はどのようなものだったか。民党勢力が帝国議会のなかで批判精神を喪失し政府と癒着していく状況のもと、初期の社会主義運動は民主主義的課題をも背負い込まざるをえなかった。議会政策派は、普選運動こそが労働者階級の政治的組織化につながる唯一の道であり、またそれによって国家・社会を合理的に編成替えしうると考えた。

一方、直接行動派の場合はどうか。本来ヨーロッパにおいては一部社会主義勢力の体制内化、改良主義化への反発として生じた急進主義的な動きが、日本においては民党勢力の国家主義化や腐敗堕落への反発として生じている。つまり、未発であった社会主義の修正主義化に対する運動としてではなく、本質的には議会一般に対する反発として、反議会主義として現象するのである。直接行動派はこの相違を跳び越えて第二インターナショナルの動向とつながることによって、「世界性」を確保した。また彼らが主要な武器とするゼネラルストライキは、全く以て労働者自身の手による戦術であることから、まさしく直接性と非妥協性を備え、それが故の倫理性を属性として帯びるものと考えられた。これに、幸徳秋水の志士仁人論が結びつく。幸徳の志士仁人論には、「現世的規範から解放された、『自己犠牲』を厭わず、普遍主義的理念のために死をも恐れない」という人間像が看て取れる。そしてそこでは、「現実の悪を照らし出すような普遍主義的理念への強固な確信」のもとに、「死をも含んだ『自己犠牲』の精神」が発動されるのである[16]。

石川はこの立場は採らない。「志士仁人」は社会の進歩のためには犠牲を厭わない。それ故、「普遍主義的理念」のための献身という、最も道徳的な行為をなしうる人物（志士仁人）の倫理性は問われない。幸徳が、自らを「志士仁人」として規定したとき、自らの行動を点検し再び現実に還るという回路は閉ざされてしまう。一般に、直接行動派には社会の変革によって個も変わるという楽観主義があり、同時に社会変革という倫理的な課題に取り組むこと自体が倫理的であるとして、自らを新しい倫理の形成主体として位置づけようとする意識が弱い。石川は、キリスト教と伝統思想を援用して、個の変革と社会の変革の同時遂行を主張した。石川においては、社会主義者は新しい倫理の形成主体であると同時にその倫理を内面化することを要請されているのである。ここには、抑圧的でない社会主義の萌芽があり、国家とは全く離れたところで営まれる自由な変革主体の吟味があった。

二　石川の変革理論の端緒的形成

社会の改革によって個人道徳も変わるというこのオプティミズムが、次の段階においては修正される。以下に彼が入獄中の思索を一書にまとめた『虚無の霊光』をもとに彼の思索の深化を明らかにし、ついでこの後の石川の思想的営為を基礎づけた思想的枠組みをこの書のなかに見出したい。

『日刊平民新聞』の筆禍で下獄した石川が、その獄中での思索を一書にまとめたのが『虚無の霊光』である[17]。ここでは、この著作を手がかりに初期社会主義運動史における石川の思想的到達点を明らかにする。その作業は、石川の思想の原型的枠組みの形成とその後半生の思索のすべてを貫く基本原理そのものを明らかにすることでもある。

『虚無の霊光』のあらまし

『虚無の霊光』についての先行研究は、「『聖書』、老荘思想、儒教、仏教、ショーペンハウアーなど、彼の精神が強くひきつけられた諸思想が雑然と共在」し、石川は「『あれもこれも』綜合させることのうちに、創造への道をみた」という大澤正道氏の評価に始まる。[18] このような評価は、大澤氏の『石川三四郎』（一九八七年）でも踏襲され、「石川のシンクレティズム」と、後に「無明の哲学」として定着する「光と蔭のドラマ」および「虚無への回帰」と特徴づけられている。しかし、この評価は、石川が『虚無の霊光』において展開した論理を「『あれもこれも』綜合」し「シンクレティズム」とラベリングしてしまうことによって内在的に分析することを放棄している点で、また『虚無の霊光』が石川の思想形成過程においてもった画期性を十分に評価していないという点で、問題がある。

板垣哲夫氏は、内容を忠実に分析し、文明の発展が必然化する疎外状況と虚無化によるその克服を主たるモチーフとして抽き出した。[19]

また、平島敏幸氏は、この著作の石川のキリスト教社会主義の帰結としての、また後の「土民思想」の原点としての意義を指摘した。[20] しかし、どちらにおいても、ここで抽出された論理が、石川が準拠・引用した『老子』『中庸』『伝習録』の思想との連関のなかで、仔細に点検されることはなかった。平島氏がいうように、この著作において、石川がキリスト教社会主義から脱却したのであれば、如何なる論理でそれが可能となったのかを明らかにする必要がある。

石川が依拠した東洋思想、特に老子・朱子学・陽明学にキリスト教脱却の論理が求められたとするのが本節の基本的立場であり、この点を本文に即して具体的にあとづけ、また彼の以後の思索を特徴づける認識の枠組みを明らかにしたい。以下、『虚無の霊光』の行論の順序にしたがって、そこで引用される章句についての石川の解釈の特徴と、本文とを併せて検討する。

『虚無の霊光』は、「序」（我が家、我が村）から始まり、「第十一章　還郷録」で終わるが、章ごとに、冒頭に儒教・老荘思想・陽明学・聖書・ショーペンハウアー・ルソー・スピノザなどの章句をおき、これらに依拠しながら各章のテーマを展開する。

まず、オプティミスティックな人間観に修正が加えられる。石川は、新たに「物慾の蔭」という議論を展開するが、これは欲望が本来的自然から離反した状態をいい、これ故、人は本来的なあり方から遊離するのだとする。この「物慾の蔭」を除き去ることによってのみ、人は究極的な原理である「道」に合一することができる。これは、老子の言うところの「道」であり、対比するかたちで人知の限界性が指摘される。

人間の内面の根底は、「虚無の霊光」つまり「全き光明」「拘束なき本来的自然」である。もろもろの欲望はこの根底から生じる。したがって、その充足は自然なものである。[21]「道」によってあらしめられる存在である人間が何故「邪道」に奔るか。本来、「道」から生じる「霊光」に万物も人も照らされている。人に「物慾」が生じると「物慾の蔭」もまた生じる。「物慾其もの」と「物慾の蔭」が弁別できず、「『蔭』に囚われて『蔭』を追って倦まず」という状態に陥る。「蔭」とは、欲望が本来的自然から離反した状態を言う。悪しき制度を作って自らそれに「繋縛」される存在が人間なのである。「物慾其もの」と「物慾の蔭」を弁別するためには、「内観自省」（「常に吾が虚無裡に輝く所の霊光に対面することを習ふ」）が必要となる（光明に正対するときには決して「蔭」は見えない[22]）。

そして、次に「物慾其もの」と「物慾の蔭」との関係がより詳しく分析される。「物慾は皆な是人類天真の感情」であり、石川のいう「虚無の霊光の発用」である。この「霊光」があって初めて「人間の本情にして心霊の翼たる—人間が之に依て活き之に依て動く処の—物慾」が生じ、そこに「物慾の蔭」もまた生れる。そこで、人は「天真の物慾其のもの」を満足するに止まらず、「蔭」までをも追求し始める。しかし、「蔭」はただ「蔭」にすぎぬのであるから、この追求は窮まりがない。両者を弁別するための「内観自省」が求められる所以である。

石川は、以下のように結論する。「世間で称へる善も、正道も、邪道も、罪も、迷も、悟も、救も、皆同一なる虚無の大道に現はれし、霊光の発動」にすぎないのであり、あらゆるものがこの「道」から離れては存在しえない。この大道を行く大霊を「神」と呼ぶ。

そこで、「道」と個の関係が説かれ、個は「道」と意識的積極的に合一すべき存在であり、同時に個はその裡に「天地鬼神の主宰」たる「霊明」を備えた存在であるとされた。

ここで、石川が、究極の原理としての「道」に対して万物とともに「個」を明確に分立させていることに注目したい。老子においては、人間は万物とともに「道」から生み出され、自らの裡に「道」との感応をもつ存在であった。しかし人間は、いつしか我知らず「道」から隔たることで迷妄をその心裡に生じる卑小な存在である。それゆえに、自らの卑小性を認識し、あらゆる派生的なものをそぎ落として本然の姿に還ることが称揚される。これに対して石川は、王陽明を援用する。石川は、「我的霊明」を「天地鬼神之主宰」として規定することによって、個の精神活動に究極の根本原理「道」が貫徹するのをみる。「心即理」説によって、究極的な原理としての「道」に意識的に合一しようとする個の意志が、重要な意味を与えられ、個は能動性・主体性を獲得する。

中国倫理思想史研究においては、溝口雄三氏が天理観念の展開という視点から、朱子学の老荘的自然観の取り込みと「性即理」説の成立、王陽明の「心即理」説による朱子学の再解釈およびその後の「儒理学」の展開をわかりやすくまとめている[23]。これが、石川における「道」と人間との関係を理解する大きな助けとなると考えられるので、その要旨をまとめてみよう。溝口は、朱子学がそれまでの儒学における宇宙観の欠如を「老荘の自然観、仏者の理法観、および陰陽五行説」などを取り込むことで補ったことを指摘する。そして、この「性即理」説が、「仁」を結節点として天地と人を一体とし、人の「本然の性」という「非実態的な場」に天理を求めるという意味で、「理想主義的な側面とともにリゴリスティックな側面を否応なくもつ」ようになった。これを、王陽明は実践的立場から「人の現実態や現在態に理を措定する」方向へ転ずる。つまり、「自己の主体から現在ほとばしり出る行為をそのまま理の発現とみなす」のであるが、「陽明学の徒は、あえて理を自己の主体に担」うことで、明代の現実社会に適応した清新な倫理思想が創出されたというものである。

このように概括すると、石川の個と「道」との関係についての理解は、老子と陽明学の枠組みのみが強調されているようにみえる。しかし、先に述べたように、石川は「第四」において「物慾の蔭」論を展開していた。これは、先の「個人道徳上の罪悪」の問題を深めたもので、朱子学にいう「欲の過不及」論を下敷きにしていると考えられる。石川は、基本的には陽明学的世界観から近代的な個のありかたを探ろうとしたが、図らずも中国における倫理思想の展開をこの著作のなかで追体験していたと言える。

この意味において、石川は単に老荘的な思想的立場から近代社会を省察するのではなく、近代社会の主要なテーマである個のありかたの問題に伝統思想の再解釈から答を出そうとしたのである。

石川は、老子においては「道」から我知らず離れて迷妄を生じる卑小な存在としてとらえられた個を、陽明学の心即理説で意識性と能動性を付与することで、活性化した。もちろん、全ての人為性を偽として、削ぎ落としていく老子と、「人の現実態や現在態に理を措定する」積極主義の王陽明はまったく方向を異にしている。しかし、石川はこれを何ら矛盾と考えず、むしろこのような議論を展開することで個を「道」（石川はこれを「神」とも呼ぶ）に合一させ、「物慾の蔭」を克服する地歩を確保することになった。つまり、「物慾の蔭」を生み出す文明に対する批判へと論は進むわけである。「物慾の蔭」に突き動かされて人間は自らさまざまな社会制度を生み出し、かえってこれに「繋縛」されるに至るのだが、自らを徹底的に拘束するところの社会制度を、営々と維持強化する人々の、惰性的な意識のあり方が批判される。

特に石川は、支配のメカニズムについてではなく、人知の限界性を論じることで、そこから生み出される、絶対の重みをもつて民衆に対する社会の諸制度を相対化しようとする。つまり、こうした「詐偽の智慧」から生じた国家・社会・法律等によって、逆に人間が束縛されるという「疎外態」[24]の現出を問題とするのである。ついで、「智慧出有大偽」（智慧出でて大偽有り）〈『老子』第十八章〉、「絶聖棄智、民利百倍」（聖を絶ち智を棄つれば、民利百倍す）〈『老子』第十九章〉を引き、このような疎外状況を生みだした「知」のありかたを問う。ここでは、前述のように人知の限界性が指摘されるわけであるが、それは人知が本来的に「独善的な観念の迷路をはりめぐら」せるものであり、そのなかで人間は「自縄自縛に陥」るのだという確信に基づいている[25]。

これを打破するためには、個と「道」との積極的な統合が必要となるが、それは以下のような順序で進行する。まず認識論的観点からすれば、主観と客観の統一的把握が要請される。主観を担う個が、自らを対象化し、自然の一部を構成する卑小な存在であることを認識し、客観性の象徴としての「道」に回帰することで、それは完成する。

石川はまず認識論的課題を立てる。すなわち、個を「自然界の一物として之を客観するときは、天地に中心無く、万物に主宰を存ぜない」のであるが、一旦「自ら内観すれば、自主の心の確然と存立する」のを意識する。宇宙において人間は、「唯だ遺伝、運命、境遇の児」「万物流転の一浮動物」にすぎないが、自己の内面においては、「自ら生き、自ら考え、自ら意ふ」、「絶対自由の心霊」が存する。この「無主の客観を自主の主観に包容した状態は、之を『大我』とも言ふべく、恰も家父が家族を統一する様なもので[26]」ある。一方「此自主の主観を無主の客観に没入した状態は所謂『無我』であ」る。この「大我観」と「無我観」を融合することによって「無対の大道が打開」される。この「大道」において、「神と人とが相会するとき」、「神人不二の光景」が現出する。「先に絶対的無価値なりし我は一転して絶対的意義を有するに至つた」のである。

こうして、透徹した主観と徹底した客観は、個が「虚無の霊光」と正対し「物慾の蔭」を払拭したときに融合する。主観と客観・個人と社会・人間と神の統一的把握が完成するのである[27]。

この視点が、個と社会の関係においても適用され、社会のなかでのみかろうじて存在を維持できる個が、一方で「自我の自発的能力を有し、自発的活動を行つて」おり、個人的自立と社会的協同とは相補的関係にあるとする。

石川はまず、「社会と個人との関係に就て」の議論を整理する。「個人発意の無視」のうえに成立する「極端なる社会主義の形式」、つまり「強制的共産主義」と「一切の外来的拘束を脱して唯一に我性を発揮せんとする」「個人主義の極端なる形式」である「個人的無政府主義」を両極として、その間に「社会民主々義」と「無政府共産主義」の二派が存在する。「社会民主々義」は、「強制的社会権力を是認しながら其権力を構成するに就いて極めて自由なる、平等なる方法を設けやうとする」。一方、「無政府共産主義」は、「人の社会的生活に赴くは是れ自然の帰趣」、したがって「須らく各個人の発意によりて自由なる共産社会を設くるに如かず」と主張する。

両者の主張は、一見相容れないもののようにみえる。しかし、社会主義者が、「人の『天性』は唯だ団体に依りて維持せらる」と言いながら「個人発意の価値」を認めないのは矛盾である。なぜなら、「共同団体」によって「天性」

が維持されるのであれば、「個人の天性たる発意」と共同生活とは決して矛盾すべきものではないからである。また、同様に「個人主義者」が「一切の外来的拘束」を排除しながら、「自由なる共産社会」を創る手段とする「組合」をのみ承認するのは矛盾ではないか。「組合」のみが抑圧性から全く自由でありうる保証はない。

石川は、「社会的協同と個人的自治」は「人生々活に欠くべからざる両方面」であり、一つの盾の両面にすぎないという。前述の「人生の観察法」をこれに適用すればどうか。「人生々活」を客観すれば、「社会無ければ個人無く、個人は社会の一分子として一切他力の生活を為すに過ぎない」。翻って、「自己を主観」すれば、「自我の自発的能力を有し、自発的活動を行つている」。一見相反するこの両側面はむしろ相補的関係にある。「自我の独立の自覚」があってはじめて「自治という作用」がおこり、この自治の能力があってこそ「協同生活の実も挙が」り、ここに社会が成立するのである。現今、個人と社会の衝突が生じるのは、「現代社会の悪制度悪習慣」があるからであり、これは「人民が『物慾の蔭』に蔽れたからである」。

以上のような視点から、石川は変革思想をめぐる思想状況に検討を加え、まずマルクスの「社会民主々義」とクロポトキンの「無政府共産主義」を比較考察する。階級闘争の事実のうえに立脚するマルクスの「社会民主々義」は、「人生進化の動的観察」に基づき「階級戦争論」を唱え、「産業及び政権の統一」を主張する。しかし、強権的統治に依拠しながら、「民主的自由郷」「自由平等の社会」を実現できるとするのは「大なる妄想」にすぎない。さて、社会進化の動因を人間の連帯性に見出したクロポトキンの「無政府共産主義」は、「人生理想の静的観察」に依拠して「相互扶助論」を主張し、そこから「産業及び政権の分置」「自治主義」「自由協同の理」が説かれる。しかし、クロポトキンの理想は現在の革命運動によって直ちに実現できるものではない。そこで、トルストイの「平和的又は精神的無政府主義」が起こった。トルストイは、暴力革命によって共産主義を実現しうると考えるのは誤りであるということ、また制度的変革よりも精神的変革こそが重要であることを指摘している。この「精神主義」は、明らかに「恰も汽罐車あれば軌道を用ゐずして列車を進行せしむることが出来ると言ふ様な言ひ分」にすぎないのであるが、「理想の満足を将来に望まんとするを排して之を脚下に求めよと唱えた」のは意義がある。「個人の平安は常に個人の脚下にある」。この「個人の平安」を如何に「人生の革命」と両立するかは次の課題となる。

さらに、論は歴史観に及ぶ。精神や社会のあり方、ひいては歴史についての静態的把握と動態的把握という区別を立て、これは統合されるべきだと主張する。なぜならこの二つの把握の区別は、個の浮かぶ「巨大無限の時間の流れ」を流れに沿ってみるか、その流れに浮かぶ個そのもののあり方を分析するかの相違にすぎないし、また両者は相補的関係にあるからである。

「個人の平安」を如何に「人生の革命」と両立するかという課題が、歴史観の問題として考察される。石川は、精神および社会のあり方の静的安定と進化革命（意識的進化）の統一的把握を目指す。彼にとって、個は「際限なき時間の流れに浮びたる一個体」である。したがって、個自体の静止状態は、他方からみれば「急速なる転進」でもある。つまり、進化革命は「巨大無限の時間の流れ」のうちにおいてみられたところの静的安定の姿であるとも言いうるのである。

ここから、二様の革命観が発生する。一つは、マルクスに代表される「歴史派」であり、「進化の動的観察を為して、之を革命の標準とするもの」で、「歴史転遷の事実に徴して之を今後の革命に推及せんとするもの」である。もうひとつは、クロポトキンに代表される「理想派」であり、「進化の静的観察に基きて、革命の標準を樹てんとするもの」である。しかし、先の歴史観に基づけば、両派は衝突する必要もない。むしろ、「社会改革思想の両面」であり、現実的な戦術論と理想としての戦略論のような関係をもつのである。両派が互いに議論を重ねることも意味なしとしないが、実際は「一筋の流れに船を同じうして浮んで居る」ということに気づくべきである。

いずれにせよ、「天下の人はこの急潮に流されて狂乱して居るではないか」、進化の動向を自覚した「心霊」は旧き制度習慣を破壊して「社会変遷の急潮に流され翻弄される人々」を救済するに如かず、というのが石川のこの章の結論である。

この石川の独特の社会主義観・分派観は、直接行動論争当時における石川の立場の理論的表明とも言うべく、当時の社会主義者の誰ももちえなかったものであった。これは、革命主義か改良主義かという二項対立的なモチーフとは全く別の立脚点をもつものであったことが明らかとなる。

それでは、以上のような統合を可能ならしめる方法とは何か。石川は、「虚無化」という概念を提示する。先にみたように、自己の裡にも「道」が存するのであれば、法律や習慣や科学など「一切の羈束を断滅棄却して汝の衷に帰ること」が第一義である。そこに「万象の本源」が存在する。これは「ホーム」と呼ばれ、石川の故郷のイメージが仮託されている。老子は、「道」を「いつかは帰るべき吾が家」として、いずれ人間が回帰すべきものとして描いているが、石川もこれをふまえているものと考えられる。

「第十一　還郷録」においては、掉尾として虚無化の到達点としての「ホーム」の意義が論じられる。「虚無主義」とは、法律や習慣や道徳や科学など「一切の羈束を断滅棄却して汝の衷に還る」ことであり、そこに「汝のホーム」が存在する。この「ホーム」は「汝の天地」であり、「汝の世界」であり、「汝の生命」であり、「汝の光明」である。したがって、「ホームは実に万有の基礎」であり、「万象の本源」であり、「革命も亦此より起こる」のである。

かくして、「一切の羈束を脱却」する「虚無主義的内省」こそが、革命の前提をかたちづくるのであり、革命は内省から始まる。そしてこの内省の到達点である「ホーム」こそが、革命への根拠地ともなるのである。

石川は、「序」（我が家、我が村）で「ホーム」を回顧し、「第十一　還郷録」において再び「ホーム」へ還ってきた。このような結構自体、老子の思想に倣ったものということができる。福永光司は、老子の思想における「道」のはたらきと人間の関係を、「逝けば日に遠く、遠ければ日に反る」という『老子』第二十五章の章句から、「万物は人間をも含めて道のはたらきによって生成展開されたもの」であり、「道との距たりは遙けくも遠い」のであるが、「いずれは道に復すべき存在」であると関係づけた[28]。そして、その発想の基盤を、「古代中国人の行動様式」（「郷里もしくは家を出て遠くに出かける人間は、いつかは必ず吾が家（郷里）に帰るということを前提にしているのであり、その行動範囲がどれほど大きくても、いな、大きくなれば大きくなるほど帰るということが切実な関心事となる」）にみた。老子における万物の根源としての「道」は、同時に「いつかは帰るべき吾が家（郷里）」でもあった。

初期社会主義運動史における『虚無の霊光』の思想的意義

『虚無の霊光』にみられた、石川の思想的達成をまとめておこう。

その第一は、文明批判という観点から、あるべき個と社会の関係を考察した点である。人間を本来的な善なるありかたから遠ざけるのは文明の発達によって生じる「物慾の蔭」であり、卑小な存在である人間が自らさまざまな社会制度を創出し、かえってこれに「繋縛」されるのもそのためである。したがって、このような「物慾の蔭」を生み出す文明のありかたこそが問われなければならない、という石川の文明批判は、近代資本主義社会にのみ向けられているわけではなく、老子の根源的な文明批判[29]を踏襲し、人間の本来的なありかたからの逸脱が始まった太古以来の文明化の歴史過程全般にこそ向けられていると言うべきである。石川においては、近代資本主義社会とは、その文明化の極点にあって、その逸脱もまた極点に達した段階として意識されている。

したがって、このような根底的な文明批判は、それをかたちづくってきた、あるいは営々として支えてきた主体としての個の問題に逢着する。石川は、老子の文明批判の枠組みを王陽明の「心即理」説で再解釈し、個に能動性を付与した。かくして、石川における個は客観においては渺たる個にすぎないが、主観においては自らの裡に「道」を保持し、天地の理を担うものなのである。個は、自らの内なる「道」を意識し、積極的にこれと合一し、本来のありかたを回復することができる。これが虚無化である。個と社会の関係もこのアナロジーで解釈される。個は社会においては「社会の一分子」として「一切他力」の生活を営むにすぎないが、個は「自我の自発的能力」を有する。この一見相反する両側面は実は相補的関係にあるのであり、個の「自我の独立の自覚」があって「自治」が生じ、この自治の能力があってこそ「協同生活の実も挙が」る。このような関係の成立が阻まれているのは、「現代社会の悪制度悪習慣」によってであり、「人民が『物欲の蔭』に蔽れたからである」。虚無化の要請される所以である。「個人の疾病」が即ち「社会の疾病」となるという考え方が、キリスト教社会主義の時代とは異なる意味づけを与えられて残存していることに注目しておきたい。

石川の文明批判は、当然それを構成する個のありかたを問うものでもあった。個がその精神において病むときは、その集合体である社会もそれを反映して当然病まざるをえない。弾劾の対象はまずもって個人の裡に見出され、そしてそれは社会に及ぶ。ここにおいて幸徳秋水が「志士仁人」意識をもって、社会変革に対したというかたちとはまったく異なる変革の図式が浮かび上がる。幸徳秋水においては、「志士仁人」たることを意識することによって、幸徳自身の内面の問題は棚上げにされるのである。革命を担うべき変革主体の倫理性の問題は棚上げにされる。

第二は、石川が、この思索の過程でキリスト教を相対化し、信仰から離脱する立脚点をもったということである。老子の「道」とキリスト教の神を同一のものとみることで、キリスト教の神の人格神としての側面は剥奪され、神の脱神秘化がはかられる。行論の過程で旧約聖書の章句は引かれるが、これまでみてきたように、この著作を貫く論理は老子と王陽明のそれである。石川が棄教するのは、亡命中のことであるが、それはこの著作において予見されたことであった。

第三は、歴史観の問題である。石川は精神や社会のありかたとその歴史的展開過程の把握について、その動態的把握と静態的把握という区別を立てる。マルクスらの「歴史の事実に徴して之を今後の革命に推及せんとするもの」と、クロポトキンらの「進化の静的観察に基づきて、革命の標準を樹てんとするもの」とを区別し、この二様の把握は統合されるべきだとするのである。石川によれば、それは「巨大無限の時間の流れ」を流れに沿ってみるか、その流れに浮かぶ個体のありかたを分析するかの違いであり、両者は相補的関係にあるのだという。これは、当時の反体制側のイデオロギー状況からみれば、独自の視点であった。彼が直接行動論争当時に調停者的役割を果たしたことは、ここで思想的に裏づけられることになった。

このようにみてくれば、石川の思想の論理的階層構造およびその深化が見て取れる。認識論的には主観と客観の統一的把握であり、社会観としては個人的自立と社会的協同の統合が目指され、歴史認識としては歴史事象の自由性（静態的把握）と規則性（動態的把握）の統一的把握が主張される。

第四は、虚無化の徹底による真の自由と平等の実現の主張である。個は「霊明」をそのうちに保持するがゆえに、その「霊明」が「天地の理法を存し」、「無限の価値」を蔵するがゆえに、絶対的な自由と平等を確保する。これは、権力との対抗のなかで自らの自由と平等を闘い取るという、西欧的な文脈とは異なるそれからの意義づけとして興味深い。石川の場合は、自由と平等は個の本然のものとして備わっているのであり、その本然のものを回復することが目指される。

以上のようにまとめてみると、石川の思想が初期社会主義運動史上に占める独自性が明らかとなる。

エドワード・カーペンターの発見

石川の獄中の読書書目には、『碧巌録』などの仏典、『論語』『孟子』『老子』、などの経典、『旧約聖書』『古事記』などの他に、イリーやカーカップなど当時よく読まれたアメリカ社会主義の書籍や『資本論』、クロポトキンの『パンの略取』、ジョン・レーの『現代社会主義』、カーペンター[30]の『文明―その原因と救治―』『英国の理想』などがあった[31]。わけても、石川を魅了したのは、カーペンターの著書であった。それは特に、カーペンターの文明観が、石川が『虚無の霊光』において到達した考え方と一致していたからである。カーペンターの文明観は、石川自身の要約によれば以下のようなものであった。

人類の歴史をその意識状態に従つて三段階に区分し、単純な自然意識、自己意識、宇宙意識の三時代とする。有史以来今日までの人類史は、第二段階の自己意識の時代であつて、人類が自然と離れ、個人は社会と離れ、内我は外我と離れ、慾は愛と分れ、この機に於て、在外の強権政府が立ち、私有制度が設けられ、階級的分裂闘争が行はれた。

カアペンターの『文明論』は、即ちこの人類堕落の歴史観に基き、近代文明を一種の疾病と見なし、而もそれは将来に於ける向上の前提となし、宇宙的意識に於て、再び人類は自然と一致し、社会と個人と一致し、愛と慾とは一味をなすに至ることを説いたものである。そしてこの宇宙的意識が確立せられて初めて、自由共産の社会生活が個人の発展と衝突することなく円満に実現されるといふのである[32]。

石川は、出獄後カーペンターに傾倒し、その著書を取り寄せて読むだけではなく、書簡を取り交わし、『哲人カアペンター』(東雲堂書店、一九一二年)や『カアペンタア及び其の哲学』(三徳社、一九二一年)などの著書までものしている。いかに、カーペンターの思想が石川の胸中に深く浸み入ったかがわかるが、『虚無の霊光』の思索は西欧人による特異な観点からの西欧文明批判によって裏づけられ、以後、石川の思索の原型的枠組みを作っていく[33]。石川は、大逆事件後の「冬の時代」に新たな活動の場を求めてヨーロッパで亡命生活を送ることになるが、その亡命の動機の一つにはカーペンターに会うことがあった。

小　括

石川三四郎は、人を善なる本性をもちつつも文明の発達のなかでその本性を曇らせ自ら「無明」に陥る存在とみた。そのうえで如何なる普遍的価値が成立可能か、そしてそれに如何にして近づくかという視点から、彼の思索は一貫して営まれた。

石川は反文明意識から出発し、その批判原理を求めてキリスト教を受容するが、そのかたちはキリスト教の一神教的体系性と儒教的ポジティヴィズムの結合とでも言うべきものであった。ここで、すでに社会道徳のみならず個人道徳の問題が提起されていたことに注意したい。この枠組みが、人間観の深化によって、観念的な形態においてではあるが、個を外在的規範で律し組織化するのではなく、個の自由なあり方に内在する規則性を見出すかたちでの統合理論へと転化した。これは、当時の初期社会主義者の誰にもない、独自な視点であった。たとえば幸徳は主観的には自らを「志士仁人」と規定し、客観的には第二インターナショナル最左派の運動論を採用することで「科学性」を確保する。こうした楽観主義的な思想態度が、その後の日本の社会主義運動に「科学主義」＝「ナショナル」なものとの対決回避傾向を刻印したのではあるまいか。

石川は、直接行動論争においても、初期社会主義運動のイデオロギー状況とは無関係に、直接行動派・議会政策派の両派とも異なる独自の立場に立った。キリスト教的同胞意識に基づき、個の変革と社会の変革との同時遂行を主張したのである。

その立場は、その後の『日刊平民新聞』の筆禍による入獄中に深められる。石川は、老子を基本とし陽明学を援用して、文明批判という観点から、あるべき個と社会の関係を探究する。石川は、自らの「物慾」を相対化し「物慾の蔭」を排除することで、宇宙的究極原理である「道」に還ることを提唱する。このことは、主観を担う個が自らを対象化することで、客観性の象徴としての「道」に回帰合一することを意味し、認識論的には主観と客観の統一的把握を主張している。このように個が本来的な「自我の自発的能力」を回復することによってのみ、社会も「協同生活」を実り多いものとすることができる。ここに、個人的自立と社会的協同の統合が図られる。個の変革と社会の変革の同時遂行という視点は、主観と客観および個と社会を統一的に把握する思想原理の模索のなかに保持される。石川は、非常に観念的な形態においてではあるが、老子と陽明学の枠組みによってそれを果たした。

以上、このような主観と客観・個と社会を統合し、個の変革と社会の変革の同時遂行を可能ならしめる原理を模索してきた思想そのものとその思想的営為を、その問題提起の孤立性を当時の初期社会主義運動との交錯のなかで明らかにした。国民国家の論理をどう対象化し、乗り越えていくか、また価値観の拡散的な多様化のなかでどのような抑圧的でない社会関係を取り結ぶことが可能かなど、多くの今日的課題に示唆を与え得る石川の思想の射程の長さは十分に評価されてよいだろう。

第二節　石川三四郎と田中正造――石川三四郎における「公共性」の模索と田中正造との交流――

近代日本において、新しい来るべき社会のありかたを構想する思索と運動は、今は覆い隠されてしまった個と社会の統合原理を明らかにし、それへの回帰を目指す方向と、歴史の上向的な推転を信じ、それに意識的に関与しようとする方向と、二様の展開をみたように思われる。石川三四郎の思想的営為は、前者の典型として考えることができようが、本節では、石川における「公共性」の模索を、新しい社会における個と社会の統合原理の枠組みの形成として描出したい。その形成は、田中正造との交流が始まった『新紀元』の創刊の時期（一九〇五・一一）から本格化し、著作『虚無の霊光』（一九〇八・九）で一応の端緒的な成立をみたといえるが、ここでは『新紀元』段階の石川の主張を検討し、その思想的枠組みの形成と成熟を明らかにする。『新紀元』は石川と木下尚江の企てにより発刊されたキリスト教社会主義を標榜する雑誌である。

一『新紀元』における社会主義と信仰

石川の『新紀元』所載の文章から、石川のキリスト教社会主義の内実を明らかにしよう。特に、石川の信仰の根幹をなす神認識の特徴を明らかにすることは、石川の思想的営為の根底的部分を明らかにすることでもある。

まず第一に、入信の動機はどうあれ、石川の信仰のありかたは意外に理性主義的なものだったといえる。石川は受洗前に記した「信仰の有無と有神無神」という論考において、「信仰の有無」と「神の有無」とを区別している。そして、外界の刺激に対し、「一の単簡なる応答を為し得るものは必ず一の信念を有す」と述べ、この「信念」はすでに「信仰」なのであるとする。この「信仰の高卑強弱」を決定するのが、個の認識能力を規定する「智識の広狭深浅」である。「智識」は「信仰の対象を審察悟得せしむるもの」として重視される。

石川は、信仰上の師、海老名弾正の神観念を踏襲し、「神は自己の裡にこそある」[35]との認識に至る。海老名は、人の内に「天地の主宰」と「一体」である「霊明」が存在すると結論づけ、「人格的唯一神の世界支配、その人間の内面への現れ」をそこにみた[36]。石川が、この枠組みを受け容れ、儒教における「天」とキリスト教における「神」とを同義に用いていることはすでに論じたところである[37]。

そのうえで、高島米峰に答えて自らの宗教観を披瀝している部分を引こう。石川は、一神教も「汎神教」も「共に不完全な信仰で、此の二つは共に真理の半面に執着して居るのだと思ふ」と述べ、さらに進めて「宇宙は丸い球の様なもので、人が其球の中心を望むときは一神教的信仰起こり、人が其内面をより外方を見るときは汎神教的信仰が起るのでは無いか」と主張する。これは、「常に人類は神の子にして兄弟である」という命題にも持ち込まれる。キリスト教の場合は人類が「神の子」として、つまりは神を親と認識することで「一神教的信仰」を自己の内に生じるのであり、社会主義は、この「同胞」（石川は「兄弟」をこう言い換えている）が「愛」でもって結びつくことによって実現するとする。世界に神と人類という縦の関係（「宗教生活」）と、人類同胞間の横の関係（「社会生活」）が構造的に存在することから、その両面を見据えたキリスト教社会主義が存立の根拠をもつというのである。

この構造論的世界観は、次の段階、すなわちその後の『日刊平民新聞』の筆禍による入獄中に深められる。

二　構造論的統合原理の提唱から「土民思想」へ

『虚無の霊光』の結構については、前節においてすでに述べたところであるが、ここでは個と社会の関係についてまとめておく。石川における個は客観においては渺たる個にすぎないが、主観においては自らの裡に「道」を保持し、天地の理を担うものである。個は、自らの内なる「道」を意識し、積極的にこれと合一することによって、本来のありかたを回復することができる。そのような個は、社会とどのような関係を取り結ぶべきか。個は社会においては「社会の一分子」として「一切他力」の生活を営むにすぎないが、個は「自我の自発的能力」を有する。この一見相反する両側面は実は相補的関係にあるのであり、個の「自我の独立の自覚」があって「自治」が生じ、この自治の能力があってこそ「協同生活の実も挙が」るのである。

次に、歴史観の問題である。石川は精神や社会のありかたとその歴史的展開過程の把握について、その動態的把握と静態的把握という区別を立てる。マルクスらの「歴史の事実に徴して之を今後の革命に推及せんとするもの」と、クロポトキンらの「進化の静的観察に基づきて、革命の標準を樹てんとするもの」とを区別し、この二様の把握は統合されるべきだとするのである。石川によれば、それは「巨大無限の時間の流れ」を流れに沿ってみるか、その流れに浮かぶ個体のありかたを分析するかの違いであり、両者は相補的関係にあるのだという。

このようにみてくれれば、石川の思想の論理的階層構造およびその深化が見て取れる。認識論的には主観と客観の統一的把握であり、社会観としては個人的自立と社会的協同の統合が目指され、歴史認識としては歴史事象の自由性（静態的把握）と規則性（動態的把握）の統一的把握が主張される。

石川は、文明批判という観点から、あるべき個と社会の関係を探究する。石川は、自らの「物慾」を相対化し文明化のなかで生じる「物慾の蔭」を排除することで、宇宙的究極原理である「道」に還ることを提唱する。このことは、主観を担う個が自らを対象化することで、客観性の象徴としての「道」に回帰合一することを意味し、認識論的には主観と客観の統一的把握を主張している。このように個が本来的な「自我の自発的能力」を回復することによってのみ、社会も「協同生活」を実り多いものとすることができる。ここに、個人的自立と社会的協同の統合が図られる。個の変革と社会の変革の同時遂行という視点は、主観と客観および個と社会を統一的に把握する思想原理の模索のなかに、保持される。石川は、非常に観念的な形態においてではあるが、それを果たした。

三　田中正造と石川三四郎の交流

田中正造と石川三四郎の交流が深まるのは、『新紀元』の創刊後であり、このことは両者が取り交わした書簡の数などでも確かめられる。（下表参照）

この経緯については、『石川三四郎著作集』第一巻に大澤正道氏の「解説ノート　田中正造と谷中村」[38]があるので、以下はこれに基づく。すでに、田中は、木下尚江に依頼して、新紀元社を手伝っていた加藤安世を手元に置き、自らを補佐させていた。この加藤

田中正造から石川三四郎宛の書簡数

1906（明治39）年	1907年	1908年	1909年	1910年	1911年	1912年	1913年	計
19	15	8	11	6	4	8	2	73

石川三四郎から田中正造宛の書簡数

1906（明治39）年	1907年	1908年	1909年	1910年	1911年	1912年	1913年	計
15	1	1	—	3	—	—	—	20

典拠：小岩豊彦「『新紀元』時代の石川三四郎」（『田中正造とその時代』2　1982.4）p.78

が、田中と新紀元社との関係の重要な一環を構成する。これ以降、新紀元社は、谷中村の現地視察の呼びかけなど田中の活動を時宜に応じて報じ、定例の「新紀元集会」に田中を招き、さらには「大演説会」で田中を登壇させるなど、鉱毒問題に積極的に関わっていく。

如何に石川が田中を全人的に信頼していたかは、次の書簡に明らかであり、また谷中村の問題に関わることが石川に一つの思想的な転機を与えたことが窺われる。以下に全文を引く。

僕近時尊老と屢々往復するの栄を得て奮発興起すること幾何ぞや、敬慕する翁よ願はくは未熟なる小子を憐み給へ

小生は尊老が献身の大精神に接し、我が意志と精神の甚だ軟弱なるを感じて私かに自ら恥かしさに堪えず、事後は其れから其へと心中の苦悩に襲はれて、去る十四日突然家を出でゝ箱根山中の某寺に入り本日まで、祈祷の生涯を送り来り候、

只今帰宅して貴翰を拝読し腸を寸断せらるゝの心地致し候、嗚呼此の弱き小人も、何事か用立ち候事あらば御遠慮無く御命じ被下度候、出来得る丈は奮発致度存じ候、此度は少しは精神も定まり申候、申し上げたき事は山よりも海よりも多く有之候得共、モウ胸が一ぱいにせまり来たりて書けません、唯だ御身の上、如何あらんかと其れのみ実に心に懸り申候、モウ涙が溢れて来ました、

足利町原田氏方より御申越の諸氏へは早速に雑誌を送り申し候、くれぐれも御身を御大切に願上候

十九日夜　　三四郎

田中正造様

乱筆御免下さい　川鍋氏へもよろしく願上ます

「明治三十九年（一九〇六年）五月十九日　田中正造宛〔封書〕」（傍線引用者）
（『石川三四郎著作集』第七巻　一四頁）

石川の思想的転機とは、引用した書簡にいう「心中の苦悩」である。これより先、石川は、四月二八日、県が谷中村民が自費で築いた急水留工事を河川法を根拠に破壊しようとするのを阻止するための活動に参加し、流血さえもありうる事態に直面し、「我が意志と精神の甚だ軟弱なるを感じ」たのである。そのことが、曹洞宗僧侶で社会主義者の内山愚童の林泉寺（箱根大平台所在）へ籠もらせ、「祈祷の生涯を送」ることになった。このときの「十字架は生れながら人間の負うたものだ」という彼の得心は、「神は自己の裡にこそある」という先に述べた彼の信念、これは海老名のそれでもある、として論理化されてゆく。このように、彼の信仰の深まりは、田中との交流のなかでそのはじめの段階から、生じているのである。

そして、石川と田中の交流は、田中からの以下のような石川への要請を生み出すことになる。

此際機会を得て篤くご御高説を伺度奉存来、予老躰亦大に考る處ありますのです。△今日は一筋縄で食てる時では無い、よほど慎重に永遠に耐忍に研究せねばならぬ。△ヤハリ神なるもの丶處在を明に確かめ度き位は老人の今の程度です。△但し自分だけでは神の存在は認めて居るのですけれども、亦特に智識上よりして深く實際に及すの大必要よりて御高話を敬承せんと欲す。

頓首々々　五日　今夜は日暮里なり　又風邪中　正造

「三〇四一　三月五日　石川三四郎宛〔『世界婦人』第三四号〕」一九〇九（明治四二）年三月五日付
（『田中正造全集』第一七巻　五六六頁）

田中が聖書に触れたのは、一九〇二年（明治三五）年七月の入獄中であったという。石川が海老名のもとで受洗したのが同年の三月であるから、ほぼ同時期にキリスト教に深く接することになった。しかしこの二人のキリスト教理解は独自なもので、石川の場合は先に述べたが、田中の場合も「見よ、神は谷中にあり、聖書は谷中人民の身にあり」とするなど、「実践的な性格」をもったものだった。どちらも、神を個や苦闘する民衆のなかに存するものとして、非人格的なものとみなすところに特徴があると言える。

田中は、鉱毒問題を生み出す文明のありかたを「亡国」と批判する根拠を、谷中の残留民の姿そのものに措き、そこにこそ神が内在するゆえに、無私の精神が発動される。

石川は、自己に内在する神と正対することによって、自己のありかたを対象化する。

小括

石川は、大逆事件後の「冬の時代」をヨーロッパへの亡命生活で凌ぐ。この間の東西文明の比較による文明観の深化は、第一次世界大戦に遭遇した体験を直接の契機とし、先の文明観を基本的枠組みとして、獲得された成果であった。石川は、世界戦争を生み出したヨーロッパ文明に対して深い懐疑の念を抱く。その文化的退廃の根源に、「権利義務の思想」が「一切の人情関係を物質化」してしまったことをみたのである。さればこそ、新しい文明の組織原理は、有限の個が無限の自然を包容し得る「人情」にこそ求められる。ここでも石川は、有限な個と無限の自然を統一的に把握しようとしていることがわかる。「人情」という、自らの内なる「ナショナル」なものを意識し対象化し、ここに新たな文明の形成原理を見出したのである。[39]

しかし、この考え方は「土民生活」論がフランスでの農業体験のなかから浮上してくると、後景に退く。石川は帰国後、「土民生活」を提唱し、これを新たな統合原理とする。直接生産者として、自然の摂理に則った生活をする

「土民」のなかに、労働を媒介とした個と自然の統合を見、自律的存在としての「土民」が連帯し社会関係を取り結ぶことで個と社会が統合される。普遍化の困難な「ナショナル」なものは、「土民生活」の依拠する場の論理として、探究の対象となる。

そして、その時々において、普遍的価値を供給する統合原理は、老子・陽明学から「土民生活」へと深化してきた。その間、「ナショナル」なものの評価とその果たすべき役割も変化した。ヨーロッパ亡命期には、ヨーロッパにおける「権利義務の思想」という社会の組織原理にとって変わるべきものという評価が与えられたが（「文明進歩とは何ぞ」）、帰国し「土民生活」が唱えられる段階ではそれは「土民」という普遍概念の後景に退き、「土民」が依拠すべき土壌として適合的なものという評価へ変化する。

石川は、主観と客観、個と社会の統一的把握と、個の変革と社会の変革の同時遂行を可能ならしめる原理を模索してきた思想そのものとその思想的営為において一貫していた。そして、石川の思想を深化させる動因となったのは、田中の無私の精神であり、それは谷中村民を苦しめる文明に対する根底的批判から生じるものであった。この意味で、石川は田中の思索を継承し、抽象化し、論理化したものと言えよう。

第三節　大杉栄と佐々木喜善の交流

大杉栄の平民社参加前後については、これまで「自叙伝」の記述に頼るほかなかったが、近年、研究に一定の進展がみられた。太田雅夫氏は『初期社会主義研究』七（一九九四年三月）に「平民社と本郷教会」と題して、大杉栄と石川三四郎および平民社と本郷教会の関わりを明らかにし、初期の平民社の思想と活動の様相を描き出した。また、伊藤英一氏は同誌掲載の「『大杉栄のビラ撒き』一九〇四年夏―平民新聞『名古屋より』の謎―」で、「名古屋最古の社会主義者・鈴木楯夫」の回想文を発掘し、大杉の社会主義者としての実践活動への参入過程を明らかにした。さらに、大杉の伝記をまとめた鎌田慧氏の『大杉栄　自由への疾走』（一九九七年一〇月）が、これらの成果を含め、最新の知見を盛り込んで、上梓された。『大杉栄研究』（一九七一年）の著者大澤正道氏がまとめた緻密な『大杉栄年譜』（『初期社会主義研究』一五、二〇〇二年一二月）、また大杉豊編『日録大杉栄伝』（二〇〇九年）などがある。

ここで紹介するのは、大杉栄の佐々木喜善宛書簡と書簡中の自作の新体詩一編、そして佐々木喜善の日記にあらわれた大杉との交流である。大杉と佐々木の間にこのような交流があったことを直接ご教示くださったのは、東北学院大学部経済学部の教授であった岩本由輝氏（現東北学院大学名誉教授）である。岩本氏は岩手県立釜石南高等学校教諭小原尚二氏の「遠野物語前夜」と題する岩手県高等学校教育研究会国語部会誌『国語空間』一三（一九七七年三月）所載の大杉の佐々木喜善宛書簡を含む論考を、資料の重要性に鑑み、柏木隆法氏の個人誌『遺言』六一（一九八二年六月）に解説を付して紹介された。その後、小原氏が旧稿を『遠野物語研究』六（二〇〇二年一一月）に再発表され、かつまた『佐々木喜善全集』Ⅳ（柳田国男宛書簡・日記・年譜・書誌）が発刊されるに及んで、佐々木自身の日記からもその交友が跡づけられることになった。この大杉と佐々木の交友については、初期社会主義研究のうえからは、大杉の社会主義運動参入の時期の精神史を考える重要な手がかりとなると思わる。

一　大杉の佐々木喜善宛書簡

明治三十七年八月十五日　岩手県上閉伊郡土淵村
佐々木喜善様
愛知県海東郡越治村宇治　大杉猪方　大杉栄
封書

炎帝一たび威を振ふ、
人も、獣も草も木も
地にひれ伏して蜘蛛の如、
石さへ黙してうなだる、。

よし其の光ほそくとも
暗黒《くらき》に馴れし人の世を
輝さむとての蛍火や、
あ、かの小虫《むし》ぞしたはしき。

生命《いのち》夕にせまりつ、、

梢にたかく哭すなる、
堕眠《ねむ》れる人を醒さむと
蝉ぞ空飛ぶ豫言者よ。

二千年の昔基督は
甘きに酔ゑる人の舌
たゞらせむとて『地の塩』と
汝《なれ》を呼びしを、起ち得ずや。

あの、わたしねこんど詩人になツたの、上手いでせう、調はちツともそろはないし、辞ハなんだかかうなま、してますし、想だツて平々凡々あまり陳腐すぎてますわね、
けどもねこれはわたしの処女作よ、誰だツてそう始からうまくハ書けませんのね。わたし勉強してドシ、作ツてそのうちには上手になりますわ、それまでねどうぞ始終なをして下さいな
あなたになをしていたゞくなら私も勉強がいがありますわ、ねーほんとうになをして下さいよ、それからね、あなたの御作を、お手本ニしますからすこし送ツて下さいな。ねーい、でせう

さよなら
さかえより

さ、きさん
わたしね
九月の朔頃ニ東京へ帰りますが、　あなたハいつ頃?

(『遠野物語研究』六から引用、原資料から引用者補訂)

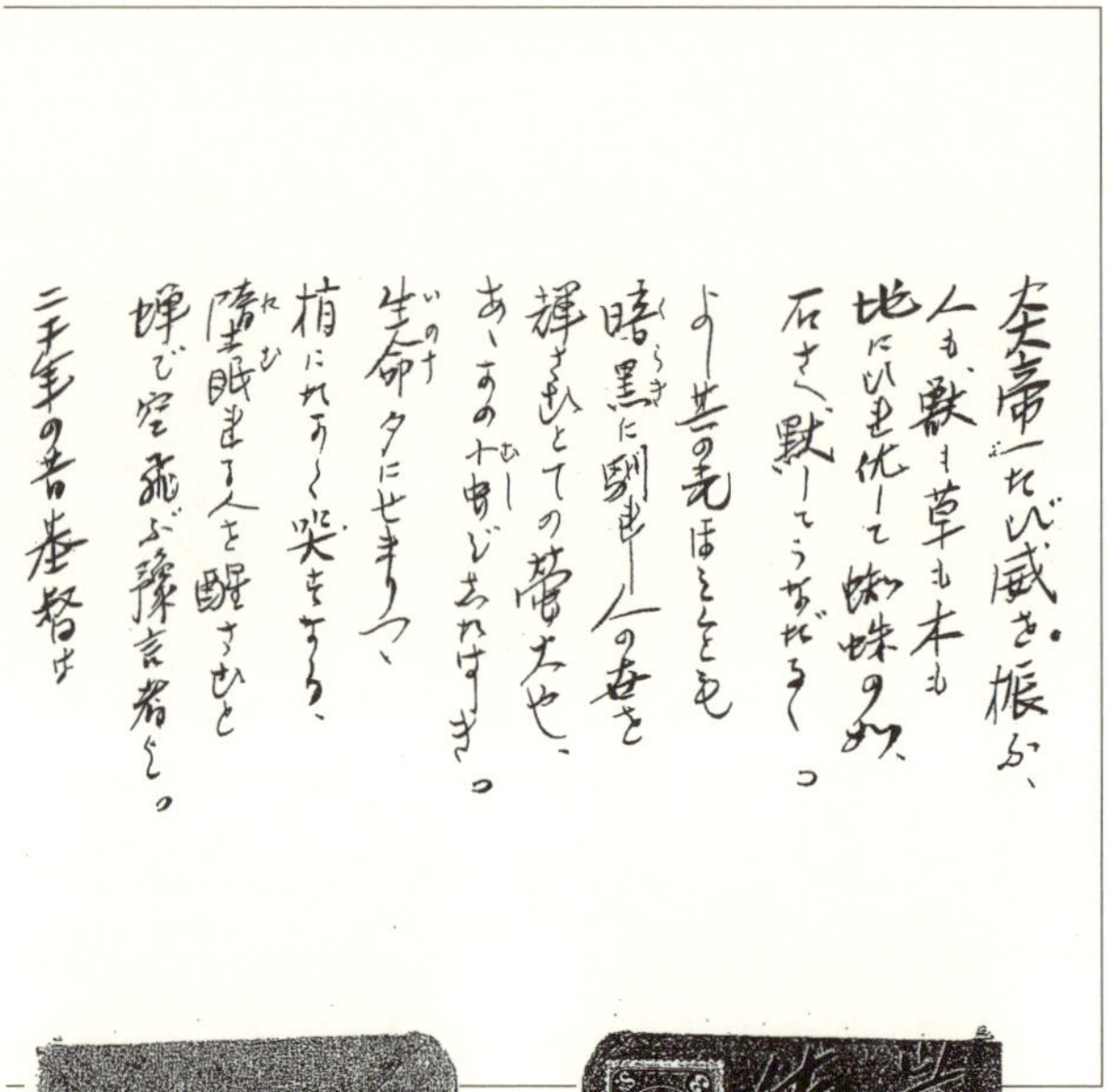
大帝一たび威を振ふ、
人も、獣も草も木も
地にひれ伏して蜘蛛の如く、
石さへ黙してうなだるゝ。
よし其の光はさらずとも
暗黒《くらき》に閉ぢし人の世を
揮きおとしての雷火や、
あゝあの十虫《むし》じあれけすき。
生命《いのち》夕にせまりつゝ
梢にかすく咲をすら、
陸眠《ねむ》まる人を醒さむと
蝉ぞ空飛ぶ豫言者ぞ。
二千年の昔基督は

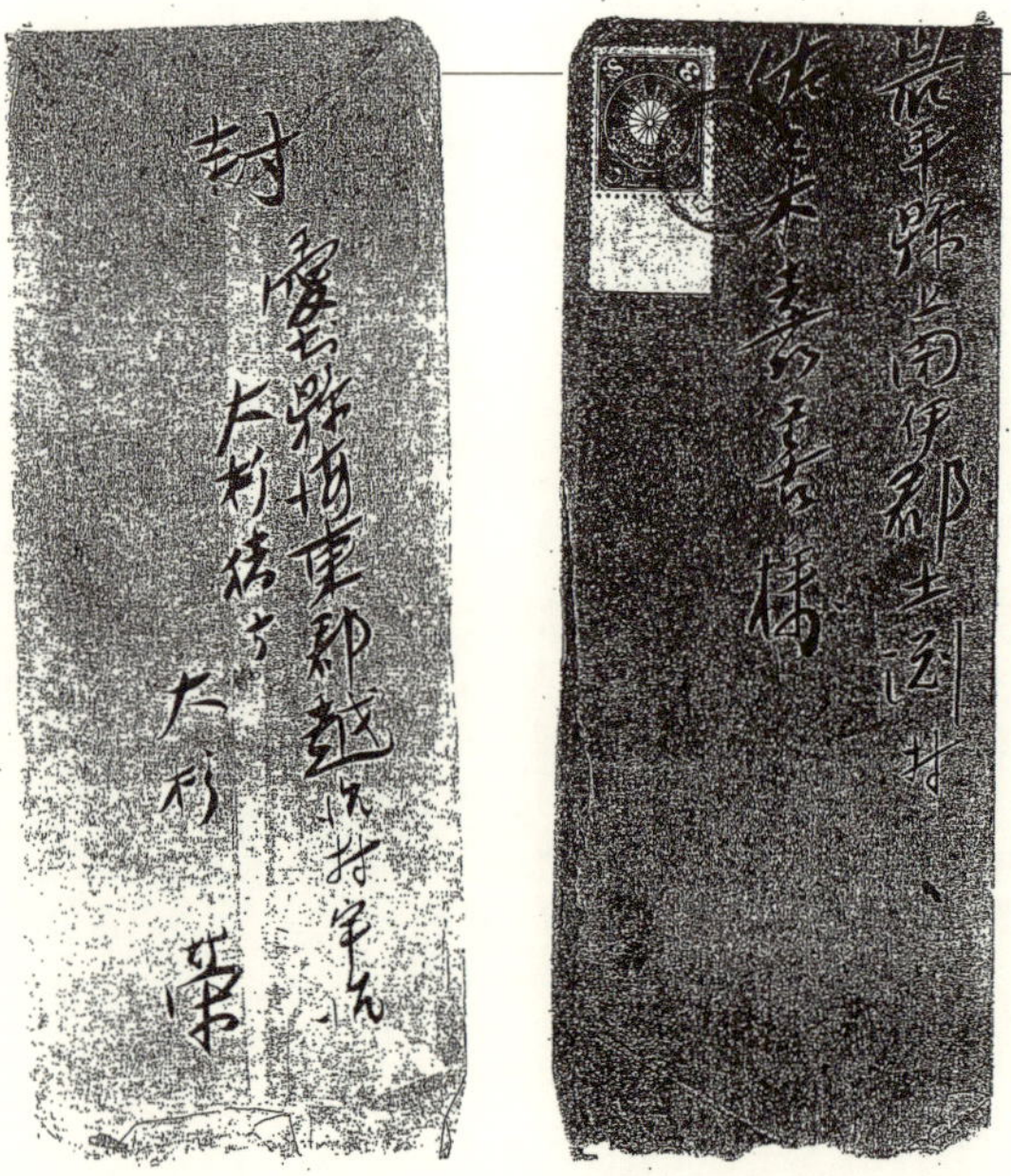

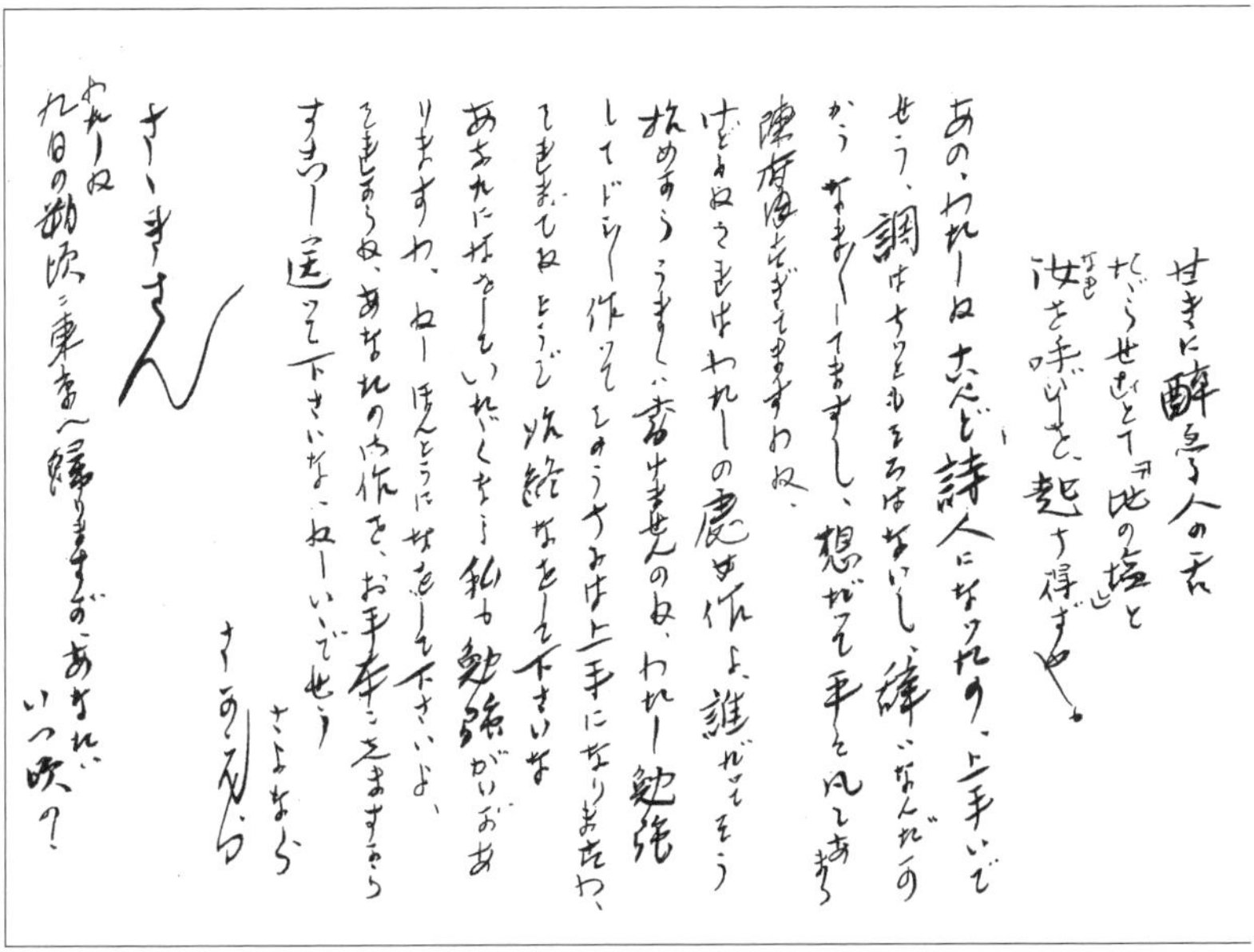

大杉栄から佐々木喜善に宛てた書簡と封筒の表・裏書き

さて、この書簡と新体詩についての評価であるが、小原氏は、「この書簡の文面をそのまま信頼すれば、冒頭に書かれた詩はまさに詩人大杉栄の処女作ということになる。また、詩の内容に関していえば、これまで略述して来た幼年学校以来の足跡、わけても三十五年の上京後の彼の生活が色濃く反映している。／即ち、第一連の冒頭に発せられた『炎帝』こそは、若き大杉にとってのあらゆる悪の根源―権力であり、軍国主義であり、社会のあらゆる不条理をもたらす悪の象徴である。／いま、この炎帝の威にクモの如くひれ伏す人々は、『暗《（ママ）》きに馴れし人々』であり、『堕眠れる人』であり、そして『甘きに酔ゑる』舌を持った人々なのだ。私（大杉）はこれらの状況をみるにあたって、たとえその光は細くとも彼の人々に一筋の光明を与え、警醒の声を上げ、果ては自から地の塩になろうというのである。／第一連での社会認識を基にして、第二連から第四連まではそうした社会に対決していくべき自分の決意をロマンティックに吐露したものである。しかも第四連では、前年に棄教している筈の基督の語が出て来たりしているところに既に述べたように、時代の一側面を見る思いがする。」と述べている。(40)

大杉が本郷教会で受洗したのが前年の一〇月一一日。この年の三月二二日に初めて平民社の社会主義研究会に参加している。大杉が、「前年に棄教している筈」とは断定しにくいが、いずれにせよこの詩に盛り込まれた精神のありようは、圧政に自ら立って抵抗し、その行為によって圧政の下に呻吟する人々の能動的な生への欲求を喚起し、社会の変革をもたらそうとする、社会主義的な、そして「志士仁人」的な、青年の客気に富んだものというべきである。

そしてこのような天地自然のもたらす苛烈さと人間社会のそれを単純になぞらえる方法は、天地自然と人間社会がパラレルな構造をもち相関しあうという伝統的な「天」観、つまり儒教的な宇宙観に通ずるものと思われる。しかし大杉は、「炎帝」つまり「天」を酷薄な非人格神とし、それと別に人格神としてのキリストを立てて区別する。そして、その命ずるところに従って「地の塩」たらんとする。伝統的な「天」観とキリスト教的な「神」観念を統一的に把握しようとした海老名弾正のもとで、思想形成の端緒を得た石川三四郎や吉野作造の場合と異なり[41]、大杉において海老名の影響はほとんどみられないというべきであろう。さらに、圧政に個のうちより生ずる抵抗の精神を以て戦うことが、黙する人々を覚醒させ立ち上がらせるというモチーフはまさしく幸徳のいう「志士仁人」のものであることも指摘しておくべきだろう。

さて、次に書簡の地の文の文体についてであるが、これはたんに親愛の情の表現として考えてよい。若き大杉には、このような軽みというか剽軽さがあったのである。佐々木は、文学の世界にあこがれて、岩手医学校を中退し、早稲田の文科に入学した。文学への志厚く、大杉よりも詩作には一日の長があった。また、東京時代には、前田夕暮・水野葉舟・北原白秋らと親しく交わるなど、文学界に友人も多かった。こういう佐々木に、親しみを込めた、また照れ隠しのこのような文で、添削を依頼したのであろう。

二　大杉栄と佐々木喜善の交友

まず、大杉の書き残したもののなかから、佐々木喜善についての言及を探そう。「自叙伝」に以下のような文章がある。『万朝報』の幸徳秋水の勢いある文章に大きな影響を受けたことを述べた後に、次のように続ける。

それと、もっと近くにいて僕の目をあけてくれたのは、同じ下宿のすぐそばの室にいた佐々木という男だった。彼はもう二、三年前に早稲田を出て、それ以来毎年高等文官の試験を受けては落第している、三十くらいの老学生だった。いつも薄ぎたない着物を着て、頭を坊主にして秋田あたりのズウズウ弁で愛嬌のある大きな声を出して女中を怒鳴っていた。その顔も厳めしそうな八字髭は生やしていたが、両頬に笑くぼのある、丸々とした愛嬌面だった。友達のない僕はすぐにこの老書生と話し合うようになった。彼は議論好きだった。そして僕のような子供をつかまえても議論ばかりしていた。僕も負けない気で、秋水の受売りか何かで、さかんに泡を飛ばした。[42]

大杉と佐々木は、一時同じ下宿に住んだのではなかろうか。本郷区壱岐坂下の下宿において、その時期とはおそらく一九〇三年から〇四年初頭にかけてであろう。お互いを、そこで知ったという蓋然性が高い。

佐々木喜善は大杉より一年年少であり、もとより岩手県遠野の出身であり、また毎年高等文官試験を受験したということもない。しかし一方で、「ズウズウ弁」、中退することにはなったが早稲田の文科に在学したこと、また佐々木の日記からも「大きな声を出して女中を怒鳴っていた」ことを想起させる記述が確認できることなど、大杉の回想のなかに人物像の輻輳や混淆があるのではないかと思われるが、その幾分かは佐々木喜善のイメージとみてよいのではあるまいか。また、『自叙伝』の原稿が雑誌『改造』に発表され、単行本化される時期（一九二二・二三年）は、すでに社会主義運動の大立者に成り遂せた時期であることからして、佐々木に連累が及ぶことを警戒し、自叙伝の登場人物としての佐々木が特定されぬよう、二〇年近く前のことではあるが、このような人物像に仕立てたことも考えられよう。

以下、佐々木の日記に現れる大杉についての記述と、大杉の行動を、大澤正道氏作成の年譜[43]をもとに照応させてみよう。抽出した事項は、大杉との交流と関わるものと、社会主義に関連したものである。

一九〇四（明治三七）年　一九歳

四月　三日　「午前は海老名の教会へ行く」

四月二四日　「神田の大杉君を訪ねたるに留守」

五月一九日　「帰って火の柱を読む。社会主義の小説で、現実、今の社会を描写したるもの、ページページに吾は泣きたり、泣きて泣きて巻をおいてうつ伏したり」

六月二三日　「三田、大杉、教会、武田各々に葉書出す」

六月二五日　上野を発って仙台に向かう　仙台・盛岡に逗留

七月　一日　土淵に到着

八月一三日　「大杉栄君、真山君より来信。大杉君より平民新聞」

八月一五日　「大杉君へ葉書」

八月一八日　「大杉君より来信」

九月一五日　土淵を発ち、花巻・一関を経由して、一六日夕刻上野着

一〇月　二日　「発信、祖父、白蒲君」

一〇月二三日　「大杉栄君より新聞。大杉さんと祖父に葉書出す」

一〇月三一日　「大杉栄に葉書出す」

一一月二〇日　「白蒲君より平民新聞」

日記帳最後に記された「友好録」中に、「外国語学校伊□（ママ）亜語学科　神田三崎町二丁目ノ三
大杉白蒲栄君　白蒲」とある。

一九〇五（明治三八）年　二〇歳

一月一一日　「大杉栄君と八木沢君に葉書出す」

一九〇六（明治三九）年　二一歳

一一月一一日　「発信……大杉栄君」

一一月一三日　「大杉栄君より家庭雑誌来る」「発信……大杉栄、……」
日記帳末の「明治三十九年交遊録」に、「麹町六番町正愛教会前　白蒲大杉栄氏」あり。

一九〇七（明治四〇）年　二二歳
一月　六日　「木下尚江のざんげを読む。感心せぬなり」「受信……大杉栄氏……」
日記帳末の「人名簿」に「牛込区市ヶ谷町二十二番地　大杉　栄氏」あり
（「日記」—『佐々木喜善全集』Ⅳ、三五～七八頁）

佐々木と大杉の交流は、一九〇四年が最も密であった。ほぼ一月に一度ないし二度の頻度で書信のやりとりをおこなっているし、大杉の下宿を訪ねたりもしている。また、先に引いた大杉の書簡は、佐々木も大杉もともに夏休みの帰省中に、佐々木の自宅に送られたものである。

この日記の記述から判明する事柄を、いくつかあげてみよう。

まず、大杉が「白蒲」という号を用いていることである。自叙伝には、大杉が「秋水」という号を自ら用いていたところが、『万朝報』の花形記者である幸徳の「白刃のような筆の力」を見せられ、自ら「その号を葬ってしまわなければならなかった」ことが「しゃくに障った」という記述がある(44)。それ以降は、号を用いなかったと思われていたわけであるが、その期間は短かったにせよ、「白蒲」を用いていたのである。

また大杉は、週間『平民新聞』や、自ら編集する『家庭雑誌』を、佐々木に送っていたことが知れる。佐々木自身は、木下の『火の柱』に大いに感激するなど、社会主義に一定のシンパシーをもっていたようではあるが、同時に日本海海戦勝利の報に、「日本海軍大勝利！！」（一九〇五年五月三〇日）と書き付けもしている。その後は、年に一、二度の音信となり、それも一九〇七年を最後に途絶えてしまう。これは、大杉が直接行動派に身を投じ、運動に邁進

西暦	佐々木喜善略年譜	大杉栄略年譜
1885 明治18		1.17　香川県丸亀に生まれる
1886 明治19	10.5　岩手県西閉伊郡栃内村に生まれ、生後直ぐに母方の祖父佐々木萬蔵家の養子となる	
1901 明治34		16歳 12・I4 名古屋陸軍幼年学校を放校処分となる
1902 明治35		17歳 1.2　新発田を発って東京へ向かう 10　順天中学校5年に編入 友人とともに本郷壱岐坂下の下宿に移る
1903 明治36	17歳 私立岩手医学校を中退し上京 3.8　駒込教会にてキリスト教の洗礼を受ける 5　国語伝習所高等科に通う 9　哲学館の聴講生となる	18歳 3　順天中学校卒業 9　東京外語学校仏語科入学 10.11　本郷教会で、海老名弾正から受洗
1904 明治37	18歳 4　哲学館に入学 8.3-7　神経衰弱の療養で岩手県大槌に滞在 10　早稲田大学文科に転ずる 10.31　伊藤家から斉田家に転宿	19歳 主戦論を唱える海老名の説教に幻滅 3.13　初めて平民社の第2回社会主義研究会に参加 7　夏期休暇で、名古屋の伯父宅へ向かう車中で『平民新聞』などのチラシをまく 7.19　社会主義者茶話会（石巻良夫宅）に参加 8.7　社会主義研究会（矢木鍵次郎）で開会の辞を述べる 8.17　東海道遊説の西川光次郎歓迎の晩餐会に出席 9　帰京 神田区三崎町に移る この頃平民社の雑務を手伝う。 11　麹町区五番町六番地（聖愛教前）に移る
1905 明治38	19歳 4.1　前田夕暮を訪ねる 8.12「鏡石」という筆名を使い始める 9.16　小石川同心町から白山御殿町に転居	20歳 1.29『平民新聞』終刊 7　東京外国語学校卒業。 l0.9　平民社解散。
1906 明治39	20歳 1.18　泉鏡花の「早く上京致せ」と手紙来る 3.26　小石川同心町一、津崎方に転宿する られる 7.3　上閉伊郡役所で徴兵検査 丙種 8.19-23　花巻の大沢温泉に滞在する 9.I8　牛込区通寺十一、赤城館に引っ越す 10.17　夜切めて水野葉舟を訪ねる	21歳 2.14　日本社会党結党 これに参加 2.15　東京市電車賃値上げ反対市民大会に参加 2.18　凶徒嘯集罪で東京監獄へ送られる 2.21　保釈出獄 8　堀保子と結婚 堺利彦から『家庭雑誌』編集をまかされる。 11『光』所載の「新兵諸君に与ふ」で起訴
1907 明治40	21歳 1.11　上田敏より、小説「長靴」を『芸苑』第2号に掲載する旨の葉書来る 2.1　小石川竹早町七一、堀田方に転宿する 7.11　養祖父佐々木萬蔵死去（69歳）。 10.30　養父佐々木久米蔵死去（46歳）。 11.5　家督相続を届け出て戸主となる	22歳 2　直接行動派としての名乗りを挙げる 3　日刊『平民新聞』の「青年に訴ふ」で起訴 11.11　巣鴨監獄から出獄
1908 明治41	22歳 2.29　小石川小日向武嶋町三、古川方へ転宿 11.1　駿河台の神学校でロシア語の稽古を開始 11.4　水野葉舟と柳田国男宅訪問、お化話する 11.13　遠野物語について柳田国男が来る以後柳田国男の求めに応じて毎月、日を定めて遠野の話をする	23歳 1.3　豊多摩郡淀橋町柏木318番地に移る。 1.17　金曜会屋上演説事件で逮捕 1.22　巣鴨監獄に収監。 3.26　出獄 6.22　赤旗事件 9.9　千葉監獄に移送→1910.11.29出獄

「年譜」『佐々木喜善全集』Ⅳ、大澤正道編「大杉栄年譜」（『初期社会主義研究』15（2002.12））より作成

し、さらには入獄も経験する時期に当たる。運動が二人の交友を阻むかたちになるわけである。佐々木が、大杉の非命についてどのような感想を書き残しているかが気になるところであるが、残念なことに一九二三（大正一二）年分の日記はみつかっていない。くわえて、佐々木はエスペラントに興味をもって学び続けることになるが、これについても大杉の影響をみてよいのか判断しかねる。ただ、柳田国男のすすめで本格的に取り組む一九二一年以前からエスペラントに興味をもっていたことは指摘されている。[45]

次に、これまで縷々論じられてきた大杉の名古屋での活動についてであるが、このときの大杉の帰省先が、伊藤英一論文とそれを踏襲した鎌田慧『大杉栄　自由への疾走』では、父東の次兄一昌宅（名古屋市中区飴屋町、現橘町）であると断定しているが、一昌伯父はこの大杉の訪問直後に急死していることもあり、[46]この書簡の発信地が父の長兄猪宅（愛知県海東郡越治村宇治）であることからすれば、この両所に滞在していたと考えるべきであろう。もちろん、鎌田氏が記すように、この年の四月に大杉の二番目の妹菊が福島の女学校から名古屋高等女学校三年に転入しているが、その寄留先はおそらく一昌伯父宅であろうこと、大杉が「社会主義のビラを配布」したのが同じく中区所在の宝生院（大須観音）であることなどはすでに知られているので、名古屋滞在の全期間を一昌伯父のところで過ごしたわけではないということは言える。

小　括

大杉の社会主義運動への参加前後のメンタリティーを復元する手がかりを紹介できた。佐々木喜善宛の書簡のなかに浮かび上がってきた大杉像は、いかにも一九歳の青年のものというべきであり、アナーキスト大杉の思想的出発点を座標上に確定する作業にいささかなりとも裨益できたかと思う。

註

（1）牧原憲夫氏はその著書『客分と国民のあいだ』（一九九八年七月）において、初期社会主義運動に先立つ自由民権運動と明治国家の国家形成の相互連関を論じた。
（2）このような日本特有の社会編成原理については、本書序章において詳述した。
（3）松沢『日本社会主義の思想』（一九七三年）七一頁。
（4）ここでいう「ナショナル」なものとは、国民国家形成へ向けて民衆を動員するために伝統的な精神のなかから新たに創出された価値意識を意図している。
（5）『石川三四郎著作集』第八巻（一九七七年）九二頁。
（6）この事実は太田雅夫氏が本郷教会『会員原簿』から確認された。『自叙伝』は一九〇一年秋頃としている。『初期社会主義研究』七（一九九四年三月）一一頁。
（7）石川旭山「クリスチアン活動の新方面」『直言』二―一六（一九〇五年五月二一日）
（8）石川旭山「七月二日の本郷教会―海老名先生の社会主義評と吾同志の弁解」『直言』二―二三（一九〇五年七月）
（9）『新人』六―九（一九〇五年九月）
（10）『新人』六―一〇（一九〇五年一〇月）
（11）荻野富士夫『初期社会主義思想論』不二出版（一九九三年）三〇頁。
（12）吉馴明子『海老名弾正の政治思想』東京大学出版会（一九八二年）五頁。
（13）石川三四郎「平民の信仰」（『新紀元』七　一九〇六年五月）
（14）吉馴前掲書　四四・六四頁。
（15）大原緑峰（大澤正道）『石川三四郎』リブロポート（一九八七年）一三八、九頁。
（16）山泉進「幸徳秋水のキリスト教批判」『社研シリーズ』一四（一九八三年三月）九頁。
（17）日刊『平民新聞』掲載記事が繰り返し新聞紙条例違反に問われ、その発行人であった石川は一九〇七年三月二五日～一九〇八年五月一九日の期間、獄中にあった。この間の獄中での思索をまとめたものが『虚無の霊光』であり、ヨーロッパ社会主義運動史研究をまとめたものが『西洋社会主義運動史』である。『虚無の霊光』は父の「十三回忌の紀念として親戚故旧に頒たんが為め」に印刷製本されたが、その過程で官憲の差し押さえにあった。完本は存在せずその後製本過程で出る「破れ」を集めて三部を作成。そのため「第一　虚無」の最後と「第二」が欠落。『石川三四郎著作集』第五巻（一九七七年）収録のものは、その写本から起こしたものである。

(18) 大澤正道「石川三四郎論」（鶴見俊輔編『近代日本思想大系一六　石川三四郎集』一九七六年）。

(19) 『新紀元』廃刊（明治三九年一一月）後における石川三四郎の思想」（『日本歴史』四七〇　一九八七年二月）。後、『近代日本のアナーキズム思想』吉川弘文館（一九九六年）所収。

(20) 平島敏幸「石川三四郎の「土民思想」」（『学習院大学文学部研究年報』第三七輯　一九九〇年）。

(21) 福永光司は老子の欲望論について「人間は生まれてきたかぎり生きてゆかなければならない。生まれてきたことが自然であるならば、死ぬることがまた自然であるように、死の訪れるまで生きてゆくこともまた自然である。人間は生きたままで死者になる、すなわち完全に無欲になることはできない。欲望を無際限のままに放置することも危険であるが、それを完全に無くすることもまた不可能である。老子は理想として無欲を説くが、それはあくまでも理想であり、実際には寡欲を―できるだけ無欲に近い寡欲を説くものと見なければならない」と述べている（福永『中国古典選一〇　老子上』一九七八年　六〇頁）。石川がこのような理解のうえに立って「物慾の蔭」論を唱えていることは明らかである。

(22) 石川は老子の人間観を基本的に踏襲し、人間の本性を肯定的にみる。しかし石川がこれまで保持してきたキリスト教の信仰は原罪の思想にみられるように、人間の本性を悪とみる。この決定的矛盾を石川は全く意識していないように思われる。

(23) 溝口「中国的理観とその展開」『東洋倫理思想史』（一九七九年）。

(24) 板垣前掲書　二三八頁。

(25) 福永前掲書　一五二頁。

(26) 「道」とは如何なる実在であるかを述べた『老子』第二十一章では、「ぼんやりとして定かではないが、……何やら象がある」という「道」のありかたを示し、そのはたらきと至高性をあまたの族長を束ねる氏族の長の地位にたとえる。石川の指摘はこれを念頭においたものであろう。
(27) 板垣哲夫氏は『虚無の霊光』の思想的主題を主観と客観や人間と神などの統合であるとみるが（板垣前掲書　二三八頁）、石川は論理的にはすでに統合を終えているのである。
(28) 福永前掲書　一九二頁。
(29) 老子の文明批判は、すべての人為を排し、否定しようとしても否定しきれない最も根源的なものを探究し、その究極的なものと合一しようとする生き方によって表現された。それは、倫理的な規範を創り出し拡充していくことで社会を組織していこうとする儒家批判として展開された。
(30) Carpenter, Edward（一八四四〜一九二九）。ブライトン生まれ。ケンブリッジ大学卒業後そのフェロウとなり、副牧師となってキリスト教社会主義の影響を受ける。その後、ユニヴァーシティ・エクステンションの講師を勤めるが、大学を辞し、シェフィールドに移り、社会主義運動に身を投じる。ウォールト・ホィットマンに傾倒し、ウィリアム・モリスとも交流。後ミルソープに移り晴耕雨読の生活を送る。都築忠七『エドワード・カーペンター伝』（一九八五年）。
(31) 『石川三四郎著作集』第八巻（一九七七年）一九六、七頁。
(32) 石川「アナーキズムの歴史哲学前論」（『ディナミック』三九　一九三三年一月）『石川三四郎著作集』第三巻（一九七八年）二四六頁。
(33) 石川とカーペンターの近代文明批判を軸とした思想的交流については、稲田敦子『共生思想の先駆的系譜』（二〇〇〇年）がある。
(34) 石川「信仰の有無と有神無神」（『埼玉新報』一九〇三年一〇月）『石川三四郎著作集』第一巻一八、九頁。
(35) 註（34）に同じ。
(36) 石川「平民の信仰」（『新紀元』七　一九〇六年五月）
(37) 吉馴明子『海老名弾正の政治思想』東京大学出版会　一九八二年　五頁。

(38) この論考は、『石川三四郎　魂の導師』リブロポート（一九八七年一〇月）で再論されている。
(39) ここで、石川が「人情」を果たして日本固有のものとして意識していたのかという問題が生じる。それは、石川自身がヨーロッパにおいては「権利義務の思想」が「一切の人情関係を物質化」してしまったと書いているからである。しかし、一方で「仁侠的精神」を持ち出して「人情」と同列に論じ、また「人情」がすでに駆逐され尽くしているように表現するとき、それが保全されていること自体が「ナショナル」な意味をもつと考えることもできよう。
(40) 小原尚二「佐々木喜善の青春」『遠野物語研究』六（二〇〇二年一一月）
(41) こうした海老名弾正の吉野や石川への思想的影響については第三章第一節参照。
(42) 大澤正道編「大杉栄年譜」『初期社会主義研究』一五（二〇〇二年一二月）
(43)「自叙伝」『大杉栄全集』一二（一九六四年）現代思潮社　一四五頁。
(44)「佐々木喜善」『日本エスペラント運動人名事典』（二〇一三年）
(45) 伊藤英一　前掲論文　九頁。

第二章　初期社会主義におけるアナーキズムの位置

第一節　「万国無政府党大会」と幸徳秋水

幸徳秋水のアナーキズム・サンジカリズム理解の特質が如何なるものであったかを、一九〇七年八月二四日から三一日にかけてアムステルダムで開催された国際アナーキスト大会についての幸徳の論及から探ろう。この当時、国際アナーキズム運動においては、個人主義的アナーキズムとアナルコ・サンジカリズムの二つの潮流が分岐し、対抗していた。幸徳のアナーキズム・サンジカリズム理解は、こうした運動状況やその思想的課題に対しての幸徳なりの把握のうえになりたっており、そのとらえかたを検討することで幸徳の思想的特質を明らかにしうると思われるからである。

幸徳の社会主義者からアナーキストへの転化の過程については、これまで在米中の活動の分析から説明がなされてきたが、ここでは、帰国後幸徳が精力的に紹介し、かつ論じもした万国無政府党大会（以下、大会と略記）を材料として、幸徳の一九〇七年前後の思想の特質を明らかにしたい。大会は、当時の所謂「直接行動派」の機関紙であった『熊本評論』および『大阪（日本）平民新聞』に数回にわたって報じられており、幸徳周辺の社会主義者は皆、第二インターナショナル・シュトゥットガルト大会(1)の動向とともに注目していた。しかもその論議の内容、決議等が詳しく紹介されていたにもかかわらずこれまでほとんど議論の俎上にのせられることがなかった。

特に幸徳についていえば、熱心にこの大会について論及するなかで、彼のアナーキズム理解（思想的にも運動状況についても）はさらに深化したと考えるべきで、この大会が幸徳のアナーキズムの形成に果たした役割は大きいものがある。幸徳が、この大会をどう論じていたかを明らかにすることによって、米国から帰国した後の幸徳の思想の一端を浮かび上らせたい。

そこでまず、この時期の幸徳の直接行動論の特質が如何なるものだったのかを明らかにする。欧米のアナーキズム運動の状況やその思想的課題を把握する基礎をなす部分がそれだからである。

一　幸徳秋水の直接行動論

幸徳の欧州社会主義運動認識は次のように要約されよう。普仏戦争にプロシアが勝利し、ビスマルクの社会党弾圧に象徴される反動の嵐がヨーロッパ全土を掩うに至った結果、第二インターナショナルの側も改良主義的運動方針・議会政策を採用することになった。第二インターナショナルの国際大会のたびごとに、革命的決議案は退けられ、「急激派」の人々はともに「無政府党」に奔る。加えてロシア第一次革命を契機として社会主義運動中に左翼的部分が析出されつつあり、彼らは議会政策をとらずにゼネストによる社会革命を唱導している。(2)

このような状勢認識は、「世界革命運動の潮流」における文言をみる限り未だ日本に機械的に通用されてはいない。しかし一九〇七年に至ると直接行動派においては、議会政策派との論争が激化するなかで、議会政策派を「レヴィジヨニスト」（修正主義者）になぞらえ、日本での革命の担い手とは即ちゼネストを武器とする直接行動派であるとする考え方が一般化し、逆にそこから日本の状況をきわめて主観的に判断する傾向が生じた。たとえば幸徳は「九州青年と語る」のなかで、日本だけがヨーロッパの趨勢に超然としておられるはずがないと述べている[3]。

かくして、変革主体についての認識の深化、状況認識の検討を欠いた日本における直接行動論は、輸入思想としてのサンジカリズムを、彼らの了解可能な範囲で展開させたきわめて観念的なものとなった。つまり階級闘争の最新の武器としてのゼネストと、そのゼネスト論に力点をおいたサンジカリズム理解にとどまったのである。

幸徳らの直接行動論の内実はどのようなものであったろうか。幸徳帰国後の第一声である『光』所載の「世界革命運動の潮流」は、その行論の順序からいっても、前述の運動状勢の認識のうえに立って、アーノルド・ロラーの『社会的総同盟罷工論』の論旨をなぞったものであることは明白である。また、よく知られているように結論部分では、「革命の運動か、議会の政策か、多数労働者の団結を先にすべきか、選挙場裡の勝利を目的となすべきか、予は今日本の国情に疎なり、敢て軽々しく断ずることを得ず」と述べ、ヨーロッパでのゼネストの経験を日本にひきうつすことに躊躇をみせている。しかし、これは、レトリックの色彩が濃厚である。この論文の本意は、ヨーロッパ労働者の歴史的経験がゼネストこそ将来の革命における「最上の武器」であると教えているところにあり、幸徳は社会主義運動がその方向に進むのは歴史的必然であると考えている[4]。

幸徳は、「余が思想の変化」において「我日本の社会主義運動は、今後議会政策を執ることを止めて、一に団結せる労働者の直接行動を以て其手段方針となさんことを望むのである」と、このような姿勢を一層明瞭にし、そのうえで、議会政策は政治一般のもつ非倫理的性格からまぬがれえないがゆえに、理想社会を現出するための運動手段としてはふさわしくないとする。

議員は堕落すれば夫れ切である、議会は解散さるれば夫れ切である、社会的革命、即ち労働者の革命は、結局労働者自身の力に依らねばならぬ、労働者は紳士閥の野心家たる議員候補者の踏台となるよりも、直ちに自ら進んで其生括の安固を図るべきである、衣食の満足を得べきである。(5)

このように、幸徳は議会制度のもつ間接性、すなわち選挙制度を悪用する野心家の存在を弾劾して止まない。これに代わるべきものは「労働者自身の力に依」る「社会革命」である。これは、「唯だ労働者全体が手を拱して何事も為さざること」、「而して社会一切の生産交通機関の運転を停止せば即ち足れり」というような具体性を欠いた体のもので、その内実はいっこうに明らかにされない。つまり、幸徳は直接行動の倫理性・非妥協性という観念的な側面にのみ言及し、組織論、運動論の検討にまで立ち至ってはおらず、直接行動の倫理性から全てを演繹し展開している。民衆を抑圧する支配制度・機構のもつ非倫理性、そして議会という非倫理的なものに依拠しようとする議会政策の非倫理性が明白となれば、それらの廃絶に向って邁進するのみだという考え方である。

このように、幸徳は不思議なほど直接行動論の内実に言及していない。

二　「万国無政府党大会」と幸徳秋水

国際アナーキズム運動の状況と「万国無政府党大会」

初めに大会の前提をなすこの当時のアナーキズム運動の状況を特にフランスを例にとってまとめておこう。それはフランスにおいて、国際アナーキズム運動にみられる思想的配置がいち早く表われているからである。一八八〇年代から九〇年代前半にかけて、テロリズムを行使し、ついには自身の運動を破産させたアナーキストやブランキストの一部は運動再建の基礎を大衆運動に置くために労働運動のなかへ入っていった。また、この第三共和制の時期に(6)「社会主義諸党派が議会制民主主義の一構成要素としてのみ機能することになった」ことを反省する活動家によって議会主義の枠内にとらわれていた諸党派をのりこえる自律的な大衆運動の創出をめざす動きが開始されていた。つまり、特定のイデオロギーに依るよりも労働組合のもつ自律的伝統に依拠して、社会変革の主体たりうる新たな質をもつ労働運動を形成しつつあったのである。これがサンジカリズム運動の生成となった。

しかし、一方では革命の際の個人の自発性を重視し一切の組織的統制を否定するという、バクーニン以来のアナーキズムの教理にあくまで忠実であろうとする潮流も存在していた。個人主義的アナーキストの一群である。彼らは、労働者大衆ぬきの革命は有りえないと知っており、さらに彼らをこちら側に獲得するためには労働者の状態改善のための闘争の必要性を認めなくてはならないと考えているのであるが、それにもかかわらず労働組合ほ、本来のその職分からいって、日常性のレベルを到底脱しえないものだという警戒の念をも併せもっていたのである。したがって、労働組合が日常闘争の単位であると同時に社会変革の主体でもあり、将来社会においては生産と分配の調整のための組織ともなりうるという、サンジカリストの考え方は拒否されねばならないし、労働組合で活動するアナーキストが組合の日常の活動に埋没してアナーキズムの教理から逸脱してしまうことへの危惧はことに大きいものがあった。(7)

このような、アナーキズム運動上の思想的配置と対抗は、サンジカリズムのフランスから欧米への急速な広がりによって、相対的な勢力の多寡を別にすればどの国においてもみられるようになった。そしてアナーキズムとサンジカリズムの理論的な対抗が初めて国際会議の場で顕在化し議論が闘わされたのが、この大会なのである。

この当時「万国無政府党大会」と呼称されたアナーキストのアムステルダム大会ほ、オランダおよびベルギーのグループのイニシアティヴで、一九〇七年八月二四日から三一日まで開かれた。第二インターナショナルからアナーキストが組織的にも個人的にも排除された後、初めて実現した国際会議であり、エマ・ゴールドマン（アメリカ）、クリスチャン・コルネリセン、ドメラ・ニューヴェンハウス（オランダ）、エッリコ・マラテスタ（イタリア）、アメデ・デュノワ、ピエール・モナト（フランス）、ルドルフ・ロッカー（ドイツ）、アレクサンダー・シャピロ（ロシア）などを中心に、当時アナーキズム運動の直面していた諸問題が話し合われた[8]。その諸論点とは、「組織について」「アナーキズムとサンジカリズム」「アナーキズム、サンジカリズムとゼネスト」「非軍備主義」「ロシア革命」「エスペラントの普及」についてなど、多岐にわたるものであった[9]。

「万国無政府党大会」の日本への紹介

さて、大会についての記事は日刊『平民新聞』六七号（一九〇七年四月五日）の開催予告を嚆矢とする。その後『熊本評論』や『大阪（日本）平民新聞』を中心に大会開催の経緯・討議内容・議事録の一部の紹介がなされている。

ここでは『大阪（日本）平民新聞』を用いて、万国無政府党大会の紹介過程とそれが幸徳を中心とする直接行動派に与えた影響を明らかにする。

『大阪平民新聞』五号（一九〇七年八月一日）「世界雑俎」の欄に、「此夏中、和蘭アムステルダムに開かる丶筈なりしが、同政府のために禁止を命ぜられたり」と報じられ、ついで七号（一九〇七年九月五日）では前記事を誤聞として訂正している。そのなかで大会は八月二五日から三一日まで開催されるとし、その論題と弁士を八項にわたって紹介している。さらに八号（一九〇七年一〇月二〇日）においては、幸徳が「東京評論（第四信）」の中で大会についての通信に接したが、これを詳述する時間と紙上の余白がないため次回に譲ると述べている。その第五信（一一号　一九〇七年一一月五日）に大会の状況を大まかに説明し、組織についての決議の前半を訳載している。また、この決議のもつ意義を幸徳流に以下のように総括している。

一つに、「無政府」を直ちに「乱脈無秩序」と結びつけるという社会の攻撃に対するアナーキスト全体の「答弁」であること。

二つに、従来連絡機関をもたなかったアナーキズム運動に一つの国際組織を与えたこと。

重ねて幸徳は、社会民主党の側が第二インターナショナルという確固たる国際組織をもっているのに比してアナーキスト側のそれがなかなか奏功しなかったのは政府の弾圧が甚しく、日常の活動すらおぼつかず、国際大会を開催するなどといったことはきわめて困難だったためだと述べている。つまり、幸徳は無政府イコール「乱脈無秩序」という所謂「常識」に対する有効な反撃として、この決議を歓迎し、アナーキズム運動が独自に国際組織をもちえたことに大いに勇気づけられているのである。幸徳は直接行動派のもつ世界性をこのことによって再確認したのである[10]。

文中に幸徳が言うように、この時点、一〇月二二日で幸徳が手にしていたのは、公式議事録にいう「組織について」の決議の前半部分のみであった。しかし、この紹介記事には直接行動を唱導する幸徳の、国際アナーキズム運動が一つの勢力を形づくるに至ったことへの大きな期待がうかがわれる。

一四号（一九〇七年一二月二〇日）では、山川均が「万国無政府党大会」と題して、論題となった八項目についてその討議内容と採択された決議を要領よく解説している。このなかで山川は「新労働組合」という一項を建て、「非議会政策直接行動を主張する新労働組合主義の運動は、社会民主党に取りても最早観過す可らざる大問題となりたり。ゆえにスッツトガルトの大会に於ても、現に社会主義と労働組合てふ題目に被はれて議題によりたれども、未だ明白なる解決を得るに至らず」とし、「此問題は仏国の労働者同盟の代表者たるピエル・モナト氏に依て亦当会に提出せられたり」と述べている。つまり、第二インターナショナル・シュトゥットガルト大会（一九〇七年八月一四～二一日）におけるローザ・ルクセンブルクらの、「戦争反対のための大衆ストライキ[11]」によって「戦争勃発という現実を社会革命への展望と結びつけ[12]」る主張、あるいはエルヴェによる反戦のゼネスト・蜂起を一気に社会革命へと導こうとする主張と重ねあわせているのである。

この時点で、山川がゼネスト論を基軸として、第二インター左派的立場からサンジカリズムへと思想的展開を遂げる論理的基礎はすでに存在していた。

このような経路でサンジカリスト的立場へ移行した急進的青年も多かったのではないか。

山川は、この記事で、大会の最大の争点が「新労働組合」の評価をめぐってのものであると正しく指摘しつつも、結びにみられるように、大会に全面的な支持を与えたわけではない。このことは彼がまだサンジカリズム的立場に移行し了えてはいないことの証左であろう。一六号（一九〇八年一月二〇日）では、土佐中村に帰郷した幸徳が一月八日付でアナーキスト・インター事務局が大会の各種の決議を印刷し頒付するので入手しだい訳出し紙上に発表したいという希望を述べている。つまり公式決議集が幸徳の手に入ったのは翌年一月以降ということになる。

この公式決議集は一九号（一九〇八年三月五日）および二〇号（一九〇八年三月二〇日）に至って初めて完全なかたちで、幸徳自身の解説を付して「世界之新聞」欄に訳出された。幸徳はその付記のなかでこの決議集が「無政府共産主義者の思想・議論・運動方策等を極めて簡明に表明し得たる者」と高く評価した。また同一の論題について「多少其思想を異にせる数種の決議」を併せて発表し、アナーキスト一流の思想的態度を、あらゆる強制を拒否するという彼らの組織論（「連合主義」）と結びつけて理解するに至っていることは注目に値する。ここでは単なる戦術論としてのゼネスト論から組織論へという幸徳のサンジカリズム理解の発展がみられるからである。

また二〇号においては、アナーキスト・インター事務局が各国の運動状況の報告と事務局維持の拠出金、出版物の寄贈などについての要請を行ってきていることが報告されている[13]。

幸徳は、決議集を訳出発表した後、幸徳自身の論点の整理を行っている。

第一点は、「彼等の団結方法」つまり組織論の問題である。アナーキストは、あくまで「中央統一主義」でなく「地方連合主義」を採る。その内実とほ「個人を以て小団体を作り、小団体を以て、連合体を作り、連合体を以て万国の大連合を形成するに至るもの」であり、「之に加盟する個人も、団体も連合体も皆な自治的に存在して、其言論も其運動も絶対の自由を有する者」である。そして「元来彼等が将来の社会組織の理想とする所は、小区域なる地方自治体・仏国の所謂コムミユンを単位とする連合体なるがゆえに、其団結が此の如きの性質を有するは、論理の自然」であり、「無政府主義の文書中、連合主義なる文字が、屡々無政府主義と殆ど同義に使用せらるゝは此故」である、とまとめている。

第二点は、アナーキストが暗殺などテロリズムに対する態度を明らかにしたことだとする。この大会では、労働組合を社会変革の主体と考えるサンジカリストと、それにも増して大衆反乱のもつ意義を重視し、加えてテロリズムの行使についてもある程度理解を示すべきだとする個人主義的アナーキストたちとの間の対立が焦点となっていた。このため個人主義的アナーキストたちは、サンジカリズムの立場に立ってゼネストを有力な武器として評価する「アナーキズム・サンジカリズムおよび総同盟罷工」の決議に「個人的行動について」という付帯決議を行って、彼らの、叛乱、個人によるテロなどについての所信を述べたのである。

幸徳は、この決議について「暗殺手段」が社会革命に不可欠なものとは見倣していないが、現在のロシアのような革命状況においては「圧制の基礎を掘り崩し、臆病者の心中に反逆の聖なる火を燃やす」という二つの利点を個人的テロについて認めていると概括している。また「世間には、暗殺を以て無政府党の唯一の実行方法なるが如くに思惟するものあり、然れども無政府主義必ずしも暗殺主義なるに非ず」としているが、これらのことから幸徳は革命運動上でのテロ行使の可能性を全く排除したわけではないことが明らかである。こうした幸徳のサンジカリズム理解の不徹底さが大逆事件のフレーム・アップを許す遠因となるのであろう。サンジカリズムはテロを否定し労働組合に依拠して日常闘争を直接行動で闘うことによって最終的にゼネスト状況を創出しようとするものである。

第三点目は、「労働組合との関係」についてである。幸徳は「欧州大陸」のアナーキストの多くが労働組合を唯一の社会変革主体として重要視するのに比して、英米のアナーキストは英米の労働組合の腐敗に懲り労働組合は外部からのアナーキストの指導があった場合においてのみ革命的たりうると考えていると把えていた。そのうえで、このような国際アナーキズム運動の状況が、サンジカリストの立場に立つ「アナーキズムとサンジカリズム」と題する決議と、「アナーキズム・サンジカリズムおよびゼネ・スト」と題する、エマ・ゴールドマン、マラテスタらの決議との併立というかたちであらわれたと述べている。後者は労働組合の階級的な闘争主体としての性格は認めるが、社会変革は最終的には「一に武装せる叛乱と暴力の〔による〕収用」によってのみ実行しうるのであって、アナーキストは労働組合を不断に革命的方向へ牽引していかねばならないという主旨のものである。

なお幸徳は、この決議中のサボタージュの語について、これを、欧米最新の労働運動の戦術で、組織的に行うことによって大いに資本家に打撃を与えうる、有力な階級闘争の武器たりうると述べている。

第四点目は、ゼネストについてであり、サンジカリストは選挙権獲得などを目的とした政治的ゼネストではなく「革命的収用的」ゼネストを支持しているということである。つまり、小さな局地的なゼネストを惹起して労働者を訓練し、ついには社会変革のゼネストへと導くことが彼らの方針のようであると、サンジカリズムのなかで重要な位置を占めるゼネスト論を正しく認識している。

第五点目は、非軍備主義運動についてである。アナーキスト・サンジカリストは国家の暴力装置を一切廃絶することを期しているのであり、そのためには叛乱・兵役拒否その他のあらゆる手段を用い、戦争が起った場合には暴動でこれに応ずべきだとする「甚だ簡明直裁」のものだと述べている。

幸徳は「以上は現時無政府共産主義の運動に於ける較著主要なる諸点」であり「彼等が純乎として、純なる革命党たる所以」もまたこの諸点にあるのだとまとめている。

この幸徳の総括の後、直接に大会に論及する記事は絶えるが、クリスチャン・コルネリセンの幸徳宛書簡が二二号（一九〇八年四月二〇日）に発表されているので若干論及しておく。この大会中の二七日および三〇日にサンジカリスト派だけの非公開の集会が開催され、その際、各国の労働者の発行する新聞を集約整理して週刊の国際情報紙を発行し、その事務局の責任者をコルネリセンとすることが決められた⑭。

コルネリセンの書簡は、大会中にサンジカリストが集会をもちいくつかの決議を行ったことは聞き及んでいると思うが、その際採択された決議に基づいて「新労働組合万国報知」*Bulletin International du mouvement Syndicaliste* を発行する、そのため幸徳にも労働運動の状況を至急報告してもらいたいという旨のものである。この「新労働組合万国報知」についてであるが、マックス・ネットラウの『アナーキズム小史』はコルネリセンの活動について論じるなかで⑮、特に一九〇七年創刊の謄写印刷の新聞『サンジカリズム運動国際報』によって当時の労働運動を考察したと記しており⑯、またG・ウッドコックも同様にコルネリセンのこの新聞が欧米のサンジカリストの間の情報交換に役立ったと述べている。この種の文献を網羅したジャン・メトロンの *Le mouvement anarchiste en France*（Paris, 1975）には掲載されていないということであるが⑰、幸徳も「『近着の新労働組合万国会報』の如きは、盛んにサボテーヂが、階級闘争の有力な一武器たるを唱説し居り候」と二一号「海南評論」中に記しており、三月末には受領しているものと思われる。コルネリセンの書簡は、発表こそ遅れたが執筆の日付は三月二日となっていて、この書簡が既刊の新聞の現物に同封され三月末に幸徳の元に届いたとも考えられる。この新聞は実在のものと考えてよいのではないだろうか。ネットラウのアナーキズム関係の膨大な収集史料が架蔵されるアムステルダムの社会史国際研究所[18]には残っている可能性が大いにある。そのなかから幸徳の文章が見出されることも有りうるはずである（本節末に幸徳の寄稿記事を紹介）。

次に、『熊本評論』における「万国無政府党大会」の報道について触れておく。『熊本評論』において、初めて大会についての記事がみられるのは、二一号（一九〇七年一二月五日）の「万国無政府党大会」である。これは、西川正雄氏によれば大会公式議事録とは異なるテキストによる議事の抄録で、以後七回にわたって翌年三月五日に発行された一八号まで分載されている。しかしここでは、特に議事の検討を目的としないし、大会の評価についての論説もないので論及しない。

三　幸徳におけるアナーキズムとサンジカリズム

幸徳はアナーキズムをクロポトキンによって「未来社会の理想」として受け容れた。これは滞米中にジャン・グラーヴの『瀕死の社会と無政府』を読んだ幸徳が、グラーヴ描くところの権力機構の一切無い無政府社会のあり様に大いに感激し「人間の最高理想郷は之でなくてはいけない」と言ったという桑港平民社の岡繁樹の証言[19]からもそれは知れる。

グラーヴは「労働組合で活動するアナーキストが、組合の日常要求の運動に埋没して、アナーキズムから逸脱してしまうこと」への強い懸念を表明していた人物である。一方で幸徳ほサンジカリズム理論の摂取にも努めている。滞米中からロラーのパンフレットを賞揚し、「世界革命運動の潮流」、社会党大会の演説などで全面的にこれに依拠し、ついには秘密出版するにまで至るロラーへの傾倒ぶりは格別なものがある。

それではなぜ、前述したようなアナーキズム運動上の相括抗する二潮流を二つながら取入れることになったのか。この当時の幸徳の主張は「直接行動論」と一般に呼ばれているが、特に直接行動を自己目的化しているわけでは決してなく、ジャン・グラーヴやクロポトキン描くところの「相互扶助・共同生活の社会」の創出を望見し、彼岸に到達するための最新・最高の手段として「直接行動論」を提起しているのである。

そしてその「直接行動論」は政治的取引を一切介在させない非妥協性ゆえの倫理性を帯びたものとして観念されたのである。つまり、来たるべき無支配の社会を現出するための手段として適合的だというわけである。こうして、幸徳においてはクロポトキンの無政府共産主義を核として直接行動論がその運動論の欠如を補完することになった。

フランス・サンジカリズム運動のもっていた、個々の争議を直接行動で闘うなかで全産業・全社会管理を実現するためのゼネスト状況を惹起するという革命的ロマンティスムは、熟練労働者の自律的性格に裏打ちされ彼らの日常と密接不離なものとしてあったが、日本においてはそういった背景はすべて捨象され、単にゼネストのもつ非妥協性・直接性のみが強調されることになった。革命的ロマンティスムは知識人青年の間で空転するに至るのである。

こうした事情が、これまで述べてきた幸徳の万国無政府党大会のうけとめ方にみてとれるのである。万国無政府党大会はアナーキストとサンジカリストそれぞれのテーゼを併置するだけで終ったが、幸徳の認識もその域を脱しえなかった。幸徳は、ロラーの『社会的総同盟罷工論』とサンジカリズムに反対するマラテスタの「無政府主義と新労働組合」を二つながら評価しているが、サンジカリズムについての理解が根底まで達していなかったことがその基礎にあるのではないだろうか。

幸徳が、サンジカリズムに近いところに身をおいていたのは確かである。しかし、サンジカリズムについての理解がその手段の直接性・非妥協性にのみ重点をおいたものとなり、元来サンジカリズム運動を基礎づけている部厚い層をなす活動家たちとその影響下にある夥しい数の労働大衆が共有するメンタリティーには理解が及ばなかった。いきおい幸徳のサンジカリズム理解は、変革主体論の検討・深化を欠くものとなり、正しく「直接行動論」という限定的な理解にとどまらざるをえなかったのである。

【資料紹介】幸徳秋水「日本の労働運動」

日本の労働運動　我々は日本から、彼の国の運動についての覚え書きを受け取っている。

現在、日本の労働運動は、たいへんよい方向に発展している。日露戦争以来、直接行動の思想は、伝染性を持つ力をともなって、広まった。同盟罷業は、大きなものも小さなものも、毎日、鉱山で、同様に工業都市で、国中の至る所で、勃発している。言葉の近代的な意味での労働組合は存在しないし、このような組合は法律で禁じられていた。そして、労働者は常に準備なしに罷業に突入したのである。しかし、罷業の大半は、十分な成功で幕を閉じた。これらの罷業は、中産階級の煽動家によって惹き起こされたのではなく、労働者たち自身のイニシアティヴから生じたのである。

最近の罷業は、門司港、最大の石炭の積出港、のおよそ一〇、〇〇〇人の苦力たちを集めた。その罷業は、三

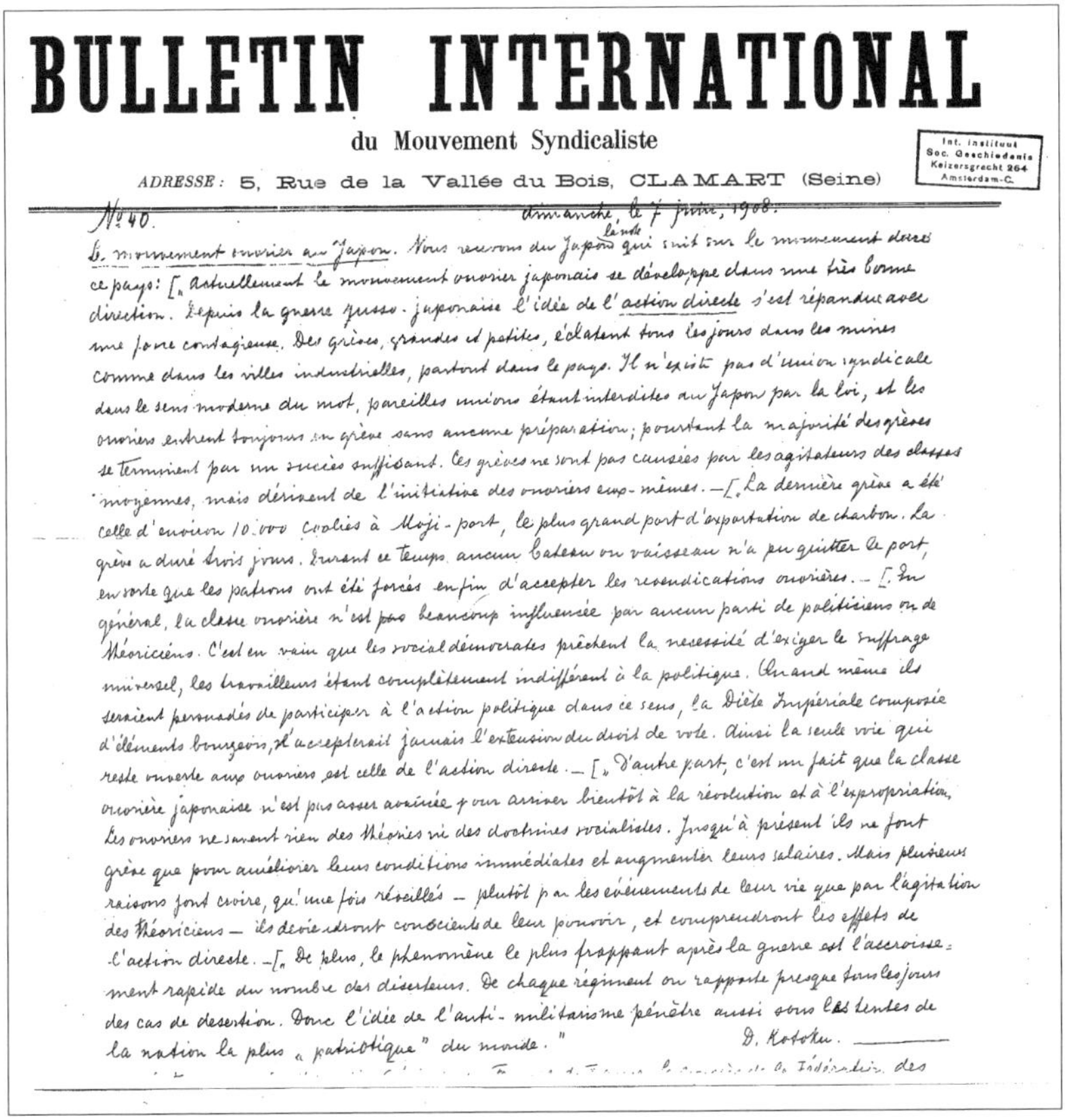

BULLETIN INTERNATIONAL

du Mouvement Syndicaliste

ADRESSE : 5, Rue de la Vallée du Bois, CLAMART (Seine)

Int. Instituut Soc. Geschiedenis Keizersgracht 264 Amsterdam-C.

No. 40.　　　　dimanche, le 7 juin, 1908.

Le mouvement ouvrier au Japon. Nous recevons du Japon la note qui suit sur le mouvement dans ce pays: [„ Actuellement le mouvement ouvrier japonais se développe dans une très bonne direction. Depuis la guerre russo-japonaise l'idée de l'action directe s'est répandue avec une force contagieuse. Des grèves, grandes et petites, éclatent tous les jours dans les mines comme dans les villes industrielles, partout dans le pays. Il n'existe pas d'union syndicale dans le sens moderne du mot, pareilles unions étant interdites au Japon par la loi, et les ouvriers entrent toujours en grève sans aucune préparation; pourtant la majorité des grèves se terminent par un succès suffisant. Ces grèves ne sont pas causées par les agitateurs des classes moyennes, mais dérivent de l'initiative des ouvriers eux-mêmes. — [„ La dernière grève a été celle d'environ 10.000 coolies à Moji-port, le plus grand port d'exportation de charbon. La grève a duré trois jours. Durant ce temps aucun bateau ou vaisseau n'a pu quitter le port, en sorte que les patrons ont été forcés enfin d'accepter les revendications ouvrières. — [„ En général, la classe ouvrière n'est pas beaucoup influencée par aucun parti de politiciens ou de théoriciens. C'est en vain que les social démocrates prêchent la nécessité d'exiger le suffrage universel, les travailleurs étant complètement indifférent à la politique. Quand même ils seraient persuadés de participer à l'action politique dans ce sens, la Diète Impériale composée d'éléments bourgeois, n'accepterait jamais l'extension du droit de vote. Ainsi la seule voie qui reste ouverte aux ouvriers est celle de l'action directe. — [„ D'autre part, c'est un fait que la classe ouvrière japonaise n'est pas assez avancée pour arriver bientôt à la révolution et à l'expropriation. Les ouvriers ne savent rien des théories ni des doctrines socialistes. Jusqu'à présent ils ne font grève que pour améliorer leurs conditions immédiates et augmenter leurs salaires. Mais plusieurs raisons font croire, qu'une fois réveillés — plutôt par les événements de leur vie que par l'agitation des théoriciens — ils deviendront conscients de leur pouvoir, et comprendront les effets de l'action directe. — [„ De plus, le phénomène le plus frappant après la guerre est l'accroissement rapide du nombre des déserteurs. De chaque régiment on rapporte presque tous les jours des cas de désertion. Donc l'idée de l'anti-militarisme pénètre aussi sous les tentes de la nation la plus „ patriotique" du monde."

D. Kotoku.

『サンジカリズム運動国際報』に掲載された幸徳の覚え書

日間続いた。その折には、どんな小舟もあるいは大型船も、出港することができなかった。それ故、雇い主は、最終的には労働者の要求を容れることを余儀なくされたのである。[20]

一般的にいって、労働者階級は政治屋どもや空論家どもの党派の何れにもあまり影響されていない。社会民主主義者たちが、普通選挙権を要求することの必要性を説教していることは、空しい。労働者たちは、完全に政治に無関心なのである。たとえ、彼らが、この意味において政治活動への参加を説得されたとしても、帝国議会はブルジョア的要素から構成されているのであるが、それが投票権の拡大を受け容れることは決してないだろう。かくして、労働者たちに開かれているただ一つの道とは、直接行動のそれである。

他方では、また日本の労働者階級は、直ちに革命と収用に到達するために十分なほどには成長していないというのも事実である。労働者たちは、全く社会主義理論もその教義も知らない。現在に至るまで、彼らは直接的な条件を改善するために、また彼らの賃金を増やすために罷業をおこなったにすぎない。しかし、理論家たちの煽動よりむしろその生活上の出来事によって、労働者たちが一度目覚めたとき、彼らは自らの力を自覚し、直接行動の効果を理解するだろうということを、我々に確信させる若干の根拠もまたある。

そのうえ、戦後最も目立つ現象とは脱営者数の急増である。[21] 各連隊からは、毎日脱営事件が報告されている。それ故、非軍備主義の思想もまた、世界で最も「愛国的な」この国の兵営のもとに浸透している。

D.Kotoku

〈解説〉

この史料は、アムステルダムの社会史国際研究所[22]に架蔵されるクリスチャン・コルネリセン *Christian Cornelissen* の編集にかかる『サンジカリズム運動国際報』*Bulletin International du Mouvement Syndicaliste*　四〇号（一九〇八年六月七日）に掲載されたものである。研究所には、コルネリセンの手稿類を集めたアーカイヴも収められている。[23] コルネリセンは、サンジカリズムの立場から、独自の経済学を構想したことでも知られる人物である。[24]

この情報誌の発刊と幸徳の寄稿の経緯について、まとめておけば以下の通りである。

一九〇七（明治四〇）年八月二四日から三一日にかけて、第二インターナショナル・シュトゥットガルト大会に対抗して、アムステルダムでアナーキスト・サンジカリストの国際大会「万国無政府党大会」が開催された。

この大会においては、運動論・組織論をめぐって、サンジカリストと個人主義的アナーキストの思想的対立が鮮明になり、大会の決議集は両派の妥協の産物というべきものとなった。この大会中の二七日および三〇日にサンジカリスト派だけの非公開の集会がもたれ、その際各国の労働者の発行する新聞を集約整理して週刊の国際情報紙を発行し、その事務局の責任者をコルネリセンとすることが決められた。コルネリセンは、その決定に基づいて、幸徳に日本の労働運動についての寄稿を依頼したのである。その書簡が、『日本平民新聞』二二号（一九〇八年四月二〇日）に掲載されているので引いておく。

労働組合万国報知

親愛なる同志よ

アムステルダムの万国自由論者大会開会中に於て、欧米諸国の革命的労働組合も亦親交を結ばんが為めに相会したることは、足下の多分聞知せる所ならん、当時彼等が為したる諸種の決議中、「新労働組合万国報知」*Bulletin International du Mouvement Syndicaliste* 発行のことあり、予等は其編集を托せられたり、但し此は仏、独、蘭の三国語にて発行し、英語を用ゐず

吾人無政府主義者及び革命的労働組合員たる者は、多くの方法に於て応援提携すべきものなり、左れば今回予

等の発行物に就ても、予は足下が日本の労働組合運動、ストライキ、労働階級の社会的状態等の特に興味ある事実に関して、時々通信あらむことを望む

足下は第一回の通信に於て先づ我「報知」の二三十行位にて、日本労働運動の大体の状勢を報ぜられよ、即ち日本の労働運動は、自己の力にてストライキを決行すること、ゼ子ラルストライキや、非軍備主義や其他の宣伝に依て、所謂「直接行動」政策に依て、革命的傾向を有し来れりや、或に又運動全体が社会民主義其他の政党の勢力下に在りやてふことに就て報ぜられんことを望む

文章は英、独、仏、蘭孰れにてもよし、若し此の外の国語ならば、露、西、伊、エスペラントの中を用ゐられたし、左らば同志中にて翻訳者あるべし、「報告」は今後毎号送呈すべし、至急返書あらんことを乞ふ

三月二日、仏国セーヌ州クラマールにて

足下の友愛なる C.Cornelissen

幸徳君足下

コルネリセンの「新労働組合万国報知」についてであるが、マックス・ネットラウ（Max Nettlau）はコルネリセンの活動について論じるなかで、特に一九〇七年創刊の謄写印刷の新聞『サンジカリズム運動国際報』によって当時の労働運動を考察したと記しており、[25] またG・ウッドコックも同様にコルネリセンのこの新聞が欧米のサンディカリスト間の情報交換に役立ったと述べている。[26] 今回入手できた現物のコピーをみれば、題字と発行地のみをあらかじめ活版刷りした用紙を多数準備しておいて、その上に謄写刷りで記事本文をその都度（ほぼ週刊のかたちで）印刷発行していったもののようである。

次に本文の内容について検討しよう。幸徳は、コルネリセンの依頼にそった内容で、日本の状況を報告している

が、ここで幸徳自身が日本の運動状況をヨーロッパのそれと重ね合わせてみていたことに注目したい。具体的には、門司港の石炭仲仕のストライキを、一九〇七年以降各地で頻発する足尾銅山争議のような激発的な労働争議の動向の一つの現れと見、この動向とヨーロッパのゼネスト状況を結びつけて解釈していること、そして彼の地の「非軍備主義」の運動と一九〇八年初頭から頻々と起こる兵士脱営事件を一つのものとみていること、の二点である。幸徳はこう考えることによって直接行動派の状況認識と運動論の正当性（＝正統性）を世界的な革命運動の動向のなかで確認できたのである。

なお、幸徳は、この大会で創設された「アナーキスト・インターナショナル事務局」の公式の機関紙である『ビュルタン・ド・ランテルナショナル・アナルシスト』*Bulletin del'Internationale Anarchiste* にも同主旨の文章を寄せている[27]。幸徳の直接行動論の特徴が、ここで垣間見える。当時の直接行動派の議論が、ローザ・ルクセンブルグら第二インターナショナル左派の運動論とアナーキスト・サンジカリストのそれとを弁別しえず、きわめて限定的な理解にとどまったと前節では指摘しておいたが、むしろ彼らにとってはそれを弁別しないことに意味があったとも言える。つまり、ヨーロッパ社会主義運動全体が革命的な方向に動いていることを確認すればそれで十分であり、日本においてその一環を構成することで自らの正当性・科学性を確保しようとしたのである。それが、幸徳秋水の状況認識としてこの資料に表出したのであった。

第二節　直接行動論の再検討——直接行動派のストライキ論を通して——

これまで彼らのいう「直接行動」というものの内実が問われたことはあまりなかったように思われる。前節は、一九〇七年前後の幸徳に限って彼の直接行動論の特質を明らかにすることを目的としたものだったが、他の直接行動論者についても、当時のヨーロッパ社会主義運動の展開をどう理解したかを検討することを端緒にして、こうした作業をすすめてゆくことが重要な意味をもつと考える。時期的には一九〇七年前後、ヨーロッパでは第二インターナショナル・シュトゥットガルト大会が開催され、日本では幸徳帰国後の直接行動派と議会政策派の対立が激化しつつあったことを対象とする。彼らがヨーロッパで展開される社会主義運動の諸潮流をどう把握し整理していたか、これが彼ら自身の思想の特質を明らかにするうえで重要と思われるからである。

なお梅田俊英「明治直接行動論者の思想」(『歴史学研究』四七二　一九七九年九月)があるが、これは幸徳秋水と石巻篁西を例にとり、その社会主義思想に内在する無政府共産主義への展開の契機を明らかにしたものである。また飛鳥井雅道「初期社会主義」(『岩波講座日本歴史』一七　一九七六年一二月)は、変革モデルの転換というモチーフでもって、初期社会主義の生成・展開・帰結を明らかにしてみせた。こうした試みとは別に一九〇七年という時期を切って直接行動論者とよばれた人々の一様でない思想の内実を、ストライキ論という一つの指標でもって検討していくことが本書の課題とするところである。

一　直接行動派のヨーロッパ社会主義運動認識

一九〇七年のヨーロッパ社会主義運動

まず簡単に、ヨーロッパ社会主義運動の状況とその思想的対抗関係を整理しておこう[28]。

一九世紀末、各国の社会主義政党は大衆政党へ発展しつつあったことから、これまでの打倒対象であった政治制度のなかで活動することを余儀なくされた。こうした状況を理論的に裏づけようとする試みはまずドイツから始まった。一八九七年から九八年にかけてベルンシュタインの発表した諸論文が惹き起した修正主義論争は、ドイツ社会民主党を論争の主な舞台としながらも、フランス社会党のジョレス派、イギリスの独立労働党などの議会主義的勢力の伸張によって、第二インターナショナル最大の論点となった。一九〇三年のドイツ社会民主党ドレスデン大会においては、ベーベル、カウツキーらの中央派による「反修正主義決議」が採択され、これが第二インターナショナル・アムステルダム大会（一九〇四年）の「ベーベル―ジョレス論戦」においてもその反修正主義の立場が支持されるに及んで一応の決着をみたかたちとなった。しかし、ヨーロッパ社会主義運動の内部ではこの二つの大きな潮流が拮抗しあう。これにロシア第一次革命がもたらした大衆ストライキ戦術に対する確信を背景としたローザ・ルクセンブルクらのグループが最左翼から反修正主義の闘争に参入したことによって、中央派は議会主義的立場を固守しつつも政治的な目的に限定した大衆ストライキ戦術を支持するという立場を明確にした。さらにこの時期、帝国主義戦争の危機が迫りつつあることに対応して、プロレタリアートは如何に戦争に立ち向かうかという論点もその重要性を増しつつあった。フランス社会党のギュスターヴ・エルヴェの「軍隊ストライキと蜂起でもって応じる[29]」という主張を一方の極として、この問題についてもそれぞれの立場から激しい論戦が繰り広げられることになる。第二インターナショナル・シュトゥットガルト大会は、このような前提のもとに論戦が展開されたのである。

直接行動派のヨーロッパ社会主義運動認識

堺利彦は、一九〇七（明治四〇）年六月一六日、社会新聞社主催の研究会席上、ヨーロッパ社会主義運動の各思想潮流について、「ベーベル等のマルクス派と、ジョーレス等の穏和派と、別に無政府主義的傾向を有する一派と、此三派の存する事を説き之を日本に当はむれば、幸徳等は第三者に属し、社会新聞一派は第二者に属し、自分は第一者に属すると思ふ」と述べた。ここでいう「無政府主義的傾向を有する一派[30]」とは、当然第二インターナショナルの最左翼を形成するドイツ社会民主党のローザ・ルクセンブルク、カール・リープクネヒトらのグループ、またフランス社会党のギュスターヴ・エルヴェらを指すものである。

さらに彼は、言うところの「マルクス派」とアナーキズムとを結びつける努力をしている。たとえば、イギリスの「インダストリアリスト」は「政党運動を排斥して総同盟罷工を主張」するものであるが、「純粋マルクス派を以て自ら任じている」。また、ディーツゲンの、社会主義とアナーキズムは「今に調和するときが来るであらう」という、言葉を借りて、両者の一体化を主張している[31]。

これに対して、山川均は、ドイツ社会民主党とフランス社会党が「根本的に性質を異にせりと云ふが如き考には、予は全然同意し難き者である」として、ドイツ社会民主党が非入閣主義をとっていられるのはむしろ「カイゼル鎮坐のお陰」であり何らフランス社会党の修正主義と選ぶところはないと主張する[32]。山川に至っては、前年のドイツ総選挙で社会民主党が議席を減らしたことによって「世界の社会主義運動が……学ぶ可き所は尠少でないと思ふ」がゆえに、シュトゥットガルト大会に「特別なる注意と興味とを拂ふ」というように、第二インターナショナル全体が革命的な方向に動くことを明らかに期待している[33]。

大杉栄は、第二インターナショナルの略史をまとめた「欧洲社会党運動の大勢[34]」のなかで「近時、欧洲に於ける社会党運動の最も重大なる問題は……非軍備主義と労働組合主義との二つなる事を断ずるを得る也」とし、エルヴェの「非軍備主義」と「労働組合主義」が国際社会主義運動の焦点となりつつあるとの観測を述べた。そして、「社会党運動が漸く政治的運動より革命的運動に進みつ、あるは、欧洲社会党運動の大勢にして、而して又、万国社会党運動の大勢也[35]」と断定し、これもまた山川と同じく第二インターナショナルの革命化に大きな期待を抱いている。ここにいう「労働組合主義」とは、サンジカリズムのことであるが、彼の認識によれば「社会党の一部の者は、従来の議会政策に飽きたらずして、漸く革命的労働組合に接近せんとの意向を示せり[36]」として、堺・山川同様第二インターナショナル最左派のローザらを「無政府主義的傾向を有する一派」と考えていたことが見て取れる。

ここで、大杉がエルヴェらの反軍運動に注目していることに留意したい。この時期の大杉の主たる関心事は、前年の「之を命令する者に発砲せよ」（『光』八号　一九〇六年三月）の訳載、同年一一月『光』（二八号）に訳載した「新兵諸君に与ふ」の筆禍事件、また前々年『直言』に訳載した「社会主義と愛国心」（二九～三二号、一九〇六年八月二〇日～九月一〇日）などにみられるように、反軍運動に力点が置かれていた。したがって、大杉の場合には初めに反軍運動についての着目があって、後にそれを運動論的に裏づける幸徳的な「革命的社会主義」・ゼネスト論の吸収という経路をたどるものと思われる。この点では、大杉の議論は他の直接行動論者と異なる様相をもつ。「非軍備主義運動」があり、そして後にその運動論としての「革命的社会主義」がある。この「革命的社会主義」が、とりもなおさずアナーキズムであるということは即断できない。大杉は、飛鳥井雅道氏・西川正雄氏が指摘されているように「あくまで『万国社会党』の革命化に期待しているのであって、アナーキストインターナショナルに鞍替えしようとしているのではない」[37]。おそらく大杉が、アナーキスト的立場に移行するのは、一九〇七年一杯を要する。ただし、ここで大杉が軍隊の、内部的には徹底的に個を抑圧することで成立する規律に、また組織化された暴力としてもつ抑圧的性格に、非常に強い反感を感じていたことを考えると、まずこのようなかたちで彼の社会主義論が出発していることはよく理解できる。

したがって、当時、足尾銅山・夕張炭坑・別子銅山と立て続けに起こった暴動に軍隊が出動したように、軍が国家の暴力装置としての性格をあらわにする局面が生じたことを想起すれば、個の抑圧から対社会的な抑圧へとその外延を拡大する軍に対しては、個の自立を全社会的に保証する体の「革命的社会主義」こそが対置されるべきであって、それが具体的にアナーキズム的なものとなっていくのは不可避であった。

大杉と山川が同じくサンジカリストとして出発しながら、大正期に至って大杉がアナーキスティックな方向へ、また山川がインダストリアル・ユニオニズム的な方向へと分岐するのは、このような出発点における受容の基盤が異なっていたことから発しているように思われる。

さてそれでは、「世界革命運動の潮流」（『光』一六号、一九〇六年七月五日）、「余が思想の変化」（『日刊平民新聞』一六号　一九〇七年二月五日）などの論稿で、日本社会主義運動の進むべき進路を大きく転換させた幸徳秋水のとらえ方はどうであったか。まず幸徳が、「世界革命運動の潮流」のなかで、「毎回の万国大会に於ける革命的決議案は常に少数を以て敗れ、急激派の人々は相率ゐて無政府党に向つて走るに至れり」という彼の状況認識を明らかにしている。そのうえで、ヨーロッパのゼネストの経験とロシア第一次革命の影響が「西欧諸国の惰眠を攪破」し、ドイツ社会民主党すらも「其首領ベーベルは、総同盟罷工が階級戦争に於ける最後の手段たることを宣言するに至れり」と強引な総括を行っていることが注目される。そして、「独逸総選挙と欧洲社会党[38]」という論稿では、「欧洲社会党にして、今後永く議会政策のみを固執せば彼等は竟に労働階級の革命党たる能はずして、単に紳士閥の一政党たるに過ぎざるに至らん、而して労働階級彼等自身は尽く去つて無政府的共産党の懐に投ぜん」とし、「独逸同志の『選挙に於ける敗北』が、却つて欧洲社会党全体の政策を一変するの動機とならんことを望む」と結んでいる。

以上の事実をまとめてみると、当時直接行動派といわれた人々の認識は、第二インターナショナルが革命的な方向へ動きつつあるというそれで一致していたのであり、この認識には当然期待や願望など主観的なものが強く反映していたのである。

一方、議会政策派、つまり「軟派」と目された側は、むしろ片山は第二インターナショナル「正統派」を自認強調し、田添はこうした思想的配置はそれとしてこれを日本に適用することは逆に日本の運動の独自性を育てることにならないと主張していた[39]。どちらも「第二インターナショナルの歴史的経験にてらして、無政府主義との絶縁を断行する必要性を主張した[40]」。「政治団体を排斥するものは万国社会党員にあらず[41]」との如くである。直接行動派は第二インターナショナルの革命化の動向につながることによって、自己の活動の世界性・歴史的合法則性・正当性を確保しようとした。これに対して議会政策派は主として日本の運動の経験のなかから議論を展開しようとしたといえる。

二　直接行動派のストライキ認識

堺の編集発行する『社会主義研究』五号（一九〇六年八月）は、「総同盟罷工論」を特集し、幸徳の帰国以来議論の的になりつつあった「総同盟罷工論」についての論稿や大会決議などをいちはやく紹介した。

特に白柳秀湖が、イギリス社会民主連盟の機関誌『ソーシャル・デモクラット』一九〇五年一二月五日号所載のM・ベア「総同盟罷工の歴史及意義」を訳載しているのが注目される。これはゼネストの歴史と、ドイツおよびフランスにおけるゼネストの型について、加えてロシア第一次革命のヨーロッパ社会主義運動に与えた直接的な影響を論じたものである。そのなかで、ベアはサンジカリスト的ゼネストを危険なものとして斥け、社会主義政党に指導された形での「社会主義的ストライキ」*Socialist Strike* の有効性を主張している。これは、ロシアの闘争に大きな期待をかけていることから、ベーベル流の政治的な大衆ストライキ論よりも、ローザらに近い立場といえる。

ここで、白柳がベアの意図に反して、サンジカリスト的ゼネストを厳しく批判したくだりを全く訳出していないことを指摘しておきたい。白柳は以下のような割り注を施している。

訳者曰く、拂蘭西社会党の解釈を無政府的総同盟罷工といふ事を得べく、独逸社会党の解釈を民主々義的総同盟罷工といふべし、原文数行に亘りて両者を比較し、前者の手段には多少の欠点と短所とを有するものと結論せり、くだくだしければ之を略せり

ところが、削除された部分は、次の部分である。

アナーキストのゼネスト論は、危険極まりない。それは、（一）実行するよう期待されている機能があまりに多すぎるが故に、（二）行動的少数派のもつ価値の過大評価の故に、（三）すべての事柄をたった一枚のカードに賭けているが故にである。しかし他方、多数者と最もよく訓練された隊列を政府に対する妨害に振向けるために、ストライキに唯一の限定的な目的を割り当てるならば、また我々すべての労働者と社会主義者がその目的にむけて進むために努力すれば、我々が勝利することはかなり確かになろう。ところがアナーキストたちは、三つの武器のうちの二つを捨てて、三つすべてから期待される以上のものを一つの武器に期待する参謀の如くに行動

するであろう。

実際、アナーキストはゼネストに以下のような任務を当てる。第一に妨害の除去の任務を、ついでは敵の完全な打倒を、さらには征服した国家を新しい計画に基づいて再建する任務をである。一方、社会主義者はストライキに対してただ一つの任務を当てる。それは受動的なものである。すなわち労働者階級に、同時に革命的な酵母としても活動するような二～三週間の休暇を与えることである[42]。

このように削除部分は、アナーキストがゼネストに付与する任務がきわめて包括的かつ空想的にすぎることを厳しく批判したものであった。

このことは何を意味するのか。推測するに、堺は彼一流の折衷主義で、幸徳のゼネスト論に真っ向から敵対することを避けるため、白柳の訳稿のこの部分を削除させたのではあるまいか。そうであるならば、サンディカリスト的なゼネストとロシア第一次革命で闘われた革命的な大衆ストライキを十分に弁別する機会を閉ざしてしまったのは、彼ら直接行動派自身ということになる。

以上のような点を確認したうえで、直接行動派のゼネスト論の特徴を検討しよう。

山川は「総同盟罷工の話」を五回にわたって『日本平民新聞』に連載し[43]、そのなかで以下のように述べている。

資本家に対する、労働者の階級的の反抗運動は、一個人の反逆から無数の小同盟罷工となり、無数の小同盟罷工から一般的のストライキとなつた。同時に一方には、労働者の運動が単に賃銀の値上や、労働時間の短縮に満足せず、進んで社会革命の運動となるに至つて、一般的のストライキは更に新しき意義を持つた社会的総同盟罷工となつて来た。之が即ち階級戦争の進化発達の歴史である事実である[44]。

そして、「何人も理論を以て此大事実を動かすことは出来ぬ。労働者の首領とか、指揮者とかを以て任ぜる人々と雖も、此事実を無視することは出来ぬ。この世界的の大潮流、労働者の大運動に指揮命令の権を有て居る筈はないのである[45]」と断じているのが注目される。これは明らかに、労働運動の趨勢が革命的な方向へ動きつつあることが歴史の法則性にかなったものであり、誰にもこの流れを押し止めることはできないということを高らかに宣言するものであった。つまり、彼らは、直接行動派こそが自らの側に歴史的な合法則性、つまりは科学性を確保しているという認識をもっていた。これは当然に、労働運動との実際的なつながりをもっていた議会政策派への根底的な批判となっている。

そして、自然発生的に生じた別子銅山暴動（一九〇七年六月四〜七日）の展開過程が「電信電話を断ち、郵便局を襲ひ、鉄道を破壊し、有らゆる通信交通の機関を断絶し、軍器弾薬を略取し、徐むろに糧食を貯へつゝあり」という順序で展開し、「その径路恰も欧州に於けるゼ子ラルストライキを説く者の戦術に似たり[46]」と考えられたことによって、山川にひとつの裏づけを与えたかたちになった。山川は、抑制した表現ながら「社会問題の研究者に取りては、此最大の兇事と雖も尚ほ階級闘争の未来に教訓の光を投ずる者たることを拒む能はざる也[47]」として、先に掲出した議論の日本への適用例と考えていることは明らかである。この時期頻発した一連の鉱山・炭坑の暴動事件の本質（「圧制苦役を集中的に表現する所の、友子同盟基調の鉱山騒擾[48]」）を見誤った点は否めない。

幸徳の場合も、以上のような認識のうえに立ちつつ、さらにゼネストに倫理的価値を付与しているということができる。これについてはすでに別稿で指摘しておいたところであるが[49]、彼の論理は議会政策は政治一般のもつ非倫理的性格から免れえないがゆえに、理想社会を現出するための運動手段として不適当であるとするものであった。幸徳にとって、旧自由党の腐敗堕落ぶりは黙視しえないものであった。幸徳は、民衆を抑圧する支配機構の重要な一環、国民統合の機関たる議会の属性である非倫理性と、その議会という非倫理的なものに依拠しつつ社会変革を構想する議会政策派の非倫理性を弾劾したのである。

幸徳の「労働者の解放は労働者自身に為さゞる可らず(50)」というスローガンに端的に表現された如く、彼らは明確に「労働価値説」の立場をとることによって初めて、階級的搾取のうえに成り立つ資本主義社会の不当性を根底的に批判することが可能になった。直接行動派は、政治の本質暴露を問題とすることはあっても、議会政策によって議会を革命化するという考え方はもたない。彼らにとっては、議会とは国民統合のための機関にすぎず、議会の民主的な変革などは問題にならないのである。

この戦術は、「労働価値説」によって科学性が付与され、ロシア第一次革命を中心とする一連の闘争のなかでその有効性が実証されたことによって、世界性が付与されたのである。したがって、ゼネストは、この社会は階級的搾取のうえに成立しているという経済学的事実に立脚した新戦術であり、この武器は万能のそれであるという確信が流布していくのである。さらに、その確信のうえにこの戦術の直接性に対する信頼が重ねられる。ここで直接性というのは、政治を介さぬがゆえの直接性である。つまりこの直接性は、政治的な取引きに関わらないという意味で「非妥協的」であるがゆえの倫理性を、同時に生ずる。

ここに直接行動派のゼネスト論のもつユートピアニズム的傾向が、明らかとなる。ここであらためて彼ら直接行動派のストライキ認識の問題点を挙げておけば、大衆ストライキを主たる戦術と考えるローザらを「無政府主義的傾向を有する一派」と規定し、大衆ストライキとサンジカリスト的なゼネストとを全く区別していないことである。つまり、ゼネストには全組織労働者による意識的ストライキという特徴があるのに対して、大衆ストライキには組織・未組織を問わぬ勤労一般大衆のストライキという側面があり、労働組合が意識的に起こして指導するものではないので非組織的であるということを理解していないのである。さらにいえば、これらはどちらも革命状況を創出する形態のものであるが、ゼネストの場合は、社会革命というゴールを設けて、大衆組織を下からの自発性で以て維持し、革命運動に牽引する体のものであり、一種の革命的ファンタジーを生成するものである。他方、大衆ストライキは突発的なもので、ローザによれば「プロレタリア大衆の運動様式であり、革命におけるプロレタリア闘争の現象形態である」[51]ことからすれば当然、社会民主党による政治的指導のみが「この闘争にスローガンと方針を与え[52]」うるのである。この決定的な両者の差異が理解されていない。革命的な「政治指導」という概念は、この時点では全く理解されていないのである。

三　直接行動論の位相

以上みてきたところ、所謂直接行動論の内実はさまざまなヴァリアントを形成していた。しかし同時に、みな一様にサンジカリスト的なゼネストとローザ流の革命的な大衆ストライキを区別していないことも明らかになった。このことが、第二インターナショナル内の思想的対抗関係を、意外に豊富な情報量にもかかわらず、見誤らせることになった。その背景には、彼ら直接行動派が、革命的な政治指導のみが大衆ストライキに方向性を与えうるというローザらの主張を理解できなかったことがある。

ブルジョア民主主義の健全な成長が阻止され、議会のなかで国家主義化していく状況のもと、初期社会主義がその課題をも背負い込まざるをえなかった。議会政策派は普選運動が労働者階級の政治的組織化につながる唯一の道と認識し、この運動に大いに心血を注いだ。一方、直接行動派の場合はこうだ。本来ヨーロッパにおいては一部社会主義勢力の体制内化、改良主義化への反発として生じた急進主義的な動きが、日本においてはブルジョア民主主義勢力の国家主義化や腐敗堕落への反発として生じていた。つまり、日本においては未発であった修正主義化に対する運動としてではなく、議会一般に対する反発として、反議会主義として現象するわけである。

こうして、直接行動論は第二インターナショナルのゼネスト論争によって世界性を確保し、労働者自身の手による戦術であることから正しく直接性＝倫理性を属性として帯びることになった。このように万能の武器として観念されたゼネスト論は、社会主義者の陣営のなかで、後々まで大きな影響力を保ち続ける。

革命的な政治指導という概念が、社会主義者に理解されるようになるのは、ボルシェヴィズムの理念が普及するロシア革命後のこととなる。

第三節　サンジカリズムの受容過程と『近代思想』
――荒畑寒村とフランスのサンジカリズム――

サンジカリズムの最初の実践的な紹介者である幸徳秋水は、「経済的直接行動」を、既成の議会政党の腐敗・堕落と対照的な、倫理性を備えた闘争手段であると認識した。幸徳の論は、一九〇五年の滞米中にエス・エル系の亡命ロシア人活動家や、主に非熟練労働者を組織した急進的な労働組合IWWの活動に接して得られたものであったが、クロポトキン流の無政府共産主義を将来社会の理想とし、その実現の手段としてサンジカリズムのゼネスト論を採る折衷的なものであった。したがって、サンジカリズム理解も限定的なものにとどまり、「直接行動論」という了解可能な範囲に押し止められることになった。その結果、幸徳秋水の論を支持した青年たちの間には革命的ロマンティスムが空転するに至り、ついには大逆事件が惹起されて運動は一時逼塞させられた。この閉塞状況は、大杉栄・荒畑寒村らによる『近代思想』を発行するなかでのフランス・サンジカリズムの紹介と、「センヂカリスム研究会」などの実践的活動によって突破口が開かれ、一九年頃からサンジカリズム系の労働運動が展開される。この運動は高度の技能をもって職場を渡り歩く「渡り職工」的熟練労働者の企業横断的組合を中心に発展した。信友会・正進会といった印刷工組合がその中核となった。

ここでは、荒畑寒村が『近代思想』誌に精力的に紹介した、フランス・サンジカリズムの思想を取り上げ、その紹介の意義を明らかにする。

まず、荒畑が二巻一号から三度にわたって訳載したパトーとプージェの「罷工小説」*How we shall bring about the revolution*（『我々は如何にして革命をなすべきか』）である[53]。これは、現実のフランス労働運動を下敷きに、ある日全社会的なゼネラルストライキが突発、新しい社会が現出し、そこでは生産と消費の調整機関として労働組合が新社会の「萌芽」として機能し始めるという革命的サンジカリズムの基本的な理念がユートピア小説の形態をとって、表現される。作者のエミール・パトーは、当時の「最も際だった創造的なプロパガンディストの一人」であり、電気産業労働組合の書記を務めていた。エミール・プージェは、「当時の先駆的な活動家の一人」であり、アナーキストでもあった[54]。この共著が、*Comment nous ferront la revolution?* という原題で出版されたのは、一九〇九年のフランスにおいてのことである。これがフレデリックおよびシャーロット・チャールズ夫妻に英訳され、英国オクスフォードで、一九一三年に *How shall we bring about the revolution? Syndicalism and the Commonwealth*（副題「サンジカリズムと共同社会」の commonwealth は当時のイギリス労働運動において、社会主義社会を意味していた）として、出版されたのである。これを、荒畑は、その全三〇章中からその発端の三章のみ訳出している。以下、私の手元にある英語版[55]のジェフ・ブラウン Geoff Brown の解説から、この著作について概観すれば以下の通りである。

それは、パトーとプージェという二人のフランス人サンジカリストが来るべき革命を招来するプロセスと、その結果転形する社会が自らをどう組織化すべきかという、その二つをどう見たかという生き生きとした記述なのである。また、それは想像の世界においてではあるが、当時の先駆的な活動家の一人と、最も際だった創造的なプロパガンディストの一人によって書かれた、自らの教義や実践、そしてフランスサンジカリズム運動が最もラディカルだった時期の革命への熱望の表明なのである。

また、フランスの労働運動史家ジャン・メトロンは、「プージェは、パトーとの共同作業で、小説を書いた。彼はそのなかで、組合組織や労働取引所とその連合が、戦闘の武器であることをやめ、生産のための集団に変わり、新しい社会の建設のための『心臓と霊』となるとした」と述べている[56]。

これは、「冬の時代」のもとで呻吟する寒村ら社会主義青年のもとに提示された一つのファンタジーであり、ファンタジーであるがゆえに彼らの心を駆り立てるものであり、先の直接行動派の青年たちが、アーノルド・ロラーのパンフレット『社会的総同盟罷工論』について感じたのと同質のものであった。しかし、その共感のもつ意味は少し違っている。直接行動派のゼネスト論が、一九〇七年当時の第二インター最左派に自らをつなげることで「世界性」を獲得し、ある種の「科学主義」（社会進化の必然として社会革命が将来されるという確信）に裏づけられていたとすれば、このときはもっとパーソナルなところから発するものであったと思われる。個のあるべきすがたとその実現を保証する社会のありかたを追い求めるメンタリティーの存在である。しきりに『近代思想』誌上で「生の哲学」が論じられ、その「反主知主義」が読者に広く受け入れられていたのであれば、機械論的な「科学主義」を奉じ、志士仁人が万能の武器「社会的総同盟罷工」を執って立つという径路[57]はない。労働者自身から発する運動の究極の形態として、つまりそこでは主体としての個が活性化し躍動するかたちで「社会的総同盟罷工」が実体化するという論理である。

それを例証するように、荒畑のもう一つの訳業は、アンドレ・トリドン[58]の「近代思想に於けるセンヂカリスムの影響」であった[59]。これは、彼の著作 *New Unionism* の最終章である第一三章 *the influence of the new unionism on modern thought* の全訳である。この著作は、当時世界的に広がる新しい労働運動の各国での展開とその意義をまとめたものであり、最終章ではこの新しい労働運動は、すべからく労働者の間から発した「労働者の運動」であることを主張している[60]。そして、アンドレ・トリドンは、『近代思想』誌上でも紹介されているベルクソンや、さらにはジョルジュ・ソレルについては特にサンジカリズム運動そのものに影響を与えてはいないと主張する。むしろ、サンジカリズム運動が体現する時代精神を思想家・哲学者は幾分か共有するにすぎないということである。彼は、精神分析学の先駆的業績を残しており、ＩＷＷの思想的同伴者でもあり、A monthly review of international socialism と銘打った *The new review* vol.1No.1 May.1913 に、ＩＷＷの指導者へイウッドの人物像を好意をもって描いてもいる。

この著作 *New Unionism* は、「ニューユニオニズム。今日、ニューユニオニズムとは、すなわち労働それ自身が自らを現存する労働の形態から解放し、これに改善を加えようとする企てなのであるが、異なる名称で、ほとんどすべての国々に行き渡っている。米国では、インダストリアリズムとして、英国ではサンジカリズムとして、フランスでは革命的サンジカリズムとして、ドイツではローカリズムあるいはアナルコ・ソーシャリズムとして。」と[61]、新しい形態の労働運動が世界中に拡大していることを、各国の実例を挙げて叙述し、それを意義づけている。

このようにみてくると、荒畑は従来の直接行動論の立場から、歩を一歩進めて労働者の自己回復のための運動へ、またその運動論としてのフランス・サンジカリズム理解へと歩み始めていることが分かる。『世界雑誌』一巻七号所載の「シンヂカリズム」という論文を評するなかで「センヂカリスムは純粋の労働運動であり、またその団結内に将来の新社会の芽が、徐々に、そして旺盛に発達してゐる処に、その必ず実現せられ得べき革命的強力が存するのである」[62]と高らかに宣言するとき、先のパトーとプージェの *How shall we bring about the revolution?* にも序文を寄せていたトム・マンのインダストリアル・ユニオニズムを経由して、ボルシェヴィズムへ進む前に、純粋な革命的サンジカリスト荒畑寒村の段階が確かにあったことがわかる。

第四節　石川三四郎の自由恋愛論と社会構想

――本郷教会と平民社における自由恋愛論争と国家魂論争から――

明治民法の施行〔一八九八（明治三一）年七月一六日〕を経て、明治国家は家族国家観の基礎として「家」制度を措定し、「すべての国民は『家』をつうじて管理されるようになった」（鹿野政直『戦前・家の思想』創文社　一九八三年　五九頁）。戸主が家族を統率し扶養の義務を負うなど、戸主権の確立強化がはかられ、その結果、直系嫡出長男子単独相続が定着する一方、妻の無能力規定など、男女の家庭内での立場と取り結ぶ諸関係への国家の掣肘も強まる。このように、特異なかたちをとった日本の国民国家形成期において、当該期の男女関係のありかたについて行われた批判的言論は、とりもなおさず「家」制度を核とする家族国家観との衝突を意味した。つまり、個々人にとって最もパーソナルな問題でありながら、同時に国民国家をになうべき社会的主体のありかたを構想するという点で、直接にパブリックな性格をもつ議論となるよう宿命づけられていたのである。

たとえば、海老名弾正主宰の本郷教会に端を発し（一九〇四年九月）、平民社においても大きな議論を呼んだ自由恋愛論はその典型的な事例と思われる。男女の関係の理想的なありかたの模索、ここで表出される女性観はおそらくは男性側の自己認識と表裏をなすと思われる。そしてそれは、男女のあるべき関係を根底に据えた社会構想につながり、あるいは将来社会についての構想から演繹される理想的な男女のありかたへの追究ともなる。したがって、この自由恋愛論と、明治末期の国家・社会のあり方をめぐる議論は併せて論じられるべきであろう。

一九〇五年の一月から四月にかけて、本郷教会の発行する機関誌『新人』誌上では、国家魂論争が展開される。これもまた、あるべき国家・社会のありかたをめぐって、本郷教会と平民社の間に議論を惹起することになった。このふたつの論争にかかわった人物は、ほぼ重なり合う。もっとも石川はこの論争に関与していないが、この時期の石川の社会観は彼の文章から補うことができる。そこで、自由恋愛論争における自己の男女関係論の表出と国家観・社会観の表明とをあわせ論じることで、両者の密接な連関を明らかにしたい。日露戦争への国民的熱狂のさなか、キリスト者と社会主義者のグループという局限された場で戦わされた議論ではあるが、それ故、先鋭的なかたちで、当時の男女（個人）と国家・社会とのあるべき姿を、それぞれ提起しているとも言えるのであるが、ここでは石川三四郎の提起した自由恋愛論を以上のような視点から検討することにする。

一　自由恋愛論争

本郷教会における男女関係論の衝突

石川は、先述の如く東京法学院卒業後の一九〇二年三月三〇日、海老名により本郷教会で受洗するが、その直接の契機となったのは海老名の「新武士道」という説教に感激したことにあった（『弓町本郷教会百年史』日本基督教団弓町本郷教会一九八六年、七九四頁）。受洗した石川は、本郷教会の青年組織「明道会」に属して信仰生活を開始する。また、この年の一一月、萬朝報社に入社。社主黒岩周六の秘書となり、理想団の事務にも携わる。

これより先、石川は、井上円了の哲学館に入学し中退、また群馬県の高等小学校の代用教員を経験するなどの後、東京法学院に入学するが、この学生生活のなかで複雑な女性関係に悩み、かつまた青年期特有の煩悶のなかで、キリスト教に救いを求めることになる。石川は、女性関係の苦悩のなかで、その救いを海老名の説教のなかに見出したのである。後に彼は、「私は十五、六才の時から社会主義や無政府主義のことを教えられ、学生時代から新聞や雑誌に『ソーシャリズム』を主張した文章を寄せたりしていました。しかし、本当に人類社会への献身ということを教えられ、全我をそれに傾倒しようという情熱を養われたのは全くキリスト教によってでした」と述べている[63]。

一九〇四年九月のある日、石川は本郷教会の夜の説教会で、この日に海老名が「貞操論」を説教した後に、自由恋愛論について説教した。これは海老名の不興を買い、海老名は石川の説教の後に内ヶ崎作三郎に命じて、自由恋愛論を駁させた[64]。

その内容は、『週刊平民新聞』四五（一九〇四年九月一八日）に発表された「自由恋愛私見」と題する文章にみることができる。石川は、「人の生くる所以のもの唯一あり、曰く愛のみ」と述べて、人生の終局の目的としての愛を称揚し、「男女肝胆相照して相愛するより高く深く清きもの非ず」と、人生至上の価値として愛をおいた。この愛の実現を保証するのが、自由恋愛である。

それでは、自由恋愛とはいかなるものか。「総ての男女が好むに従つて相愛し、好いた同志が同棲すること自由なる、即ち之を自由恋愛となす」と、イギリスの社会主義者ロバート・ブラッチフォード[65]を引用し、このことによってのみ「真の飾り無き愛を発展」させることが可能であるとする。

そして、自由恋愛が秩序風習の紊乱を招くとする議論に対して、現在は、「結婚が恋愛に沿はずしてある他の欲望の為に偽り行はる」状況であり、「真の恋愛が欲望に妨げらる丶憂いなき社会」においては、「其愛や深く且つ堅からざるを得ず」とする。

これよりまえ、木下尚江は「恋愛と教育」という論説で、「恋愛の神聖」を青年に教育し、恋愛による自己実現を求めることの必要を説いていた。

> 吾人は自己を指して直に「人」と云ふこと能はざる也、何となれば是れ只だ或は男たり、或は女たるに過ぎざれば也、若し吾人一個を指して強ひて「人」と言はんと欲せば、宜しく呼んで「半人」と言ふべきのみ、故に吾人の第一の希望は、我が「半人」を尋ねて之と廻り合ひ、以て「全人」を完成せんことに在り、而して吾人が稍々長じて心裡無限の寂莫を悲み、転々反側して熱涙滂沱たるの時は、是れ即ち吾人が始めて我が「半人」の不具を自覚したるの時にして、古来言ひ慣ら（ママ）して之を「恋愛」と呼ぶ也、尊貴なる哉　恋愛や、吾人が恋愛の痛苦に、胸廓の張り裂けんかと悩むの夜半は、天父が其の両刃の利刀を以て、愛子の心に他の半人の活像を、彫刻し給ふの時なることを深謝せざるべからず。（『週刊平民新聞』二四、一九〇四年四月二四日）

木下の、恋愛を人生の至上の価値とする姿勢は、彼のキリスト教社会主義そのものから生じるもので、この精神性の重視がいずれ社会主義の「科学」性と背馳するであろうことは、この時点で予見可能なものであった。石川の場合は、伝統思想の援用で、主観と客観の統一的把握を模索するというかたちで、解決が図られることになる。

ともあれ、この文章が石川の自由恋愛論に強い影響を与えていることは明らかである。

海老名の「貞操」論

それでは、海老名の説教の内容はどのようなものだったか。

この説教よりほぼ半年後のこととなるが、海老名の記した「貞操論」が『新人』六―四（一九〇五年四月）に掲載されている。これをもとにその論旨を特徴づければ以下のようになる。

海老名は「今や、我国家民族にとつて、一の試金石たるべきものは、この男女貞操の発展如何にありと思ふ」と、この問題に対する姿勢を明らかにし、それに続けて以下の三点を説く。

まず第一に、海老名においては、宗教的理想に向かって進む日本という国家を単位として、「神の国」を実現しようとする姿勢が明確であり、現実の日本が着々と「神の国」に向かって転化し続けているという、宗教的な、それ故基底的な状況認識がある。

第二に、海老名は男女の属性を対比的に把握し、男性に「唯物論的傾向（物質的）」、「肉体」性、「剛」さを、女性に「唯心論的傾向（精神的）」、「霊能」性、「やさしさ」を代表させる。そのうえで、日本女性を「概していへば、先づ貞操が確かなものであつたらう」と、男性を「貞操というものは殆どなし」と評し、女性が「奴隷根性」を捨て去り、「奮然として良人の過失を矯すだけの勇気」をもつことが大事であるとしている。つまりは、先に述べた男女の対立的な属性の統一融合こそが、理想的男女関係創造の根本だとするのであるが、これが、海老名の「貞操論」の独特なところである。

第三に、海老名には、第一で問題とした現日本において「神の国」への転化が進行しつつあるという状況は、「吾人は今我人格にキリストの人格を実現して行かうとしてる《（ママ）》」という個々の霊的な変化によって支えられているという認識がある。したがって、「［キリストのように―引用者註］およそ男女両性が崇拝してやまざる人格には男性の剛いのに加へて女性のやさしいところがある。真のヒユマニチーは両性がよく兼備するところにある」のであるから、理想的な男女関係を創造することとは、男女両性の対立的であると考えられていた属性を統一融合することを意味する。つまり、それはキリストの人格を自己の裡に実現するという霊的な変化を遂げることなのである。そしてそれは、とりもなおさず「神の国」という理想的国家を地上に、日本において建設することになる。

してみれば、海老名の思想が二〇世紀初頭の日本においてもった進歩性とは、男女を、現実の社会制度と直截に切り結ぶかたちではないにせよ、新しい理想的な男女関係の形成主体として、言い換えれば社会的倫理の形成主体として、当時の社会において措き直したという点にある。

しかるに、石川においては、個の実現すべき究極的価値こそが「愛」であり、その実現を妨げる秩序・制度は敵対物として意識され、その排除が唱えられたのに対して、海老名においてはキリストの人格の内面化こそが男女両性に求められている宗教的現実的課題なのであり、その意味で社会改革的志向は後景に退くのである。

平民社の女性観と自由恋愛論

平民社の女性観はいかなるものだったか。特に、平民社の議論は、もっぱら「婦人解放論」として、展開されたことに注目しておきたい。

平民社は、一九〇四年一月二三日から五月八日まで、五回にわたって「社会主義婦人演説会」を開催している。その主たる内容は、たとえば幸徳秋水・西川光二郎らの講演に即していえば、そのモチーフは、良妻賢母主義を指弾する一方で、女性が経済的自立を遂げて、男女平等が実現されるのはよいが、経済組織を変えぬ限り、その地位は不安定なものにすぎない、それ故、婦人問題の根本的解決は社会主義によらねばならないというものであった。

議論を平民社における自由恋愛論への対応の問題に移そう。石川の論考「自由恋愛私見」は、平民社内および読者間にも論議を呼んだ。石川自身は、「多くのクリスチャンを読者に持っていたので、この文章に対する読者の非難はものすごいものでした。社内でも幸徳・西川両君は『こんな文章を出すと読者の志気を弱める』とて非難しました。捨ておきがたくなって堺君は全頁にわたる大論文を出して解説補充してくれました」[66]と回顧している。これは、平民社内部においても、自由恋愛論についてはその評価が分かれ、特に幸徳秋水や西川光二郎ら唯物論的な立場に立つ人々に大きな反発があったことを示している。

つぎに、幸徳らと唯物論的立場を同じくしつつも、石川をあえて擁護する堺利彦の論を検討しよう。堺自身は、すでに『家庭の新風味』（全六冊）を一九〇一年から翌〇二年にかけて刊行し、「家」制度を批判、一九〇三年からは『家庭雑誌』を刊行、「家庭の中より漸々に社会主義の理想を発達せしめ」ることを目標に、活動を続けていた。堺の議論は、端的に言って、唯物論的社会主義者の立場からの石川の擁護ということになるだろう。堺は、自由恋愛についての石川の論旨をなぞったうえで、自由恋愛論と社会主義者の立場について、言及する。「社会主義は社会の全員に経済上の自由を与ふる事を理想とするものゆえ、其の実行の暁には、女子が男子に対して経済上の独立を得て、衣食の為に依頼するの必要が無くなるので、勢ひ男女関係に大変化を来すに相違ない」。「然しながら、社会主義は未だ曾て将来に於ける一定の男女関係を予想した事がない、また予想し得べき事でもない」。「されば、自由恋愛説と社会主義との間には何も直接の関係は無い」。ただ、「社会主義者の一部と、個人主義者の多くと、一般の無政府主義者とに依つて」支持されている。堺はといえば、石川の自由恋愛論の論拠を再び挙げて、肯定論に与している[67]。

これら自由恋愛論をめぐっての議論を小括すると以下の如くなろう。

石川は、人が生きる至上の目的は「愛」を得ること（そのなかには自然を愛することも含まれる）にあると主張する。本来の「愛」のかたちは、現今の結婚のありかたに端的に表れているように、社会的に歪められている。この社会的抑圧を除去し、あるべき「愛」の姿を顕現させることが、社会主義者の任務であるというのである。石川の論理は、自らの恋愛の破綻の煩悶のなかから、「愛」という究極的価値を措定することになった。そして、それを獲得するためのあらゆる物質的精神的障害の除去へと進む。個々人の「貞操」の強調以上に、その本然の「愛」の姿を歪める社会的抑圧の除去、それによって究極の価値は実現可能であると考える。後に石川においては、究極の価値の追究は、「愛」をも包括する究極的原理「道」への回帰に帰着する。[68]

海老名は、人間に二つの側面をみる。曰く「精神的」（女性がこの性格を代表）と「肉体的」（男性がこの性格を代表）。「精神」と「肉体」の調和した理想的存在であるキリストを、自己の裡に実現するということは、自らの裡に「女性」性と「男性」性を統一融合することに他ならない。これからの時代は、男女が貞操を守ること、男性がその属性としての「肉体性」を抑え、女性がその属性としての「精神性」をより自律的なものに変えていくこと、が要請されるというのである。

堺は石川を擁護するが、しかし基本的な認識において、両者の間には越えがたい溝がある。堺は、社会主義の目標を社会経済システムの変革に局限する。そこには、物質的経済的基礎を中心に富の分配形態の変革が行われれば、社会的抑圧によって歪みを生じた「男女関係に大変化を来す」というオプティミズムがあった。これでは、資本主義的経済システムの変革という大きな課題に、直面する男女関係の問題を溶解させてしまいかねない。

このことは、堺のようにパーソナルな視点も没却しない思想態度よりも、大状況から運動論を演繹するスタイルをとる幸徳と西川が、あるべき「男女関係」論に固有の意味と意義をみいだせず、資本主義的機構・制度と「家」制度の二重の軛からの解放によってのみ、女性の社会経済的自立が実現し、その後に人格的解放が成就するという二段階論に立っていたことを示している。幸徳は、『世界婦人』一六（一九〇七年九月）掲載の「婦人解放と社会主義」のなかで、こう言う。「婦人解放の第一着は如何にすべきと問ふ人あらば、予は直ちに答へて曰ふべし『先づ社会主義を知らしめよ』と」。

二　男女関係論と国家観・社会観の連関——国家魂論争を通して——

国家魂論争

これまで述べた男女関係論が、彼らの国家観と社会観にどのように連関するのか。

まず、『新人』誌上で展開された国家魂論争（一九〇五年一～四月）を先行研究をもとに整理し、海老名とその主張を論理化・構造化する役割を果たした吉野作造の国家観、またそれを論評した平民社側のそれ、まったく異なる観点からする石川の社会観と理想社会論をつきあわせ、その偏差を明らかにしたい。ついで、その偏差と連関する男女関係論の差異との関係を論ずることとする（国家魂論争についての先行研究としては吉馴明子『海老名弾正の政治思想』〈東京大学出版会　一九八二年〉、清水靖久「解説・吉野作造の政治学と国家観」〈『吉野作造選集』一　岩波書店　一九九五年〉、飯田泰三『批判精神の航跡』〈筑摩書房　一九九七年〉がある）。

この論争は、海老名弾正が、「日本魂の新意義を想ふ」と題して、『新人』六—一（一九〇五年一月）に掲載した論考に、木下尚江が「新人の国家宗教」（『直言』二—二〈一九〇五年二月〉）と題する文章で、論駁したことに端を発する。このなかで、海老名は国家形成の核となるべき国民的精神を「日本魂」論として展開する。彼は日本の精神的エッセンスである「日本魂」を「ロゴス」＝「天地の公道」から生じるものとし、「日本魂」が振起する日本の発展に「神の国」の実現を期待する。つまり、神は個人および国家に内在し、個人に横溢する「日本魂」が国家そのものを覆い、ついには国家そのものが「神子」となるのである。そして、「日本魂」は日本を領土的膨張へ導く。したがって、これを顕現させることは、とりもなおさず国運を発展させることを意味するのである。

これを、先の貞操論の議論とつきあわせてみよう。海老名は、これからのあるべき男女関係とは、男性がその属性としての「肉体性」を抑え、女性がその属性としての「精神性」をより自律的なものに変えていくことによって実現するとし、そのことは「精神」と「肉体」の調和した理想的存在であるキリストを自己の裡に実現することであると論じた。国家魂論争においては、「ロゴス」＝「天地の公道」に感応する個人のうちに「天地の公道」から生じる「日本魂」が内在し、これを拡充していくことで個人もそれを包括する国家も「神子」と成り果せる、という論理を提出した。

かくて海老名においては、あるべき男女関係、あるべき国民精神（＝「日本魂」）は、男女両性に内在する萌芽から両性に共有される理想的ありかたへと、あるいは個人から国家へと、その外延が無境界的・無媒介的に拡大する構図がみえる。ここに、日露戦争開戦時に「聖書の戦争主義」や「戦争の美」を説いたことに象徴的に示された、「キリスト教を超越的なものとせず、内在的にとらえ、日本の国家の運命と密着させつつ、その方向を指し示そうとする態度が見られる」[69]のである。

それでは、これを駁した木下の主張とは、いかなるものだったか。木下は、海老名の議論について、国家は絶対的な重みをもって国民に君臨するものではなく、「各個人共通の意思」の上に存立すべきとした点を評価する。他方、社会問題の奔出する今、貧富の差は ますます拡大しつつあるに、果たして国民の「共通意思」を基礎にする理想的な国家は成立しうるか。むしろ「国家魂」は、絶対主義時代のカトリックの如き、国民統合のための強力な精神的な枷として、一種の「国家宗教」と化して国民を縛るのではないか、と迫る。[70] 木下は、社会主義の立場から、吉野のようにナイーブに国民の「共通意思」を信じることはできない。しかし、そのような社会問題を除去することで、国民の「共通意思」に真に支えられた国家を望見していることは明らかであろう。

一方、吉野作造は、木下ら平民社側の海老名批判を受け、海老名の論をヘーゲル的枠組みを用いて論理的に補強し、独自な国家構想を提示する。吉野は、世界精神の弁証法的自己展開と、海老名の「ロゴス」＝「天地の公道」から「日本魂」が生じそれが個人において顕現する、という図式をアナロジカルにとらえる。もちろん、海老名においては、「ロゴス」は、個人にも呼応的に内在し、これが徐々に拡充するというかたちをとるのであるが。吉野によれば、「吾人の所謂『国家』とは一国民族の団体の謂」であり、「多数人民の意思」によって支えられる。一方で、国民は受働的に国家精神の統御に服する存在でもある。[71] 概括すれば、吉野はキリスト教に裏打ちされた健全な「国民精神」を精神的バックボーンとする、十全な「国民国家」を作ろうとする思想的立場にいたということができる。

石川の特異な思想的課題とその意義

この論争には加わらなかった石川ではあるが、まったく異なる思想的課題を保持する。これは、人間の本来的なありかたについての理解に由来するのではなかろうか。キリスト教においては人は本来的に原罪を負う存在であるが、石川は性善説をとる。『中庸』の「性に率ふ之を道と言ふ」を引き、これを「性に率ふて道徳が出来、人の性の完全なる実現拡充を為すのが善である」と解して、人の性の善なることを主張する。「罪は内より起こるものでは無くて外から来る」。石川においては「個人道徳上の罪悪」は従であり、「社会道徳上の罪悪」が主なのである。この「個人道徳上の罪悪」は、朱子学にいう「欲の過不及」の問題として理解されている。これは、「社会が改革されても直ちに消滅するものでは」ない。しかし「慾望を満足することが自由になり、智識が漸々発達し、人体の生理組織が完全になりて」、消滅するのであろう。このような状況は、いずれは「社会改革の一結果」として実現するはずである。したがって、「其本性を円満に発達し得る様な自由な社会を造るなら人は幸福になる」というのが彼の立場である。[72]「個人道徳」と「社会道徳」の二つの側面を意識し、後者を主に考えながらも、前者の課題も没却しない点に石川の独創性がある。後の、個のありかたと社会変革の課題の同時遂行という、彼の思想の基調をなすモチーフはすでにここに萌芽的にみられると言うべきである。

以上論じたように、本郷教会と平民社の間で論じられた自由恋愛論を含むあるべき男女関係論は、彼らの国家観や社会観と併せ論じることで、その思想史的意義がなお明瞭となる。きわめて限定された場で戦わされた論戦であったにせよ、あるべき男女関係が、来るべき国家・社会のありかたを意識しつつ論じられた、非常にまれな思想史的出来事と呼んでよいだろう。

海老名は、男女が各々相補的に価値的（キリスト教の）に生きることで、国を単位として「神の国」を実現しようとする。木下は、恋愛至上主義に立ちつつ、キリスト教社会主義の立場から、社会問題を一掃したうえで、愛という至上の価値を意識した国民によって、真に支えられた新しい国家の樹立を理想とする。堺は、社会制度の弊害を除去すれば男女のあるべき姿は顕現するものであると考える。堺の論理をさらに推し進めたところに、幸徳秋水のオプティミスティックな「婦人解放論」が位置していたといえよう。

ひとり石川のみは、価値的な個（男・女）のありかたを模索するなかで、それを保証する社会のありかたを構想することになる。国民国家の枠組みのなかに回収されない個のありかたを求めて、石川の思索は続けられることになる。

註

（1）西川正堆『初期社会主義運動と万国社会党』は、第二インターナショナル・シュトゥットガルト大会について述べるなかで、同時期に開催されたこの大会についても論及し（六八～七一頁）、加えてこの大会後に設けられたアナーキスト・インターの機関紙に掲載された幸徳の通信二つを発掘した。本節はこの業績を参考にさせていただいた。
（2）幸徳「世界革命運動の潮流」『光』一―一六（一九〇六年七月）
（3）『熊本評論』一一（一九〇七年一一月）。
（4）日刊『平民新聞』一六（一九〇七年二月五日）。
（5）同前。
（6）喜安朗『民衆運動と社会主義』（一九七七年）一七四頁。
（7）喜安前掲書。一八二、三頁。
（8）ジェームズ・ジョル『アナーキスト』萩原・野水訳（一九七五年）二三五頁。
（9）無署名「世界之新聞　〇万国無政府党大会」『大阪平民新聞』七（一九〇七年九月五日）。
（10）幸徳は英文からこれを訳出しているが、幸徳が入手していた英文のアナーキズム誌紙は、イギリスのクロポトキングループの *Voice of Labour*、合衆国のエマ・ゴールドマン、アレクサンダー・バークマンの *Mother Earth* 等である。
（11）『ローザ・ルクセンブルク選集』二　高原他訳（一九七六年）九六頁。
（12）同前。
（13）「海南評論」『日本平民新聞』二一（一九〇八年四月五日）
（14）この集会については大会の公式議事録の付録というかたちで要旨のみが記載されていることを、相良匡俊先生より御教示いただいた。

(15)『アナーキズム小史』上杉聡彦訳（一九七〇年）三〇五頁。

(16)『アナーキズム』Ｉ　白井厚訳（一九六八年）三七頁。

(17) 相良匡俊先生の御教示による。

(18) 水田洋「アムステルダム国際社会史研究所の蔵書」『季刊社会思想』二―二（一九七二年七月）一四六、七頁。

(19) カール・ヨネダ「幸徳秋水の在米時代」『幸徳秋水全集第七巻月報』（一九六九年二月）一頁。

なお、大会の決議集 ***Resolutions passed at the Anarchist Congress held at Amsterdam*** Aug. 24-31,1907 の写し（謄写刷）が『証拠物写』下（大逆事件記録第二巻）一九六四年復刻の四五四～四六三頁に収載されている。これは百瀬晋からの押収物である（この決議集にはリプリントがあり容易に入手できる）。

(20) この争議を報じた『時事新報』紙（一九〇八年四月三〇日～五月一日）によれば、石炭仲仕が物価高騰のため一割増給を石炭組合に請求したところ、交渉は不調に終わり、四月二九日朝より仲仕小頭主導でストライキにはいった。郵船・商船その他の汽船のなかには、若松に廻航して石炭を積むものも生じた。事態収集に向けて門司警察も介入、親方・小頭を招集し懇諭したが、ストは三〇日も続き、その夜にいたって調停が成立した。

(21) この年三月には東京歩兵第一連隊の兵卒三七名の集団脱営事件が起こっている。中隊長代理の過酷な扱いを大隊長に訴えるため、正門から隊伍を組んで脱営し、大隊長の私宅に直訴した事件である（大江志乃夫『徴兵制』岩波新書　一九八一年一一二頁）。

(22) アムステルダムの社会史国際研究所の閲歴については、山口和男「アムステルダム社会史国際研究所の成立」『季刊社会思想』一―一（一九七一年）がある。現在、研究所の住所は、Cruquisweg31, 1019AT, Amsterdam に移っている。

(23) 研究所のコレクションおよびアーカイヴの概要については、水田洋「アムステルダム社会史国際研究所の蔵書」『季刊社会思想』二―二（一九七二年）が便利である。

(24)「コルネリセンはわれわれの仲間うちの誰よりも経済学説を議論し、核心をとらえた経済学説と労働のそのものの方式についての特殊研究にまで到達したが、これらの研究は私の貧弱な能力を越えるものである。」マックス・ネットラウ『アナー

キズム小史』一九三四年（『アナーキズム叢書　ネットラウ』一九七〇年　三〇五頁）

(25) マックス・ネットラウ前掲書、三〇五頁。

(26) G・ウッドコック、白井厚訳『アナーキズム』Ⅱ　一九六八年　三七頁。

(27) 西川正雄『初期社会主義運動と万国社会党』未来社　九六～九八頁、および同書「資料追補」。

(28) ここでは、山本統敏編『マルクス主義革命論史二　第二インターの革命論争』（一九七五年）ジェームズ・ジョル『第二インター　1889～1914』池田・祇園寺訳（一九七六年）西川正雄『初期社会主義運動と万国社会党』（一九八五年）西川『第一次世界大戦と社会主義者たち』（一九八九年）等を参考にした。

(29) 第二インターナショナル・シュトゥットガルト大会に提出された「エルヴェ決議案」より（『マルクス主義革命論史二　第二インターの革命論争』四四九頁）。

(30) 幸徳秋水・堺利彦「社会新聞と小生等との関係」（『日本平民新聞』一一　一九〇七年一一月五日）。

(31) 堺利彦「無題雑録（一）」（『大阪平民新聞』八　一九〇七年九月二〇日）。

(32) 山川均「独逸社会党の地位（下）」（『日刊平民新聞』四四　一九〇七年三月九日）。

(33) 同前。

(34) 一九〇七年二月、『日刊平民新聞』に六回にわたって分載された。

(35) 『日刊平民新聞』二二　一九〇七年二月一二日。

(36) 『日刊平民新聞』一七　一九〇七年二月六日。

(37) 西川正雄『初期社会主義運動と万国社会党』七〇頁。

(38) 『日刊平民新聞』一三　一九〇七年二月一日。

(39) 片山潜「自然の結果　幸徳堺両君と予の立場」・田添鐵二「社会党無政府党分裂の経過」（『社会新聞』二五号　一九〇七年一一月一七日）。

(40) 岡本宏『田添鉄二』（一九七一年）一四八頁。

（41）片山潜「社会主義鄙見（下）」（『社会新聞』一六、一九〇六年九月一五日）。

（42）*The general strike:its history and meaning*　*The Social Democrat*　9.–12, 1905.12.718.（ここでは一橋大学附属図書館所蔵のマイクロフィルム版からのコピーによった）。

（43）『日本平民新聞』一二（一九〇七年一一月二〇日）～一六（一九〇八年一月二〇日）。

（44）『日本平民新聞』一二（同前）。

（45）同前。

（46）山川均「別子銅山騒擾事件の教訓」（『大阪平民新聞』二、一九〇七年六月一五日）。

（47）同前。

（48）山田盛太郎『日本資本主義分析』（岩波文庫判、一九七七年）一一八頁。

（49）第二章第一節参照。

（50）幸徳秋水「海南評論」（『日本平民新聞』一六、一九〇八年一月二〇日）。

（51）『大衆ストライキ、党および労働組合』一九〇六年（『ローザルクセンブルク選集』二、一九六九年、二一〇頁）。

（52）同前、一二二頁。

（53）「暴風雨」二―一（一九一三年一〇月一日）二三～二九頁、「虐殺の翌朝」二―二（同一一月一日）二六～三一頁、「罷業宣言」二―三（同一二月日一）二六～三〇頁の三度にわたって分載。それぞれの章の原題は、the break up of the ice、the morrow of the massacre、the declaration of the strike となっている。

（54）「索引・略伝」三七八頁（上村・田中・谷川・藤本訳、アンリ・デュビエフ『サンディカリスムの思想像』一九七八年）

（55）Pataud, E., Pouget,E., *How we shall bring the revolution syndicalism and the cooperative commonwealth* Pluto Press London 1990

（56）Maitron, J., *Le mouvement anarchiste en France* t. 2 1992 Gallimard Paris　1992 pp.165-166

（57）阪本清馬が自らを「我は直接行動論者にしてゼネラルストライカーなり」と自己規定したことが、このことを端的に物語っている。

(58) アンドレ・トリドン（フランス、一八七七～一九二二）については伝記的データをもたない。ただ、精神分析学の濫觴に*Psychoanalysis; its history, theory, and practice*『精神分析　その歴史、理論と実践』（一九一九年）、*Dream Psychology*『夢の心理学』（一九二〇年）、*Easy lessons in psychoanalysis*『精神分析入門』（一九二一年）、*Psychoanalysisi, sleep and dreams*『精神分析と睡眠と夢』（一九二一年）などの著作を発表している。同時にＩＷＷの思想的な同伴者としての活動にも力を入れた。

(59) 二巻九号（一九一三年六月一日）二～九頁。

(60) 手元にあるのは一九一三年にニューヨークでB.W.Huebshから発行された版（総頁数一九八頁）のリプリントである。これの原著としての仏語版があるか、はじめから英語版として発行されたのかは不明である。

(61) Tridon.A. *New Unionism* B.W.Huebsh 1913 pp.1　の一七八頁に当時の日本の運動は左記のように記述されている。

日本サボタージュが一九一二年に起こったストライキの過程でおこなわれている。横浜船渠争議とナズハラ鉄道争議、大阪金属労働者争議で、この三件とも労働者側が勝利した。呉海軍工廠争議は敗北した。政府は、すべての僧侶に各寺院でサンジカリズムと社会主義を攻撃することを命じ、議会は危険思想の突発的流行を防ぐことを狙った工場法の修正を通過させた。

文中の「横浜船渠争議」と「ナズハラ鉄道争議」「大阪金属労働者争議」がそれぞれ何をさすのかは、当時の新聞等に照らしてもわからなかった。

(62) 荒畑「六雑誌瞥見」（『近代思想』二―一　一九一三年一〇月）三一頁。

(63) 石川三四郎『自叙伝』（『石川三四郎著作集』第八巻　青土社　一九九七年）九二頁。

(64) 石川三四郎『自叙伝』九四頁。なおこのことについて、太田雅夫先生から海老名と石川の理想的な男女関係のありかたをめぐっての確執については石川の『自叙伝』の記述に事実誤認があり、海老名と石川が同日に男女関係論を説いた事実は確認できない、というご教示をいただいた〔太田雅夫「石川三四郎と本郷教会・平民社」（『初期社会主義研究』一八、二〇〇五年一二月）〕。本書は『自叙伝』の結構に基づいて論を組み立てたのではあるが、ここでは石川が自らの「自由恋愛論」を海老名の「貞操論」と鋭く対立するものとして後々まで強く意識していたことを確認できればよいと考える。

(65) Robert Peel Glanville Blatchford,（1851 ~ 1943） 職業軍人であったが退役し新聞記者となる。記者として労働者の生活をつぶさに見、社会主義の陣営へ動いた。この後、マンチェスターでフェビアン協会を立ち上げ、社会主義新聞を発刊するなどした。ウィリアム・モリスの思想的影響を受けて出版した〝*Merrie England*〟は、二〇万部以上を売った。その後、ボーア戦争を支持するなどナショナリスティックな立場に移行し、晩年は右派に属した。

(66) 石川三四郎『自叙伝』九四頁。

(67) 堺利彦「自由恋愛と社会主義」（『週刊平民新聞』四七　一九〇四年一〇月二日）

(68) 第一章第一節参照。

(69) 土肥昭夫「海老名弾正の神学思想」（同志社大学人文科学研究所編『熊本バンド研究』みすず書房　一九六五年）二八二頁。

(70) 木下尚江「「新人」の国家宗教」（『直言』二―二　一九〇五年二月）

(71) 「木下尚江君に答ふ」（『新人』六―三　一九〇五年三月）

(72) 石川「性論と社会主義」（『直言』二―一　一九〇五年二月）『石川三四郎著作集』第一巻　三四~三六頁。

第三章　社会運動としてのアナーキズムとその社会構想

第一節　石川三四郎と吉野作造の思想的軌跡とその交差

――本郷教会時代と石川の帰国をめぐって――

一九二〇（大正九）年一〇月三〇日、石川三四郎はベルギー・フランスでの八年間の亡命生活を終え、帰国した。その歓迎の動きのなかで発せられた石川宛の一通の書簡が、埼玉県の本庄市立図書館石川三四郎文庫に架蔵されている。短いものなので、全文を引く。

前略

此間の歓迎会には是非出たいと堺君まで頼んで置き乍ら旅行中だつたので失礼しました。其中二三の友人と／一所に腹蔵なき御懇談を承る機会を作りたいと考へてゐますが、御思召は如何でせうか。御都合のい、時間／に御宅に伺ひましてもよろしうこさいますが、場合によつては御足労を願つてもよろしう存します。取急ぎ／御願い旁申上げます。

十一月十七日　吉野作造

石川三四郎殿

（表書）神田鍛冶町五　　五十嵐氏方　　石川三四郎様

（裏面）東京市本郷区本駒込神明町三一七　　吉野作造（住所印）①

石川三四郎と吉野作造の思想的軌跡の交差は二度あり、一度目は不協和として、この両者が所属した本郷教会時代においてであった。日露戦後の新しい状況にふさわしい国家像を模索する吉野と、むしろ国家から離れて個人と社会の調和的なありかたを純粋に求める石川という構図である。この一度目から一五年を経て、二度目の交差があった。ここに掲げた書簡はこのときのものである。すでに明らかにされているように、吉野においては、「有機体としての国家」観から「社会の発見」へと進む思想的展開（飯田泰三『批判精神の航跡』筑摩書房　一九九七年）があった。この吉野の思想的展開と亡命から帰国した石川のアナーキズム思想との交響として、社会運動の勃興のなかで国家と対抗的に浮上してくる社会への向き合い方をめぐる両者の思想の交響という構図として、二度目は現れる。

石川と吉野はそれぞれ本郷教会を主宰した海老名弾正の強い影響のもとに思想形成を行い、一方はアナーキストとして、他方はデモクラシー論の理論的指導者として世に出ることとなった。この両者の思想的軌跡の交差を描くことで、石川のアナーキズムの日本思想史上における意義を考察することが本節の主たる課題とするところである。近代日本におけるアナーキズムの意義を、吉野の思想を引照基準とし対比することで論じてみたい。また、この二度の交差を通して、両者の思想的対立と共鳴の様相を描き出すことは、一九〇〇年代から一九二〇年代初頭という時期に日本の近代社会思想が抱えていた課題を浮き彫りにすることにもなろう。

一　石川と吉野、その思索の出発――本郷教会時代――

海老名弾正のキリスト教

すでに述べた如く、石川と吉野の思想的軌跡が最初の交差をみせるのは本郷教会においてであった。この教会を主宰する海老名弾正は、新島襄を中心とする所謂「熊本バンド」の一員であり、同志社英学校を卒業し伝道者となった。これよりさき、新島は米国伝道会社の援助を受けて同志社英学校を設立している。米国伝道会社は本来特定の教派教会に属するものではなかったが、「会衆主義（congregationalism）の宣教師が多くなりそれに傾いていた」[2]。会衆派教会 the Congregational Church は、英国国教会から分離した一派で、各教会の独立自治を主張するプロテスタントである。同志社を卒業した日本人キリスト教徒たちは、一八八四（明治一七）年、日本組合基督教会を設立する。「個人の自由、独立の精神、教会の自治、独立、自給を重んずる」のがその特色で、このなかの「自給」とは教会の維持のための基金をミッションに仰がないということである[3]。海老名はこの一派に属していた。

海老名の神学は、基本的に「新神学（自由神学）」の立場に立ち、これに「日本的宗教性を加味したもの」と評されている[4]。その特徴を、吉馴明子氏は、「人とキリストと神との同一」という確信が海老名の信仰の根底にあることに認め、それ故「『この世』にもこの世の内にある人間にも、『霊なる神』が『現臨』しているのであるから、それを開発、発展させることによって、『神人一致』を実現することができ、したがって全人類・地上を『神の国』と化することができると考えた」点にみている[5]。この特異な神観念のありかたが、さらには海老名の歴史観、「歴史の内に、神が『博愛』『公義正道』を実現していく『大勢』を見る」を導く[6]。土肥昭夫氏は、海老名が「従来の日本の神観や人間観とのかかわりあいを積極的に見出」し、「キリスト教と他の諸宗教の神観の類比を求めつつ、宗教進化の法則は必ず諸宗教をキリスト教化し、キリスト教が諸宗教を完成、成就する」ものと考えたと評したが、その基底に上述の神観念・歴史観があることは明らかであろう。この意味で、海老名は「日本の精神的伝統への手放しの肯定や従属をこころみる」のではないが、「日本精神をつつみ、ささえ、ひろめる原理をキリスト教に求めて、新日本精神の喚起をめざした」のである。[7] こうした信仰のありかたが、本郷教会に集った石川と吉野にいかなる刻印を施したかが問題となるが、それは以下に本郷教会における石川と吉野の国家と社会をめぐる対立について論究するなかで見出されよう。

本郷教会における石川と吉野

本郷教会は、山路愛山の言葉を借りれば「書生の教会」であり、「明道会」という青年組織ももっていた。石川も吉野も会員名簿にその名がみえる。[8] また、吉野は一九〇四年一〇月から編集記者を務めていた『新人』誌上に「翔天生」という筆名を用いて、海老名の説教の内容を敷衍し理論化する文章を多く発表している。[9]

本郷教会の準機関誌的存在である『新人』誌上を中心に、石川らと吉野によって戦わされたいくつかの論争のなかから、明らかとなる両者の理想的国家・社会についての思索のありかたについて述べたい。本郷教会内で、また平民社との間では、自由恋愛論争（一九〇四年九月）、国家魂論争（一九〇五年一～四月）、社会主義論争（一九〇五年八～九月）といった論戦が闘わされた。これらについてはすでに論じているので、[10] その結論部分を摘記する。石川と吉野および海老名の本郷教会においての、国家観、社会問題観、宗教観、また個のありかたをめぐっての「衝突」は、次のようにまとめられよう。

海老名は、個が「ロゴス」＝「天地の公道」と感応しつつ、個に内在する「霊能」を発展させ、能動的にまた価値的（キリスト教の）に生きることで、日本という国を単位として「神の国」を実現することを主張した。ここでは、海老名においては彼の「神」が「ロゴス」＝「天地の公道」として措定され、非人格化され、儒教における「天」「道」と同様に扱われていることを確認しておきたい。

吉野は、海老名の「ロゴス」＝「天地の公道」から「日本魂」が生じ、それが個人において顕現するという図式と、ヘーゲルの世界精神の弁証法的自己展開とをアナロジカルにとらえ、海老名の主張を論理的に補強した[11]。この時期の吉野については、「内在性、連続性、合理性の強いヘーゲル的絶対者観から彼が出発していること」が指摘されている[12]。吉野によれば、「吾人の所謂『国家』とは一国民族の団体の謂」であり、「多数人民の意思」によって支えられる。一方で、国民は「受動的」に国家精神の統御に服する存在でもある[13]。吉野はキリスト教に裏打ちされた健全な「国民精神」を精神的バックボーンとする、十全な「国民国家」を作ろうとする思想的立場にあったということができる。

一方、石川はこれと視点を異にする。「『人』は目的にして『国』は手段であります」、「故に手段たる『国』が目的たる『人』の利益を害するなら、其手段を改めねばなりません」というのが彼の前提である。そして、吉野の所論を批判し、「現在の国家の意思が常に少数の貴族富豪に依て左右せらるる」事実の前には、「国家学の上では国家の意思に国《（ママ）》民多数の意思に基づく様に進みつ、つある抔」、とうてい容認できないという。社会主義者は、「唯国をして其本来の目的を達せしめたいと切に望むのであり」、それがかなわなければ、国家を樹木に例えて、「ドウしても其幹に斧を下さねばなりません、而して更に生へ出づべき萌芽を楽しんで、之を培養せねばなりません」としている。石川にとって、社会主義者に課せられた責務とは「人」のために尽くすことであり、「人道の宣揚者、人道の保護者、人道の戦士」たるべきものなのであった。[14] 石川において、現実の「人」の利益を守ることに比べれば、国家とははるか後景にあるべきものだったのである。

石川は独自に、価値的な個のありかたを模索するなかで、その実現を保証する社会構想へと進む。石川はまず、文明の本来的なあり方を逸脱させるものとは何かを問い、「人性」論の検討へと向かう。そして、朱子学的な枠組みから、個人道徳と社会道徳の連続性について述べる。「人は本来善なるもの故其の本性を円満に発達し得る様な自由な社会を造るなら人は幸福になる」とし、このように社会主義は「楽天主義」で「積極主義」であるとする。一方、社会には明らかに「個人道徳上の罪悪」というものも存在する。「食ひ過ぎて身体を損傷する」ことがその例である。しかしこれも、社会の改革により「慾望を満足することが自由にな」れば、人間性の高まりのなかで消滅すべきものであり、「社会主義の敵は社会の悪組織」であると結論づけられる。

ここで、石川の神観念の特徴を整理しておこう。この一連の論争の時期からほぼ一年後のことになるが、石川は自らの信仰をめぐる煩悶の後に、「我れ十字架を或は求め、或は免れんとし、或は恐怖せし愚かさよ、十字架は吾れ始めより之を負ふて居たのである」[15] という結論に到達する。つまり、石川にとって、神は自己の裡にあるのである。これは、石川に洗礼を加えた海老名の影響を強く受けたものと考えられる。海老名は、熊沢蕃山の『集義和書』にみえる「人は小躰の天にして、天は大躰の人なりといへり」という一節を引いて、「見るべき大地と見るべき人体を相比し、見るべからざる太虚と見るべからざる心霊と相比すべきなれば、天地は即ち大人間にして、人は即ち小天地なり」と結論づける。[16] つまり、人の内に「天地の主宰」と「一体」である「霊明」が存在すると考えたのである。石川は、この枠組みを踏襲し、儒教における「天」とキリスト教における「神」とを同義に用いている。

ここに、石川と吉野の、個と社会のあるべきすがたについての思索と、国家と個という枠組みから出発するそれとの離反が明確となった。また同時に、方向性は異にするが両者の思索の神と個のありかたへの固着、つまり海老名の神観念の強い影響下にあったという共通性も看て取れる。

二　石川と吉野の思想的展開

石川の活動と亡命、思想的深化

石川は、一九〇五年一一月に、木下尚江・安部磯雄とキリスト教社会主義を標榜する雑誌『新紀元』を発刊し、これに依拠して活動を展開する。翌〇六年は、田中正造を助けて谷中村問題に取り組む。〇七年には、『新紀元』を廃刊し、日刊『平民新聞』の創刊に関わる。さらに、結成された日本社会党の評議員就任を乞われ、折から対立が深まった議会政策派と直接行動派との調停に奔走する。日本社会党が結社禁止となった後は、東京市電車賃値上げ反対運動への取り組み、福田英子の雑誌『世界婦人』発行への協力など活発に活動する。しかし、大逆事件に際会し、その後の所謂「冬の時代」を凌ぐため、ヨーロッパへの亡命を決意するに至る。

ここでは、日刊『平民新聞』の筆禍で下獄した一九〇七年四月から翌年五月の間の思索の所産である著書『虚無の霊光』にみられた、石川の思想的達成を簡潔にまとめておく[17]。石川は、欲望論を提起する。人の生命活動を維持するためにこそ在る欲望が、肥大しかつ歪められるのは、まさしく文明の発達によってである。卑小な存在である人間が、自らさまざまな社会制度を創出し、かえってこれに「繋縛」されるのもそのためである。したがって、このような「物慾の蔭」を生み出す文明のありかたこそが問われなければならない。石川のこのような文明批判は、根源的な老子のそれ[18]を踏襲し、人間の本来的なありかたからの逸脱が始まった太古以来の文明化の歴史過程全般に向けられた。石川においては、近代資本主義社会とは、その文明化の極点にあってその逸脱もまた極点に達した段階として意識されている。

したがって、このような根底的な文明批判は、それをかたちづくってきた、あるいは営々として支えてきた主体としての個の批判的考察へと帰る。石川においては、個は客観においては渺たる個にすぎないが、主観においては自らの裡に「道」を保持し、天地の理を担うものである。個は、自らの内なる「道」を意識し、積極的にこれと合一することによって、本来のありかたを回復することができる。石川は、この過程を「虚無化」とよんだ。個と社会の関係もこのアナロジーで解釈される。個は社会においては「社会の一分子」として「一切他力」の生活を営むにすぎないが、個は「自我の自発的能力」を有する。この一見相反する両側面は実は相補的関係にあるのであり、個の「自我の独立の自覚」があって「自治」が生じ、この自治の能力があってこそ「協同生活の実も挙が」る。このような関係の成立が阻まれているのは、「現代社会の悪制度悪習慣」によってであり、「人民が『物慾の蔭』に蔽れたからである」。「虚無化」の要請される所以である。

このときの獄中の読書書目に、カーペンターの著作があった[19]。カーペンターは、人類の歴史を、その「意識状態」にしたがって、「単純な自然意識」、「自己意識」、「宇宙意識」の時代に三分する。人類史は、今や第二段階の「自己意識の時代」にあり、「人類が自然と離れ、個人は社会と離れ、内我は外我と離れ、慾は愛と分れ、この機に於て、在外の強権政府が立ち、私有制度が設けられ、階級的分裂闘争が行はれ」る状態である。近代文明とは、「一種の疾病」なのである。したがって、現在の「自己意識」の階梯から「宇宙意識」へと進むことで、「再び人類は自然と一致し、社会と個人と一致し、愛と慾とは一味をなすに至る」。石川は、この文明観が『虚無の霊光』において到達した自らの文明批判と同じものであると考えた。『虚無の霊光』の思索は、カーペンターという西欧人による特異な観点からの文明批判によって裏づけられ、以後、石川の思索の原型的枠組みを作っていく。石川は、大逆事件後の「冬の時代」に新たな活動の場を求めてヨーロッパで亡命生活を送ることになるが、その亡命の動機のひとつにはカーペンターに会うことがあった。

日本を逃れ、ヨーロッパに新しい思索と活動の場を求めた石川は、最初の二年ほどをブリュッセルで過ごした。この間に第一世界大戦が突発し、最後の五ヶ月はドイツ軍占領下での生活であった。後フランスに移り、西南部のドルドーニュ県ドムで四年ほどを暮らすが、ここで終戦の報を聞く。石川の亡命生活はまさしく第一次世界大戦とともにあった。

石川は、亡命期間中、かつて在籍した『萬朝報』にヨーロッパ短信を三〇〇本近く寄せている。その通信に貫かれる論調は、以下の文章に典型的に見出される。

> 世々に歴史あつて以来、曽て此の如き大変乱が起つたであらうか……一ヶ月以前までは世界を挙げて太平を唱ひ、歓楽を貪つて居た人民が、今や忽ちにして獰悪なる猛獣と化して同胞相食み、相憎み、呪詛し、陥穽し合ふて居る。猛獣と雖ども尚ほ如くまでに険悪では無い。何で『人は万物の霊長』であらう？　今日の世界人類は動物中の屑である。国家といふ殺害、横領、略奪の団体を組織せる近時の文明人類は真に是れ呪はれたる自然界の毒虫である。ア、禍なる哉、国を建てゝ自然を害し、同胞を食み、而して自己の天性をも毀ふて省みざる人類よ！　今や其急転直下の勢いで変転していく世界の形勢は是より如何に成り行くであらうか、今日の一日は百年の歴史よりも多くを意味するであらう[20]。

ここには、文明批判から文明呪詛までが看て取れる。石川が獄中で到達した文明批判的な人間観や文明観は、戦争という圧倒的な現実に直面して、さらに徹底される。石川が亡命期間中に逢着した問題の最大のものは、文明観そのものだったのである。

いずれにせよ、極点に達した文明が第一次世界大戦という未曾有の惨禍を生み出したという事態は、石川の内部で一つの槓杆となって、さらに文明のありかたについての省察を深化させた。次に石川の深化した文明観をその論考に探る。石川の深化した文明観は、日本の文化とヨーロッパのそれとを対比するかたちで語られる。

石川は、日本の文化を「箸の文明」、ヨーロッパのそれを「ナイフの文明」と特徴づける。そして、箸はまた嘴《ハシ》でもあり鳥のくちばしに、ナイフは「猛獣の爪」になぞらえる。

猛獣の爪を模倣したるナイフや、亦其爪を真似たるホオクを食卓に連ねて、あられもない貴婦人達までが、自ら禽獣の肉を割き骨をケヅりて、我が舌を喜ばせ、自ら何等のシヨックをも感ぜざるのみか、切に之を誇りとする欧羅巴及び亜米利加は、自ら文明国と称し、自余の諸民族亦之を許して居る。そして細長き木片にて、鳥の嘴を真似た様な二本の箸を以て、豆や米の粒を摘み食ふ東洋人は、未開野蛮の民族と称せられる。文明果して擁護せらるべきものか、野蛮果して撲滅せらるべきものか。文明の進歩、果して人類に幸福なるか。多くの犠牲を払ひ、惨憺たる困窮にも耐て、或は苦闘奮戦してまでも此社会進歩の為に貢献することが、吾等の価値なる生活と言ひ得るであらうか。吾等の道義的感情、或いは社会的興味は、果たして斯の如き事業によりて満足さるゝであろうか(21)。

ここでは通俗的な「文明」と「野蛮」という区分そのものの妥当性が、ヨーロッパと日本の文化の類型の相違という観点から、疑われ否定される。さらに、「文明」が「野蛮」よりも価値的であるということ自体も同様である。

石川は、「進歩」という観念を、宇宙の無限性と対比することで相対化してみせる。

宇宙は無限である。無限の中にある我々の有限生活に、何の進歩、何の退歩がある？進歩とは或る目標を前定《ママ》して初めて成立する観念である。……無限界に於ける万物の生活には諸行無常はあれども進歩は無い。従て退歩もありやうが無い。故に「進歩」といふことを論ずるには、先づ其意義を制限して取り掛からねばならぬ[22]。

そして、「近代思想」において「進歩」とほとんど同義と考えられている「機械産業の発達」についても疑義を呈する。まず、生産力の発展の成果が、真の意味で全社会的なものとなっていないことを指摘する。次に、人間が自らのために生み出した機械にかえって「征服」されてしまっていることを論じる。本来、人間は「自然を征服」するために「生産交通の便利」を図ってきた。しかし、「人間は自然を征服する前に、自ら其手段たる機械に征服されて了つた」。それゆえにこそ人間は、「進歩」「文明」という言葉にますます深く囚われることになる。そしてその極点に、機械文明の所産たる「征服機械」が「毎日幾十万の人間を虫けら同様に屠つてる」という凄惨な事態がある[23]。「『文明』に伴ふて必ず『暗黒』が進み、『富』に伴ふて必ず『貧』が増し、生産力に伴つて浪費力が高まるのであらうか。道徳的事実が増加すると同時に罪悪的事実が必来するのであらうか[24]」。社会を衝き動かしている価値としての「進歩」・「文明」に対する、石川の絶望感は深い。

それでは、真の意味での「進歩」とは何か。「宇宙の現象が諸行無常であるならば」、「有限無常の吾等」に何が可能か。「人間なれば人情はある。智慧が徹底すればする程、此人情は益々醇に益々深くなる。……此有限の人情と無限の自然と抱き合ふて孕まれたる理想は即ち有限ながらにして無限と縁を深密に保つて居る。若し吾等の生活に『進歩』がありとするならば、其進歩は即ち此理想を目標としたもので無くてはならぬ[25]」。「人類と大自然と、現実と、理想と、其一切を大観抱容するは即ち人情の至美である。世の真との進歩は即ち此至美なる人情より成れる果実であらねばならぬ。今日の科学、今日の発明、今日の機械、今日の労働は、此人情の支配に服して、初めて人類進歩といふ聖業に貢献することが出来る。有限にして蜉蝣の如き身の吾等も、唯此の聖業に従事してのみ僅かに無限と縁を繋ぎ得るのである」[26]。

石川は、「欧羅巴は人情の荒野である」と言う[27]。そして、ヨーロッパの文化的退廃の根源を「権利義務の思想」が「一切の人情関係を物質化」してしまったことにみる。「文明人は最早人情を以て天地の間に安住すること難く、同胞と共に生きることが出来ない」のである。近代文明は、「今や瓦解を初めて居る」。「新文明の新芽」は、東洋にこそ求められる。新しい文明の形成原理には、無限の自然と有限の「個」が統一的に把握されることが求められる。その原理的なものを「人情」に求めたということに注目したい[28]。

石川は別のところで、「商業主義といふ近代文明の大病毒は今や欧羅巴の社会と個人に侵入して、遂に今回の大乱をも迫出するに至つた[29]」とも述べている。続けて、「世界の歴史上にもし日本が些かにても貢献すべき者を有するとすれば、其れは此の日本の国粋を発揮する一事にある。而して日本の国粋を発揮すべき最初の事業は商業主義の撲滅である。次は正義と人道との上に成立する仁侠的精神の発揮である」と結論づけているように、先の「人情」はここでは「仁侠的精神」と表現されている。

文化の退廃を克服する論理をヨーロッパ文明のなかに見出しえない石川は、「人情」や「仁侠的精神」という「ナショナル」なものの再評価に向かう。こういったものを回復することによって、自然と個人、現実と理想の再統一が可能になり、新しい文明が形成可能となる。しかし、日本においても、「商業主義の病毒」によって「日本民族の誇りにしたる大和魂も亡び、快活、清廉なる武士道の精神も亡び、而して此の精神、気魂によりて吾等に残したる日本の国粋は亡び去らんとしている」という状況がある。日本は、「自らが先づ心身ともに卓越」せねばならない。なぜなら、本来的に「世界各国の民族は、各々自ら卓越したる特質と能力とを有」していたが、その特質と能力は「権利義務の思想」によって曇らされている。「唯だ日本は世界の文明に後れたのが何よりも幸福」だった。日本の社会は、その後発性のゆえに、「権利義務の思想」に未だ覆いつくされてはいない。「今日直ちに覚醒して、人生本来の生活に立帰へらば其れこそ真に世界に誇ることが出来る」。

ただし、石川は無条件で日本的なものを称揚しているのではない。「権利義務の思想」が社会に貫徹していないという日本の後発性を価値に転倒してみせるが、それはまだ人間の善なる本性を保存しえている限りにおいてである。したがって、日本人は「人生本来の生活に立帰」ることが急務なのであり、使命なのであった。

石川は、この亡命生活によって、自らの内なる「ナショナル」なものを意識し対象化し、これに「新文明の新芽」たるべき可能性を見出した。このような独特の文明観を抱いて、石川は亡命生活を終えて帰国する。

吉野のヨーロッパ留学と思想的展開

吉野は、一九〇六年から〇八年を、袁世凱の長男、袁克定の家庭教師として中国北京で過ごし、帰国後の〇九年二月に東京帝国大学法科大学助教授に任官する。翌年三ケ年のヨーロッパ留学を命ぜられ、一三年の七月に帰国する。教授昇任を経て、一六年一月、「憲政の本義を説いて其の有終の美を済すの途を論ず」を発表する。以降、大正デモクラシー思想の重要な担い手として、米騒動の擁護、日朝中の学生の連帯支援、五四運動の評価、政治的自由の拡大の主張など、活発に言論活動を展開する。そして、一九二〇年、吉野においては、「社会の発見」と評される大きな思想的展開があったのである。

田沢晴子氏は、この時期を一六年一月の民本主義論発表以降、一八年一月の「民本主義再論」発表までと、それ以降の二〇年の第一次世界大戦後の世界状況を受けての吉野の思想的展開の時期とに劃する(30)。

吉野は、民本主義を、「個人中心主義」と位置づけ、国家が「国家中心主義に偏向」することを是正するための、これもまた国家運営上の方針であると考えていた。つまり、「有機的団体」としての国家が、理想的な状態を保つには、国家と個人の調和が必要であり、そのためにその時々の状況に応じて、どちらかの方針が強調され、理想的な平衡状態を創出しなければならないとしたのである。

これが、一八年以降大きく変化する。吉野には、第一次大戦後の世界状況は、ロシア革命やウィルソンの一四カ条の発表などに象徴されるように、世界全体が国家の範疇を超えて、「永久の平和」という理想に向かって、歴史的に動いていると感じられた。田沢氏は、吉野が、この「『世界的覚醒』の精神的根拠をキリスト教精神に求め」たことを指摘し、それと同時にこの理想が現出した状況が「人道主義的無政府主義」として概念化されたとしている。さらに、「人道主義的無政府主義」を遙かに望見しつつ、「道義的秩序を形成させるための『強制組織』としての国家の必要を認め、人間の無限の発達を前提と人間の自由を全うするための方策」としての「デモクラシー」の主張へと進んだと指摘する。

ここで、二〇年の吉野の動向をみたときに欠かすことのできない、森戸事件を契機とするアナーキズム研究への取り組みの意味について考えてみたい。

森戸事件とは、東大経済学部の機関誌『経済学研究』の創刊号（一九二〇年一月）所載の森戸辰男助教授の論文「クロポトキンの社会思想の研究」が社会の秩序を乱すものとして検察当局の摘発するところとなり、筆者森戸および雑誌発行名儀人の大内兵衛助教授が起訴されるにいたった事件であるが、吉野はこの事件の第一回公判に特別弁護人として出廷、被告弁護の論陣を張った(31)。

吉野は、無政府主義を「強制組織の否認」として定義し、以下のように主張する。

無政府主義は強制組織の否認である。其結果として主権者を如何するかといへば、之を排斥すべしといふ議論もあり得れば、之を道義的に更に高尚な国民的尊崇の中心とせよといふ議論も成り立ち得る。無政府主義を斥くるに急にして、主権者といふ文字に拘泥するは、寧ろ皇室の道義的尊厳を蔑にするものではあるまいか。若し無政府主義といふ文字を後説の様に解すれば、平和なる家庭に命令服従の水臭い関係がないと同じ意味に於て、我国体の如きは寧ろ無政府的なるを誇とすべきものではあるまいか[32]。

多分にタクティカルな議論である。アナーキズムの本質を「強制組織の否認」の一点に絞って弁じることで、一君万民的な国体論をも取り込み、被告の行為を擁護することがこの論の目的とするところである。アナーキズムを当面の現実的な問題として論じる前に、その提起する理想の普遍的価値を読者に納得させてしまう技術がここにはある。それは、同時に吉野のアナーキズム論が、現実をいかに変えていくかという直接的な指針というよりも、究極の理想として、言い換えれば一つの価値意識あるいは価値体系として、提出されているということも意味している。

一方で、吉野は、森戸を、つまりはアナーキズムを擁護する過程で、アナーキズムを「破壊の為に破壊を事とする」「消極的アナーキズム」と、「新しき物建設の為に破壊を事とする」「積極的アナーキズム」に分け、前者を否定した。しかし、「消極的アナーキズム」といえど、一度思想として説かれれば、それは否応なく積極性を帯びるとする。この論法でもって吉野はニヒリズム・テロリズムを斥けつつも、アナーキズムの範疇のおおよそを思想として現実的に救おうとするのである。

さらに吉野は、アナーキズム研究への取り組みのなかで、このアナーキズムの理想を東洋にも見出すことになる。東洋的アナーキズムとしての『荘子』の思想が発見される。

アナーキズムの思想は古来東洋にもある。老荘の如きは其の最も著しきものとして常に引き合に出される。而して老荘殊に老子の如きは、虚無を唱へ、完全なる消極的アナーキズムの好標本の如く観らるゝを常とするも予の考にては矢張り積極的な建設的の方面を多分に有するものなることを疑はぬ。孔子の煩瑣なる儀礼に反抗して一から十までが之が破壊を説く様に見えても、荘子などの裡には、慥に理想世界に対する憧憬が窺はれると思ふ。之を以て観てもアナーキズムは、一旦思想として説かるゝ段になると、心《(ママ)》ず積極的動機に根薙するに至るとの予の断定は確かめらるる[33]。

ここで指摘しておくべきは、荘子の、また吉野の儒教のポジティヴィズムに対する批判である。道徳規範を積極的に自己において内面化し、これを家へ、国家へ、さらに天下へと外延的に拡大していこうとする志向を、「孔子の煩瑣なる儀礼」と断じている。一方、「虚無」は必ずしも否定されるべきものとはとらえられていない。むしろ、虚飾を取り去った質朴さとしてとらえ返されているかのようである。さらに、吉野は、彼の生きたその時代を「用に拘泥執着するに過ぎた時代」と規定し、これに「人類の倫理生活の体」を対置した。

荘子の思想を今日の言葉に移して見ると、彼は人類の倫理生活の体を説いたものである。体を説くに急にして不当に用を軽んじたるの嫌はあらんも、用に拘泥執着するに過ぎた時代に在つては、是亦確に一面の真理たるを失わぬ。一体吾人の倫理生活に於いて何が最も大切かと云はゞ「正しく行動すること」に相違ない[34]。

こうして、論は徹底され、「人性の自然の活躍に放任することが倫理的にも政治的にも一番いゝ」という荘子の考える理想が共感的に提出され、クロポトキンのアナーキズムと通底するものとして東洋のアナーキズムが評価される。

斯く論じ来ると、荘子のアナーキズムはクロポトキンの夫れに酷似して居ることが明であらう。即ち一切を否定するは人性の自然を自由に活躍せしむるが為で、人性の自然の活躍に放任することが倫理的にも政治的にも一番いゝとするのである[35]。

このような吉野のアナーキズム評価は、人の本性にすでに「霊能」が内在し、これを文明的な狡智から解放させることで、理想状態つまりは無支配の理想郷が現出する、というものであったということができる。もちろん、吉野は究極の理想を述べているのであり、それ以外ではない。しかし、ここで吉野の「人道的無政府主義」は、キリスト教的な色彩が希薄化し、「全ての事柄を理で以て裁することの危さ」（福永光司）を説く荘子への傾倒が深い分だけ、文明批判的要素は強まっているように思われる。

三　石川と吉野の思想的交差が生み出す交響

石川の帰国と「土民思想」の提唱

石川の実質的な帰国第一声は、一一月一七日、東京帝大新人会主催「宣伝演説会」での「土民生活」と題する講演であった[36]。聴衆がヨーロッパからの最新の情報と理論の紹介を期待したであろう社会主義運動のヴェテランが、彼らに向かって説いたのは、フランス・サンジカリズムではなく、土着と農耕の勧めであった[37]。以下、具体的にこの「土民生活」の内容を検討したい。

この論においても、彼は「人間は、生きやう、生きやう、として死んで行く。人間は、平和を、平和を、と言ひながら戦つている。人間は、自由よ、自由よ、と叫びながら、囚はれていく」という『虚無の霊光』以来の人間観を踏襲する。人間は、生まれながらにして「無明の慾を有つて居る」。したがって、人間によって創出されたあらゆるものは、「吾等自ら幻影を追ふて建設したる造営物」（＝「バベルの塔」）にすぎない。しかし、この図式から脱却する処方箋が漠然とした形式ではあるが用意された。「無明の慾[38]」を対象化するために、「地を耕し、地に還へる」ことがそれである。石川によれば、人は皆、「地の子」なのであり、「地は吾等自身である」。こうして人と「地」を結び付けることによって、石川は「個」を悠久な自然と統合する。

吾等は地から離れ得ぬものである。地の回転と共に回転し、地の運行と共に太陽の周囲を運行し、又、太陽系其ものの運行と共に運行する。吾等の智慧は此地を耕やして得たるもので無くてはならぬ。吾等の幸福は此地を耕やすにあらねばならぬ。

石川は、この「地の子」を「土民」とよぶ。この「土民」が起ち上がるとき、「社会の改造は地のレボリユシヨン[39]と共鳴する。幻影の上に建てられたるバベルの塔は其高さが或る程度に達したる時、地の回転運動の為に振り落とされるのである」。「土民」は、「地の運行」（＝自然）とともにあることから倫理性を確保し、自然に背き、これを征服することによって成立する「文明」の優位に立つ。「土民」こそが、「物慾の蔭」から自由な存在であり、幻影を追い求めることで成立する「文明」のありかたを変革する使命を負っているのである。

しかし、何故ここで「土民」なのか。日本においてもこの時期からアナーキズムやボルシェヴィズムの理論的な咀嚼が少しづつではあるが続けられていた。当時の社会運動をめぐる議論の一般的な状況からすれば、石川の「土民」はいかにも唐突な感を否めない。

石川は、カーペンターに、その詩集 *Toward Democracy* の名の由来を問うたことがあった。デモクラシーという人口に膾炙した言葉を、それを越えた文学世界・思想世界を創りあげたはずのカーペンターが用いることを、石川は訝しく思ったのである。カーペンターは、ギリシア語の原義から、「デモス」は「土地につける民衆」を意味するのだと教えた。石川は「デモス」を「土民」と、「クラシイ」の語を「生活」と解したのである。

「土民」を変革主体とする思想的根拠を、石川がカーペンターから得た文明観のなかに探ろう。石川は、「原始黄金時代の回顧」という一九二五年に発表した文章(40)に、カーペンターの文明観を踏襲して、「原始野蛮の黄金時代」が、「文化進歩」にともなって「苦悩時代」へ転化したという見方を提示した。文明が「一種の疾病」であるとすれば、いかにして「黄金世界の回復」が可能か。石川は、「生きんとするの努力」を始めたときに、「無明の迷ひも起り、自己意識も生れ、愛と慾望の分裂も起り、権力制度も、商業主義も、資本家制度も相次いで起つたのである」と言う。したがって「太古の生活」において確保されていた自然と「個」との統一的感覚「自然我」を回復することが根本である。「原始人が無意識的に持つて居た此『自然我』、文化人が無意識的に迷ひ棄てた其『自然我』、それを意識的に全的に回復」すること、そのため人は「自然に行」くことが必要となる。こうして、土着の生活が、最上の生き方として、価値づけられる。「自然我」を回復し「根本的迷誤」から自由な「土民」こそが変革主体たりえるのである。

それでは、「個」と自然の統一的原理として浮かび上がった「人情」や「任侠的精神」は、「土民生活」とどういう関係をもつのだろうか。結論を先取りして言えば、普遍化の可能な概念としての「土民」に対して、普遍化の困難な「人情」や「任侠的精神」は、「土民生活」が営まれるべき場のありかたの問題として、「ナショナル」なものの探求に吸収されてゆくように思われる。たとえば、以下の如くである。

日本の自然は極めて陰険である。此陰険なる自然に育まれたる日本人は亦頗る陰険なりと欧米人から評判される。欧米人が斯くの如く観察するのは無理では無い。拈華微笑は忽ち変じて米一揆と化するのだから、是れは頗る陰険に見えるであらう。日本人の心は、鳥の翔けるが如く飛躍する。獣類の如く地上を歩行することのみを学びたる欧米人が、之をミスチツクなりと見るは当然である。日本人の行動は、之を西洋人の合理的観察に付すれば、甚だ不合理不可解であるに相違無い。日本の文明は嘴の文明である、と前に言ふたが、日本人の心は、鳥の如く極端から極端に飛躍するのである。苦茗を喫し、春雨を聴いて、閑寂の美感に酔ふと言ふが如きは、到底西人の味ひ得ざる神秘境であるが、其寂寞虚無の境界からして、突如として日比谷騒動が勃発し米一揆が破裂するのである。[41]

石川は、ヨーロッパ文明の行き詰まりはその根本原理である「権利義務の思想」が誤っていたからだと考え、これに代って新しい文明の基準となりうるのは「仁侠的精神」を中核とする「人情」であると主張したが、問題はそれほど単純ではなかった。石川は、そのような日本的なものへの手放しの評価を改め、そのような「人情」を育んだ日本人の思惟様式のありかたの探求へ、方向を変える。つまり、「土民生活」という普遍概念は、日本という精神風土に定着して初めて機能を展開し得る。それゆえ石川は、この理念が定着すべき場の分析に向かうことになる。そしてそれは以下のようなかたちで定式化される。「日本人は一般に虚無的人生観に養はれ、虚無的精神に生活する」。石川は「無義の義、超理の理に由りて生活する」日本人の行動に、アナーキズムの原理に近いものをみているのである。

吉野の動向

冒頭の吉野の書簡に戻ろう。帰国後の一一月一七日、石川は、吉野の指導下にあった東京帝大新人会主催の「宣伝演説会」において、実質的な帰国第一声をあげており、またこれに先立つ一四日には新人会本部での懇談会にも出席している（「石川三四郎年譜」）。したがって、吉野は、自ら指導する新人会の一連の企てとは別に、その周辺の人びとによる石川を囲む会を考えていたことがわかる。この企画が実行に移されたか否かは確認できない。吉野の当該時期の日記は残っていない。

しかし、ここで指摘しておきたいのは、コスモ倶楽部という思想団体への石川と吉野の関与である。コスモ倶楽部は、大杉栄や堺利彦などの社会主義者、中国および朝鮮の留学生や外国人などからなり、東アジアを中心とする社会主義運動の連帯を目的として組織されたものであった[42]。内務省警保局作成の資料によれば、この団体は先の石川の帰朝歓迎会において提起、組織され、吉野も会員であったとされている[43]。またこの団体が帝国学士会館を会場に例会などを開いているのは吉野が便宜をはかっているためであるともしている[44]。このように、石川と吉野は、活動上でも接触があった可能性がある。

吉野は、この団体の仮事務所を吉野が指導する東大ＹＭＣＡに置かせるなど、五四運動以降こうした東アジアの連帯運動に支援を惜しまなかった[45]。

小　括

石川と吉野の思想的軌跡の交差についてみてきたが、一九〇五年と一九二〇年という新しい国家観・社会観が求められたこの時期に、両者の思想的航跡が交差し、不協和や交響を生んだのは何故か。またその意味とは、何か。両者がヨーロッパでの生活を経験し、その繁栄と破局を実見したことによって、大きな思想的展開を閲したこと、その結果単に西欧政治思想の日本的適応の途ではなく、それぞれの方法で日本の政治風土を対象化しつつ、これをいかに変えうるかを考察したところに、この交差が起こったと言えるだろう。そのうえ、両者は、結局のところ信仰上の師であった海老名弾正の神学思想の強い影響力のもとにあって、海老名の理想主義的な個への期待を共有していた。このことが、吉野にあっては遙かに「人道的無政府主義」という理想状態を望みつつ、国家をこれに一歩でも近づけるためにさまざまな社会運動や文化運動、生活運動に関わっていこうとする、理想主義的現実主義を支えた。石川は、個と社会のあるべき関係を追求するなかで、個をさらにはそれを深いところで規定する「ナショナル」なものを徹底的に対象化し、本来的な個のありかたを社会のなかにどう位置づけるか、そしてその社会とはどうあるべきかという思想的課題に取り組んだ。その過程で、国家と社会が軋轢を起こした二度の時期に、この交差が生じた。

石川のアナーキズムと吉野のデモクラシー論は、その理想を共有し、またその思想的基底もかなり近縁な処にあったのである。石川のアナーキズムは、幸徳の「志士仁人論」を核とした直接行動論[46]に連なるアナーキズムの潮流よりも、その思索が個と社会のありかたの問題に深く沈潜して営まれたがゆえに、日本の政治風土と切り結ぶその度合いにおいて深かった。

第二節　日本サンジカリズム運動とコミンテルン

一九二一年、「労働社」を名乗る思想団体が結成され、東京を中心とした社会主義運動の渦動の中心を、そのラディカリズムでもって自己のもとに手繰り寄せ、著しい活動の足跡を残した。日本社会主義同盟の機関紙『社会主義』の「団体消息」は、労働社をこう評している。

労働社は巣鴨警察署に対持して一敵国の感がある。「こんなソビエットが各区に一づつできたら」と思はれる。到る処の労働争議には其の急先鋒に必ず同人の活躍してゐるのをみる。労働者出身の人が多く或時は塩を甜めて過すと聞く。雑誌「労働者」は一二三四と毎号発行前に禁止され、起訴されて居る。[47]

当時、労働社はその先鋭的かつ果敢な戦いぶりによって、社会主義運動の一拠点を形成しつつあったのである。

本来、サンジカリストたちは大杉栄のもとに結集していた。しかし、この頃から所謂「学生アナ」とよばれる層が成長し、各思想団体のなかに大きな位置を占めるようになってきたことから、サンジカリスト労働者との間に反目が広がり、知識階級排撃論のエスカレート、そしてついには大杉グループからの高尾平兵衛を中心とする労働者グループの離間ということになったのである。この経緯については神近市子の小説『未来をめぐる幻影(48)』に詳しい。

その同人として発表されているのは、機関紙創刊時の三四名、第二号所載の同人と地方同人の「追加分」一三名の併せて四七名である。この同人すべてが常時労働社に拠って活動していたわけでは、もちろんない。しかしここにあげられている人々が労働社にたいして有形無形の援助を行なったことは容易に推測できる。しかもこれらの同人がいずれかの労働団体・思想団体に所属し影響力を行使しているのである。加えて日本社会主義同盟の執行委員に選出されていた人物が一一名含まれている。この時期、労働社が社会主義運動のなかで担っていた役割は大きいものがあったといってよい(49)。

同人のなかには、宮島資夫・岩佐作太郎・江口渙・神近市子・北原龍雄らの名もみえ、労働者以外のまさしく「知識人」とよばれるべき人々も加わっている。従来、労働社の知識階級排撃論については、「知識階級は実体的に拒否され、そのために逆に、労働者階級自体も固定化され封鎖化されるという、スタティックな思考にはまり込んでいる」（大澤正道『大杉栄研究』三〇二頁）といった評価がなされてきたが、必ずしもそうとは言えない。彼らの知識階級排撃論の意義についてその機関紙を用いて具体的に述べたい。また彼らが「未来にむかって開かれた体系としての協同戦線を拒否し、反大杉、反ボリシェヴィズムに固執し、やがてテロリズム、ニヒリズムへと傾斜した」、その原因もこの知識識階級排撃論にあったとされている点も、その当否も含めて検討する必要がある。

さて、その機関紙『労働者』であるが、毎月一回、八頁建てで発刊。一〇号を数え、のち『民衆の力』と改題され一号（一九二二年一〇月一〇日）を出し、廃刊している。発行された『労働者』の号数とその発行年月日は以下のとおりである。

一号（一九二一年　四月一五日）
二号（　　　　　　五月一五日）
三号（　　　　　　六月二五日）
四号（　　　　　　七月二八日）
五号（　　　　　　九月二八日）
六号（　　　　　一一月一五日）
七号（　　　　　一二月二七日）
八号（一九二二年　二月二〇日）
九号（　　　　　　四月二五日）
一〇号（　　　　　五月二五日）

『労働者』の発行兼編集人および印刷人は、一号から四号までが吉田一、五号から七号までが和田軌一郎、八号が高尾平兵衛、九号・一〇号が殿水藤之助となっている。『労働者』には、発行の度ごとに厳しい弾圧が加えられた。内務省警保局大正一一年五月調の「最近出版物ノ傾向ト取締状況」によれば、「『労働者』は七回発行中行政処分五回」と報告されている。官憲側は労働社の活動を封殺することに腐心していた。労働社が「社会運動熱中ノ労働者中無政府主義抱持者ニシテ而カモ行動最モ左傾セルモノ、梁山伯《（ママ）》[50]」と目されていたためである。

このときの押収部数は、最も多いときで八五九部（第三号）、同人には毎号確実に渡っているらしいことを考えると一〇〇〇部程度は発行されていたものであろう。

ここでは、労働社の活動を明らかにすることによって当時の社会主義運動の直面していた思想的課題を明らかにしたい。そのための手段として労働社の活動とその機関紙『労働者』に表われた思想の検討を行うこととする。特に、この労働社のメンバーの多くが関わった極東諸民族大会を題材とする。よく知られているようにこの大会は、ワシントン会議の帝国主義諸列強による極東の再配分の企てに対抗してコミンテルンによって開催されたものである。

ここでは帝国主義的な世界体制の再編の意図に対抗しうる、共産主義運動および民族主義運動をどう構築していくかという課題が討議された。このような会議の日本代表団の有力な構成要素として、この労働社のグループがあったのである。極東諸民族大会については、近年特に創立期日本共産党の研究のなかで採り上げられ、論じられてきた。その論点はもちろんこの大会が日本共産党の組織的強化にどのような役割を果たしたかという観点からのものであった[51]。このことは、従来サンジカリストの冒険主義的性格に結びつけて論じられ、絶えてその意義が問われることがなかった。しかし仔細に検討すれば、むしろ二〇年から二一年にかけての日本社会主義運動の抱えていた課題を象徴する出来事なのである。これを、当時の社会主義運動の直面していた問題、とりわけこの時期に分化が始まったボルシェヴィズムとサンジカリズムの思想的対抗と組織的な協同の関係として検討してみたい。

ただし、極東諸民族大会そのものについては、近年の一連の研究によって明らかになっており、特に論及することはしない。

一　コミンテルンの対サンジカリスト政策

まず第一に国際共産主義運動、つまりコミンテルンの側がサンジカリストに対してどのような政策を採っていたかを検討する必要がある。一九二一年に開催されたコミンテルン第三回大会では「労働者統一戦線」のスローガンが採択された。コミンテルンは「革命的発展のテンポの緩慢化」を踏まえ、長期的な勢力拡大を図る必要から、主に第二および第二半インターナショナルを協定の対象に、従来の「下からの」統一戦線論を根底に据え、「上からの」統一戦線政策を推進していくことを決めたのである。[52]

この「上からの」統一戦線政策の対象として考えられていたのは主として各国の社会民主主義系の労働団体なのであったが、無視しえない勢力としてサンジカリズム系の労働団体も存在した。コミンテルンの労働者統一戦線についてのテーゼのなかで、対サンジカリスト政策について言及した部分を抜き出してみよう。

まず「戦術についてのテーゼ」（二一・七・九）は、共産主義者はアナルコ・サンジカリスト的分子（特にフランス共産党内の）に対して「友好的な、しかし、断固たる明瞭なしかたで批判を加える義務」があると述べている。[53] また「労働者統一戦線について、ならびに第二、第二半およびアムステルダム・インタナショナルに所属する労働者、さらにアナルコ・サンジカリスト的諸組織を支持する労働者にたいする態度についてのテーゼ」（一九二一年一二月一八日）は、「資本主義に反対してたたかおうと欲するすべての労働者の統一」を説き、これには「無政府主義者、サンディカリスト等々に追随している労働者を含むべきもの」であるとしている。[54] ここでコミンテルンの側が、議会主義に毒されていない、サンジカリストのなかの戦闘的分子を自陣営に獲得しようとしていたことは明白である。

こうした考え方の基底には、レーニンのサンジカリズム観を記した「シルヴィア・パンクハースト宛の手紙」に典型的にみられるサンジカリズム認識が存在する。つまり、「アナルコ・サンディカリズム的偏向」とは革命運動が右翼日和見主義的・議会主義的偏向に陥ったことに対する懲罰としての意味をもつという考え方である。[55] したがってコミンテルンにとっては、サンジカリズムは必ずしも革命運動においてネガティヴな役割しか果たさないものではなく、その非政治性のゆえに、かえってよく革命性を保持しているものとして評価されたのである。

二　日本共産主義運動の対サンジカリスト政策

それではこうしたコミンテルン側の規定に対応して日本の共産主義運動は如何なる対サンジカリスト政策を採ったのか。

初期の共産党関係の押収文書など、官憲側史料からこれをみれば、日本共産党結成の際にボルシェヴィストたちはサンジカリストを排除した党の結成は考えていなかったという事実がある。たとえば近藤栄蔵の「ＹＯＡの三角同盟」の構想（Ｙは山川、Ｏは大杉、Ａは荒畑を指す）にみられる如くである[56]。彼らは大杉グループを党結成の構成要素に含め、近藤憲二を秘密出版担当の責任者に選任している[57]。

また、暁民共産党事件発覚の端緒となった「軍隊宣伝ビラ事件」において、近藤栄蔵の用意した伝単を街頭に貼り回ったのは大杉グループの和田久太郎であった[58]。コミンテルン日本支部準備会関係の「分団（予想）」という文書では、所謂「分団」（細胞）が組織されるべき労働団体・思想団体の名が挙げられている。それらはほとんどが当時サンジカリスト系とみなされていた団体である。日本印刷工組合信友会（水沼辰夫・竹村菊之助・阿部小一郎）、新聞工組合正進会（諏訪与三郎）、啓明会などの労働組合や思想団体では東京北郊自主会（竹内・高尾・原沢・橋浦）である[59]。

つぎに、こうした彼らの一連の対サンジカリスト政策の論理的基底を、極東勤労者大会「日本代議員団採択綱領」を素材として検討しよう。

労働者のあいだのちょっとした自主的活動のあらわれさえも迫害してきた支配階級のきびしいテロル、ならびに日本の労働者の後進性の結果、日本において初めのうちは労働者階級の経済的組織の指導権は、「労使協調」の旗じるしのもとに活動する自由主義ブルジョア的知識人（鈴木とその一派）の手に落ちた。最近四年間にはじめて、労働運動の急進的＝階級的一翼が労働組合に組織されるに至った。自由主義的＝協調主義的首領たちはこれまで日本のプロレタリアートをその先進的分子からなる独自政党結成の如何なる試みからもうまくへだててきただけに、その当然の結果として、日本プロレタリアートの最良の部分にアナルコ・サンジカリズム的気分を高めることになった……それ故、「日本の労働者階級のもっとも革命的な分子の仲間におけるアナーキズム、サンジカリズムへの漠然とした共鳴の態度は、広範な労働者大衆の消極性、無自覚の派生物にすぎず、結果にすぎない」。

これは、極東諸民族大会へのサンジカリストの参加を承けて、これを敵視することをせず、むしろ政治教育を施すことによって自陣営に獲得することを明らかにしたものと考えられる。当然のことながら、コミンテルンの対サンジカリスト政策と重なる。(60)

「日本共産党綱領草案」ではこう規定されている。

日本の労働者階級は、現存政府の顚覆方針としての、プロレタリアートの独裁のための闘争においてその闘争をして勝利あらしむるためには、統一的な集中的指導部をもたなければならぬ。若干の革命的要素（アナキスト、サンヂカリスト等）の側からの、そのような指導部に対する反対は、決定的瞬間が到来した場合当然に現出すべき状態について、彼らが無理解なることからきているものである。また雇主及び国家に向けられた労働者階級のあらゆる部分の反抗を支持し、たとえ最も小さな行動であってもそのなかにあって指導的役割を執らねばならぬ。党は労働者の大衆と確乎たる組合を結ぶ上において全力を傾けねばならず、いかなる場合にあっても孤立の地位に立ってはならない。労働組合内にアナキスト及びサンヂカリスト勢力が現存する場合には、党は彼等と結合して共同戦線を構成しなければならぬ。と同時に党は労働者階級のこれ等の革命的要素の偏見、すなわちこの闘争の正しい行動を妨害する偏見の克服に努力しなければならぬ。(61)

この史料においては、さらに一歩進んで労働組合内でその革命化のためにアナーキストおよびサンジカリストと統一戦線を組む必要が唱えられている。これもまた前述の「労働者統一戦線政策」の忠実な反映ということができる。

こうした一連の対サンジカリスト政策のもとで、いわゆるアナ・ボル共同の時期がかたちづくられた。コミンテルンにとっては、幼弱な日本の共産主義運動を鍛え上げていくために、サンジカリズム運動のなかで経験を積んできた戦闘的な分子を自陣営に獲得する必要があったのである。

加えて二〇年、二一年当時、アナ・ボル両派はともに普選運動を否定していた。つまりこの段階では、アナ・ボル対立の必然性はなく、むしろ主要な対立軸はアナ・ボル両派対トレード・ユニオニズム的労働組合主義にあったのである。アナ・ボル両派の立場の違いは組織論および過渡期権力論にあったのであり、当面無産階級の政治的組織化が日程に上らない段階では両者の立場の相違は特に問題とはならず、むしろ無支配社会の建設を究極の理想としてともに掲げるものとして互いに共感しあっていたといえる。(62)

ボルシェヴィストは、進むべき目標点は一致しているのだから彼岸へ到達するための一階梯としてのプロレタリア独裁をサンジカリストに認めさせうる、と考えていたのである。

付言すれば、この状況は総連合運動の破綻までは継続するとみてよい。しかし『徳田球一予審尋問調書』によれば、彼ら極東勤労者大会参加者たちが帰国した後、「先ヅ『アナキスト』トノ提携ガ問題ニナッタ」(63)という。やはり両者の間には徳田が以下に述べたような運動論の相違などがあり、その組織的提携は非常な困難を伴なったのである。

其理由ハ「アナキスト」ノ代表者デアル吉田一ハ所謂旧式ノ鍛冶工デアッテ、甚シク無政府主義的、非組織的癖ガアル為メ、彼ヲ共産党ニ加入セシムル事ハ党統制ニ非常ナル困難ヲ感ズルト云フ事ト彼ノ帰朝後「アナキスト」的労働者間ニ於ケル彼ノ運動ハ全ク奏功セズ、彼ヲ容ル、ノ何等労働者的勢力ヲ増加スル所以デハナカッタ[64]。

このように徳田が見限ってしまったサンジカリストの側の革命運動論とはどのようなものだったのか、また両者の間にはどのような問題が横たわっていたのかを、次に検討しよう。

なおここで付け加えておけば、少々時期がずれるが、荒畑寒村がコミンテルン第三回大会の席上、ジノヴィエフの合法労働者政党創設を主張する報告にたいして論駁して述べたように、日本のボルシェヴィストたちにおいては非政治主義を高唱するサンジカリストたちを敵にまわしてまでも、つまり「労働者階級の積極分子を失う危険をおかして」までも党を創設すべきではない、という考えかたもあった[65]。サンジカリストを、非組織性と非政治性のゆえに排撃するのではなく、革命的な要素として評価する態度がボルシェヴィストの側にあったことが、一九二一年頃のアナ・ボル共同のひとつの基底を成しているといえる。そしてこうした態度は、荒畑の場合にはアナ・ボル共同の破綻の後も持続するのである。このようにボルシェヴィストの側ではサンジカリストの革命性をどうとらえるかで意見の相違があった。

三　労働社の活動とそのロシア革命観

ついで、労働社の活動とそのなかで表出される労働運動論＝革命運動論がどのような思想的特質をもつものであったかを考察しよう。労働社が生れるのが二一年三月三一日であるが、この年の労働界の動きは友愛会機関紙『労働』所載の棚橋小虎の論文「労働組合へ帰れ」をめぐる紛糾に始まった。労働社もこのような状況を強く意識して誕生したのである。従来友愛会の戦闘化に尽力してきたのは棚橋自身であったが、若手労働者が知識人幹部の指導下から離れて急進化し、しだいに組合の枠をこえて団結しつつあったことに狼狽して、労働運動をトレード・ユニオニズム的段階に押し戻そうとしたのである。棚橋は、サンジカリストの活動は「飯事や玩具の直接行動」にすぎず「真実に労働者の地位を向上させる事のできる直接行動」とは「労働者の大々的団結を必要とする」と主張したが、「労働者の団結」を繰返して説くばかりでサンジカリズムに代わる指導理念を提示しえなかった。そこで俄然この論文は友愛会の内外に大きな反響を巻き起すことになったのである。

『労働者』創刊号（一九二一年四月一五日）の発刊自体が友愛会知識人幹部に対する反駁の意味をもつのである。その中心メンバーである吉田一は、以下のように彼らの運動の基本方針を述べている。

> 俺達労働者はこれまで無自覚であつたから先輩や学者に手頼つたりその説は何もかも聴き入れた。併し今は本統に目酷めた。学者に学問があるのは当り前だ、労働者の血と汗でつくつた金だの書物だので勉強したのだもの、それで学問ができないなら低脳だ。労働者が年期奉公で大工や佐官の腕前を仕上げるのと同じだ学者や先輩を尊敬しなければならぬ理由は少しもない。革命は本統に苦しい生活をしてゐる労働者の力を《（ママ）》生れる、是迄資本主義の道徳に捕はれ学者や先輩に手頼る癖があつてバカを見たりしたが、之からは労働者の目醒めた力一つでやるべきだ。『労働者』の生れた精神は是だ。そして労働者は、必要に応じて学者や先輩を、生字引に使つてやるんだ[66]。

本来は、大杉のもとに参集した労働者たちの、知識階級指導者からの自立のマニフェストとしての意義を付せられていた『労働者』の発刊であったが、労働界の折柄の反指導者熱にあおられて、一九二一年という年をきわめてよく反映する出来事となった。

さらに同年三月一六日から四月一八日にかけて起こった足尾銅山争議において、全日本鉱夫総連合会長である麻生久が棚橋小虎とともに栃木県保安課長や古河本社重役との交渉によってこれを収束させたのであるが、その解決条件が妥協的であるとする一部鉱夫および入山して宣伝活動を展開していた高尾平兵衛・和田久太郎らの反発を招き、前述の棚橋論文をめぐっての対立を激化させた。

『労働者』はこの争議のため治安警察法違反に問われ宇都宮監獄に収監中であった高尾の麻生宛の公開状を掲載している。

> 君の足跡の何処を尋ねてみても妥協交譲にあらずんば卑屈なる屈服、劇的誇張只それのみ。労働運動が革命的精神をうしなつているならば、それは労働運動ではない。労働ブローカーの足場運動だ、労働者をふみ台にして、何かの餌に有り付かうとする虎狼の類である。知識階級―指導者等の採る方法を只一つ最後に教えて置かう、若し真に労働者の境遇に同情するならば只宣伝者車紹介者としてのみ尽力してくれたらい、、身の程も知らずに指導して遣らうなどと考へるのは僣越極まる。

高尾はまたこうも述べている。

> 我々は、知識階級と称する、請売思想家や、紹介業者から教へられることの少くなかつたことを、否む訳にはいかない「サンジカリズム」、「アナーキズム」などの哲学それから最近流行を極めて居る「ボルセヴヰキ」の理論それらは多く彼等から聞いた。
>
> 而し今や我々労働者は、哲学や理論の外に体験の事実から本当の真理を掴まうとして居る。[67]

前述の吉田の主張と高尾の知識階級排撃論は「労働者の解放は労働者自身の手で」という労働運動論の根幹にかかわる問題を提起しているのであって、これまで長い間知識階級に領導されてきた運動を労働者みずからがその体験をもとにして革命的な方向に牽引していくのだという、一種のマニフェストとみるべきなのである。彼らサンジカリストは、日々の労働と自らとの関わりについての省察をもとに描いた運動論、将来社会についての構想に絶対の自信をもっていた。それゆえただ単に彼らの実感を論理的に跡づけるだけの学者や、運動の正道を踏み誤らせ迂遠な途に導く知識人指導者を徹底的に排撃する、という挙に出たのである。彼らの知識階級排撃論は熟練工というひとつの階層的性格・労働過程への関わり方から生じる一傾向として理解すべきものである。つまりここで問題とされるべきは、両者の間に基本的な運動論の相違が存在したことである。労働運動即革命運動とする主張と、英国のトレード・ユニオニズム型をめざす、まず量的拡大をはかりついで団体訓練によって質的に高めようとする、考え方の二つがあり、両者ともに相容れなかった点である。こうした対立点は、さらに在京労働組合の共同戦線組織である労働組合同盟会からの友愛会の脱退問題でいっそう明らかになった。労働組合同盟会は、一九二〇（大正九）年五月二日の第一回メーデーの会計報告会の席上、在京労働団体の連絡機関設置が提議され具体化したものであった。同盟会は創立に当たって階級的労働運動の立場を明らかにしていたが、この時期、友愛会の内部にもサンジカリズム派が成長しつつあり、友愛会を戦闘的方向に押しやっていた。友愛会幹部らは、この内外のサンジカリズム派が結束し、友愛会の穏健な発達を阻むことを恐れ、突如、労働組合同盟会からの脱退を発表するのである。その理由として彼らは、友愛会傘下諸組合を整理し東京連合会を新たに組織することを挙げた。これについて労働社に属する「一友愛会員」は以下のような感想を述べている。

労働運動は無産労働者の自発的自主的運動にして他人の教唆、指命に依つて行動をすべき性質のものでは絶対にないと思ふ、此の意味において棚橋氏は同盟会の成立と連合会の成立（友愛会東京連合会）と同一の性質なりと高言せしが、それは棚橋氏の誤謬であるといふことが言へよう、何んとなれば同盟会の成立は昨年メーデー後に於て全く各組合の自発的意志によつて結合成立したもので所謂る下から上へと……進行して行つたものである然るに友愛会は二三の上の意見によつて下のものが種々なる行動に出で種々なる形を造つて行くのであつて、其の性質の明かに異なれることを吾人は知る事ができる(68)。

こうした組合観の相違は全く異なる運動論を生む。この当時、関西の有力な友愛会傘下組合を中心に、団体交渉権確認を主要な要求に掲げた大争議が頻発した。この一連の運動は、事実としての労働組合の公認をブルジョアジーに対して迫ったものとして評価することができる。しかし、労働社のサンジカリストたちは、これをも否定する。友愛会内の最左派として労働社にも同人として加わっていた渡辺政之輔は主張する。

一体団体交渉権と云ふ権利は既に労働者が持つて居るはかりでなく、常に行使してゐるではないか？あのストライキのときには立派に団体交渉権を振り廻して居るではないか……

団体交渉権は労働者が資本家との階級闘争の継続中に自然に発生した労働者の権利であるのだから資本家が公諾しようが、しまいが、そんな事に拘らず、どしどし行使しなくては駄目だ。資本家が公諾して呉れなくては不安心だから先づ資本家に公諾せしめ然る後にそれを有効に行使しなくてはならないなぞと考へているような、自主的精神のない奴に本当の労働運動は出来つこないのである(69)。

ここにみて取れるのは、彼ら独自の運動論である。つまり、運動の合法性よりも運動の直接性を重視するという考え方である。

こうした態度は、彼らの依って立つ社会的基礎に裏づけられたものと考えることで了解される。なぜなら彼らの組合は概して小規模な職業別のそれであり、強固な同職的結合によって、さしたる訓練の要もなく、果敢な闘争が容易に組めたという事情があったのである。

かたや、団体交渉権要求運動を推し進めていた友愛会関西連合会は、大経営内の組合を根幹としており、非熟練労働大衆の組織化に本格的に取り組まねばならない状況に直面していた。彼らを運動に結集し組織を維持強化するために、団体交渉権の獲得は不可欠であった。

サンジカリストの側に、熟練工のもつ意識の高さと、自らの階層的性格に由来する戦闘性へのもたれ掛かりがあったことは確かである。しかし、両者の間に運動の社会的基礎や運動の主体の措定のしかたで大きな相違があったことも無視しえない。

直接資本家と対峙する第一線を離れて司令部を設けたり、他の組合と協定したり、政治的指導を受けたりということは運動の直接性という面からいうと非常に迂遠なことだとして、根本的に拒否するのである。こうした主張をもつ彼らは、ロシア革命に対してどういう意見を保持していたかがつぎに問題とされなければならない。

万国共産党は「無政府主義」といふ言葉をその宣言に使つていない。併し、その理想社会は「全人類が悉く労働者であつて、全人類が悉く政府員である」と云つているから、結局は無政府共産主義の自主自治組織と異はないと思はれる。併しロシアが今日その理想を実現していないのだから、将来のことは何とも云へない、たゞ万国共産党はさう云ふ理想を抱き、革命手段としてソヴイエチズムを主張しているのである。之れが万国共産党の根本精神であり、態度であると察せられる。革命の必要を自覚している、労働者の自主自治団体の大連合が、即ちソヴイエチズムの真体であつて、労働者革命団体の自主自治の精神を滅すやうな如何なる中央集権組織や制度も、ソヴイエチズムとは云へない(70)。

これは、北郊自主会員の橋浦時雄が、『労働者』二号（一九二一年九月）に載せたものである。橋浦は、「共産党の戦闘手段は、労働者会議即ちソヴイエットが単位になつて、各ソヴイエットが堅く結合し、あらゆる非妥協的な方法をもって資本家制度と資本家的組織、習慣、道徳をも破壊し尽くすにある」とし、コミンテルン、ロシア共産党、つまりはロシア革命の戦術をソヴィエトの組織による権力奪取の核として理解している。(71)

つまり彼らは日本の現実のなかで獲得した運動論で、ソヴィエトを「労働者の自主自治団体の大連合」として解釈したのである。彼らの運動の合法性よりも直接性を重視する考え方は、ロシア革命のもつ社会革命的側面に強い親和性をもっていたといえよう。

また、新聞印刷工組合正進会の有力な活動家北浦千太郎は、『労働者』の姉妹紙『関西労働者』創刊号（一九二一年九月一日）において、「(ロシア革命後のソヴィエトは）工業的村落が同時に民会の主権者として行動し平和と戦争の権、独立裁判と独立行政とそれ自身の道徳的経済的知識的の平等と自由を保証せんと約束する無政府主義の自主自治的な工業村落と同じものであると云ふことは窺ひ得る材料がある」と述べている。(72)

当時のサンジカリストたちがロシア革命の「社会」革命的側面に熱い共感を寄せていたことがわかる。労働社は決して反ボルではない。むしろ、革命のなかで生れたソヴィエトを地方分散的な労働者農民の自治組織として、彼らの構想する将来社会の萌芽として高く評価しているのである。

労働社同人のあるものが、自らの結社を北郊自主会と呼び「北郊ソヴエット」と呼ぶのはその現われである。同様に、彼らの兄弟紙である『関西労働者』を発行していた関西自主協会は、はじめ「関西ソヴエット」を名乗っていたのを官憲の圧力を受けて改称したものであるし、(73) 同じ頃に仙台に存在した社会主義団体である赤化協会は、「東北自主協会」とも名乗っていたのである。(74) 以上のことから、彼らが日本の労働運動の現実のなかで自身の運動論・革命論をつくりあげ、それがロシア革命におけるソヴィエトの樹立にひとつの典型を見い出すものだったということが明らかとなる。

四　極東諸民族大会と労働社

労働社の人々はロシア革命という現実にどう対応したか。まず、高尾平兵衛である。彼の事跡については、松尾尊兊の「忘れられた革命家　高尾平兵衛」(75)や萩原晋太郎の『墓標なき革命家』(76)などでよく知られているし、特に付け加えるべきものをもたない。彼は、足尾のストライキの渦中で検挙・投獄され、出獄して早速ボルシェヴィストの陣営に身を投じたといわれている。松尾は、彼を取り込んだ人物は近藤栄蔵であろうと推測している。しかし、なぜ彼がボルに転進していったのかは明らかにされていない。

したがって彼がどういう経路を辿ってボルに転進したかを明らかにしうるすべはない。ただ、『社会主義』八巻二号（一九二〇年一一月）の「個人の消息と通信」欄にはこういう記事がみえる。

吾党の快男子たる氏は、出版法違反事件のため下獄。目下東京監獄にあり。頗る元気、露西亜語を研究、物になりそうだと云ふて来た。出獄後の彼れの活動、必ずや吾人をして驚倒せしむものがあらふ。

高尾がボルに接近し始めたのは栃木監獄出獄後に間違いないにしても、すでにその半年ちかく前からロシア革命の状況を知る手段としてロシア語の勉強を開始していたということは重視すべきであろう。

労働社に関係をもった労働者中、極東諸民族大会代表団として入露したのは、吉田一・和田軌一郎・小林進次郎・北村栄以智の四人(77)、その後、高尾に率いられて大会後に入露した人々に、水沼熊・北浦千太郎・秀島広二・白銀東太郎・渡辺幸平がいる[78]。多くが新聞印刷工組合正進会の組合員であるのが注目される点である（その所属については本章の註（49）を参照）。北浦千太郎は三・一五事件の予審尋問調書のなかで、高尾にロシアを見に行かないかと誘われて入露を決めたと述べているが、前述のコミンテルン側の対サンジカリスト政策とサンジカリスト側の主体的条件の一致の結果といえよう。

ここでは、極東諸民族大会での吉田一の演説を題材に当時のサンジカリストの思想の特質と彼のボルへの転進の論理を検討しよう。吉田は第六回会議において、「加藤」名で「労働者組織『労働社』についての報告」という矛盾だらけの演説をおこなっている[79]。彼は、大杉がこれまで社会主義運動の大衆化に果たしてきた役割を高く評価し、その一方で労働社が友愛会などの「穏健な、小ブルジョア的、改良主義的組合」に対抗して知識人の指導を排除してその革命化に努めてきたことを誇る。そして再三にわたって自らの組織には「インテリゲンチャもいなければ、指導者もいない」ということを誇らかに述べているのである。後段で彼はこう述べる。

しかし、ロシアに来て、自分でソヴェト・ロシアの運動と現状をみてからは、また多くの同志―そのすべてが共産主義者である―と会い、そのうえモスクワに滞在中の多くの著名な指導者たちとあってからは、私は、なにが日本の運動を妨げているのかがわかった。以前には、私は、指導者などは必要でなく、政党は無用だと思っていた。しかし、それでは不十分だということが、私にわかった。だから、私はいま共産主義者となることを宣言する。私は、「無政府」を捨てて「共産主義」だけを残す。帰国したなら私は、さっそく共産主義インタナショナルに支援された日本共産党の旗のもと活動するであろう[80]。

彼の潔いボルへの転身ぶりはどうか。サンジカリストのパトスは残し、戦術としてはボルシェヴィズムを採るというのであろうか。その転身の経緯を探らねばならない。彼がボルへ転進した際のその論理を復元する材料は、彼自身の回想などのほかはない[81]。

吉田一の手になる回想録などで、スターリンと吉田との会見の内容と吉田のボルシェヴィストへの改宗の論理を復元してみよう。フランスのサンジカリズム運動が革命的精神を喪失していること、イタリアの工場占拠運動が失敗に終ったことを指摘しつつ、アナーキスト・サンジカリストの非組織性・空想性を説くスターリンに対し、吉田はボルシェヴィストが革命の成果を防衛するためと称しながら中央集権制を固定化していると反駁している。

つまり、論点は大きく言って二つあったわけである。一つは組織論をめぐる問題であり、もう一つは過渡期権力をめぐる問題なのであった。あくまで「自主自治」の原則をまげようとせずボルシェヴィズムの強権的性格を糾弾して止まない吉田は、革命とはあらかじめ定められたプログラムによって行われるものではない、したがって「労働階級としての共同心と共同動作の必要」にのみ基礎をおくべきで、綱領・規約など個人を束縛する党派的組織はたとえ革命団体であったとしてもつくるべきでないと主張した。これに対してスターリンは、アナーキズムの非組織性・非政治性を指弾し、「アナキズムは絶対境を説くことに熱中して過渡的現象を否認する」、吉田は「理想と必要を混同している」と応酬した。

資本主義の中毒が次第に癒え、反動革命の脅威がなくなつて、プロレタリアの全社会が自由合意によつて一致し得るまで、即ち少数者の運動が真に多数者の運動になるまで中央集権の必要は消滅しない。しかし中央集権そのものが社会の事実と照合して非権力的に理想化を行うべき可能は充分認められる。共産主義の原則は自主自治の新社会の建設にある[82]。

スターリンは、アナキズムもボルシェヴィズムも究極の理想で一致しているのだから、つまるところ両者の間には過渡期権力としてのプロレタリア独裁を認めるか否かという問題があるのみである、と主張し議論を単純化してみせたのである。吉田は、ロシア革命は未だ進行中なのでありこの成果を防衛するためにはプロレタリア独裁が必要なのだという論理に抗しきれなかった。

こうして議論は、過渡期権力と組織論をめぐる問題に限定され、吉田がこれまでに培ってきた運動論（吉田には彼の鍛冶工としての体験に裏打ちされた独自のサンジカリズム理解があるべきだった）は展開されずに終ったのである。先の知識階級排撃論にみられるように、吉田にとってサンジカリズムとは、労働運動を直ちに革命運動に結節しうる特異なまた稀有な思想装置のはずであった。

これは吉田の思想的弱点に留まらず日本サンジカリズムの弱点だったにちがいない。自らの思想を対象化できずに、つまりはその思想的射程を提示できずに、衰退に衰退を重ねていったのが日本のサンジカリズム運動であったとも言えよう。

小括

労働社の活動を通してみたように、二一年から二二年にかけての社会運動上での主要な思想的対立軸とは社会改良主義か社会運動の急進化かにあった。合法無産政党樹立による議会闘争、あるいは具体的な闘争目標をもつ政治闘争を、非政治主義のアナ系はもちろん、ボルシェヴィスト側でも考えていない段階では、アナ・ボル双方の間で問題となるのは過渡期権力、つまりプロレタリア権力を認めるか否かということしかなく、これを当面棚上げとすれば、両者は労働運動の急進化という共通の課題のもとに闘うことができたのである。日本社会主義同盟が結成された背景にあるのはこうした事情なのであって、それ以外ではない。他の群小の思想団体がアナ・ボル混成で成り立っているのも同様である。

こうした社会運動の状況に合致するかたちで、コミンテルンの対サンジカリスト政策が打ち出された。アナ・ボル共同は、コミンテルンによっても理論的に追認されたわけである。サンジカリストの極東勤労者大会参加という一見奇妙な現象は、至極当り前のことにすぎなかった。前述したように、この当時、サンジカリストの側にソヴィエトの理想化がみられた。彼らの理想とする無政府社会の構成単位、自治組織としてソヴィエトをとらえたのである。入露してこれを実見するにしくはない。お膳立は調っていた。しかし入露した彼らは、ロシア革命という重い現実に突き当った。彼らが、帝国主義勢力の重囲の下で革命の成果を確保することの困難さを知ったであろうことは想像に難くない。

ここで彼らは、サンジカリズムもボルシェヴィズムも究極の理想としては一致しているのだというスターリンの言に救いを見出す。すなわち、ソヴィエティズムを旋回機軸とするボルシェヴィズムへの転進が行われる。自治組織としてのソヴィエトへの共感と両者の究極の理想（無支配社会の樹立）の一致を槓杆としての、必要悪としてのプロレタリア権力の追認である。

以上のような経路をたどった吉田の改宗の宣言にみられるように、彼らは自らの社会的基礎から生じるところの「労働者主義」的性格を対象化できずにいた。したがってアナ・ボル論争を過渡期権力論と組織論に限定して論じるに終った。これは彼らの帰国後、一九二三年の労働組合総連合運動のなかで大規模に再現されることになる。サンジカリストからボルシェヴィストへ転進した者も、生得的に身に付けていた「労働者主義」を意識し保持することよりも、自らの思想から非政治性と非組織性とを排除することに意を用いた。アナ・ボル論争が、不毛に終った所以である。知識人のサンジカリズム克服がごく理念的な面で行われたのと選ぶところがなかったわけである。

〔追記〕

岩村登志夫氏は日本共産党の労働組合総連合運動への取り組みを、コミンテルン第三回大会で採択された「労働者統一戦線戦術」の適用であり、総同盟との共闘はもちろん、サンジカリストとの絶縁も、極左派を排除する戦術の一環であるとした。しかし、荒畑の言動をみるかぎり、サンジカリストとの組織的共闘は別として、強固なボルシェヴィスト党を創っていくための人的資源をサンジカリスト勢力に求めていることは明らかである。付言すれば、石堂清倫も、コミンテルンとの関わりが荒畑の思想の変遷に与えた影響を論じたなかで、「コミンテルン第三回大会いらいの統一戦線政策への転換は」荒畑には「あまり理解されていないように見える」と述べている。

【資料紹介】

この資料は、本章第二節で述べた極東諸民族大会第六回会議の吉田一による報告「労働者組織『労働社』についての報告」の内容を裏付けるものである。これは加藤哲郎氏によって、「第一次共産党のモスクワ報告書」(上)(下)(『大原社旗問題研究所雑誌』四八九　一九九九、八　四九二　一九九九、一一)に解説とともに紹介されている。また、和田春樹氏によっても、和田・アジベーコフ監修『資料集 コミンテルンと日本共産党』(二〇一四、九)に採録されている。極東民族大会日本代表団による「決議書 第三共産党国際同盟執行委員同志チノヴェフ宛」である。署名者は、吉田一、北村栄以智、和田軌一郎、小林進次郎の四名である。内容は、署名者が、「無政府主義を放擲し共産主義者」になるという宣言書である。一九二二年一月二三日付、梅田良三(高瀬清)・水谷健一(徳田球一)が連署している。なお、資料中の「ヂノヴェブ」はジノヴィエフのこと、「ブランダ」は和田春樹氏は先の資料集中でブランドラーとしている。

この写真版の史料(RTskhIDNI.f..495/op.127/d.36/1-2)については、加藤哲郎氏にご提供いただいた。ご提供いただいてから、ずいぶんと日が経ってしまったことをお詫び申し上げたい。

決議書

私達は是迄無政府共産主義を標榜してこれが貫徹に向つて猛然たる行動を継続して来たが入露三ヶ月在露国の同志諸君から露国革命の経過を聞き且つ私達の運動に付いて忠告を受けた。モスクワに於ては特に同志ヂノヴェブ、スターリン、ベラ・クーン、ブランダ、サファロフの諸君の懇篤なる忠告と露国革命の経験に付いて充分なる説明を受けた。そこで私達はこれ迄の自分等の運動に付いて充分な討議をした結果私達の運動上に欠陥を見出し自分達の目的を貫徹するには一大組織と労農独裁の必要を感じた。茲で私達は無政府主義を放擲し共産主義者たることを宣言し第三国際共産党の宣言、綱領及手段に基いて日本革命運動の途程に就くことを誓ふ。

日本に共産党があるけれどもその行動たるや私達の意に満たざることが多い。故に私達は下記二名の日本共産党員と相謀った所彼等と意見の一致を見たので、相団結して既存の共産党の態度如何に拘らず私達の運動を貫徹することを誓ふ。

一九二二年一月二十三日

右署名　吉田　一、北村栄以智、和田軌一郎、小林進次郎［自署］

右決議の信実なることを保証し上記四名と一団となり新なる決意を以て日本革命運動の途程に就くことを誓ふ。

一九二二年一月二十三日

右署名　梅田良三　水谷健一［自署］

第三共産党国際同盟執行委員　同志　ヂノヴェブ

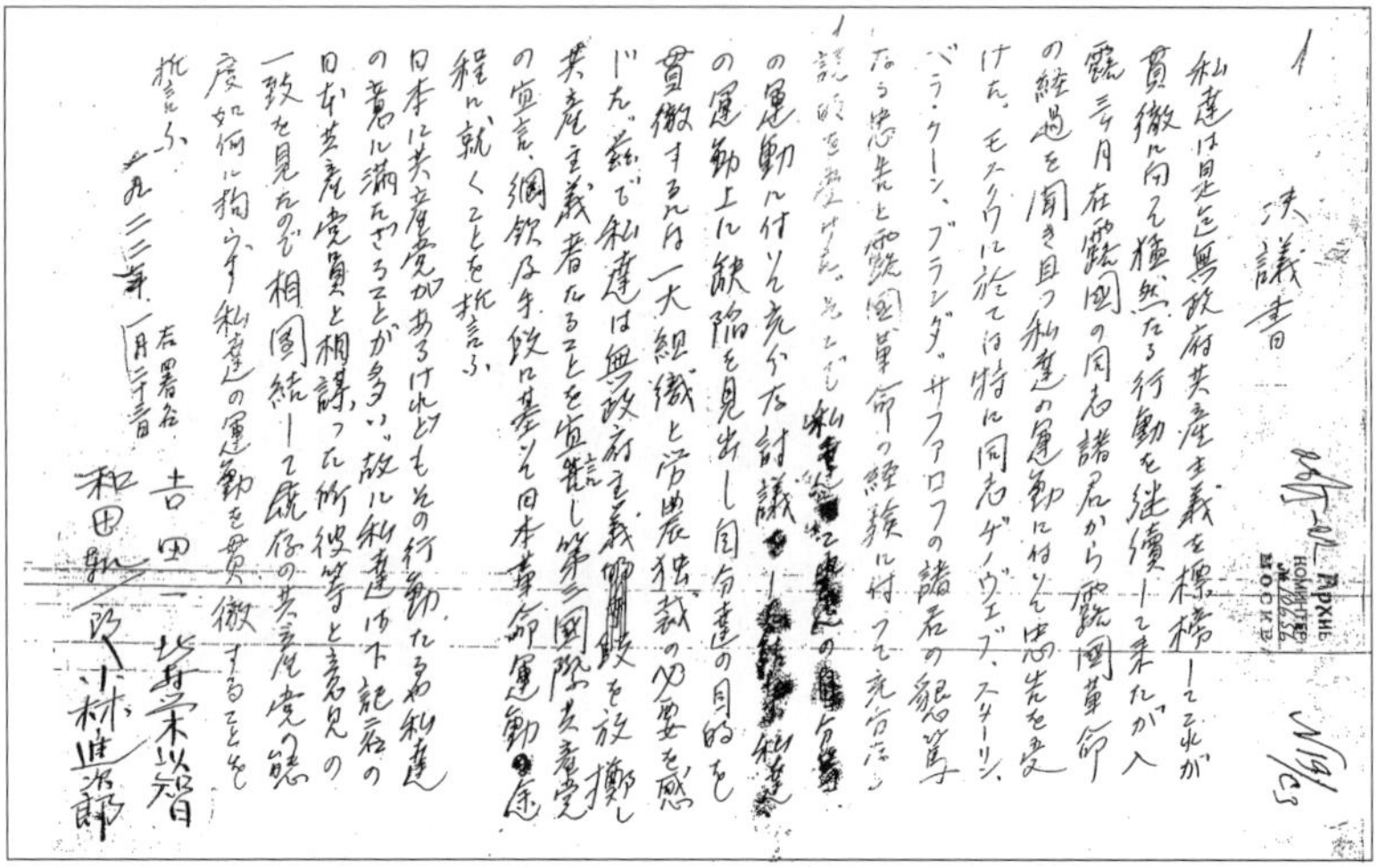

1
決議書
私達は是迄無政府共産主義を標榜して来たが
貫徹に向て猛烈なる行動を継続して来たが入
露三ヶ月在露国の同志諸君から露国革命
の経過を聞き且つ私達の運動に付いて忠告を受
けた。モスクワに於ては特に同志ヂノヴエフ、スターリン、
ベラ・クーン、ブランダ゛サファロフの諸君の懇篤
なる忠告と露国革命の経験に付いて充分なる
認識を得た。[illegible]
の運動に付いて充分なる討議[illegible]私達
の運動上に欠陥を見出し自分達の目的を
貫徹するには一大組織と労農独裁の必要を感
じた。茲で私達は無政府主義的手段を放擲し
共産主義者たることを宣誓し第三国際共産党
の宣言、綱領及手段に基いて日本革命運動の途
程に就くことを誓ふ
日本に共産党があるけれどもその行動たるや私達
の意に満たざることが多い。故に私達は下記右の
日本共産党員と相謀った所彼等と意見の
一致を見たので相団結して既存の共産党の態
度如何に拘らず私達の運動を貫徹することを
誓ふ
一九二二年一月二十一日　右署名
吉田一　鈴木以智
和田軌一郎　小林進次郎

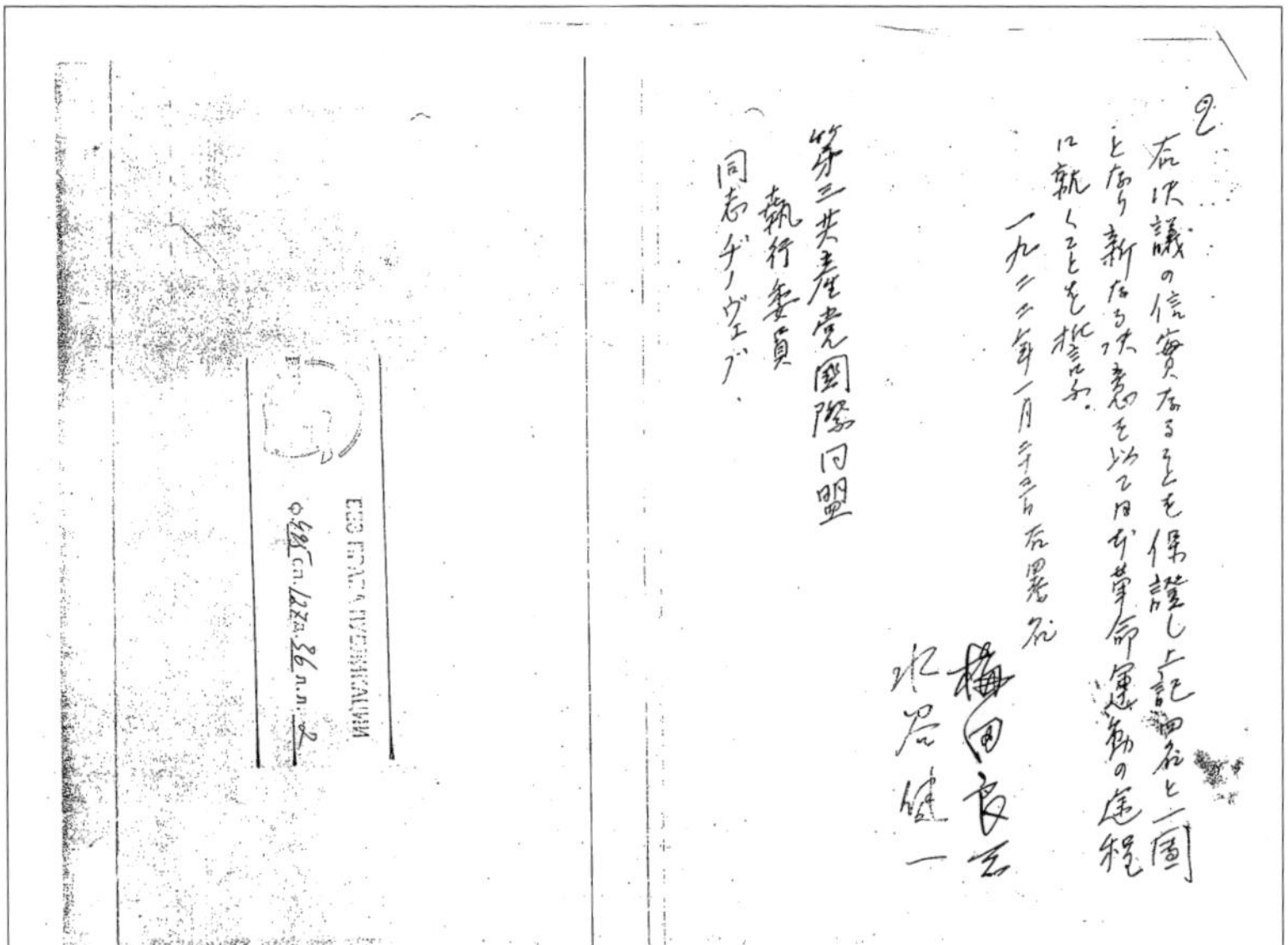

2
右決議の信実なることを保証し上記四名と一団
となり新なる決意を以て日本革命運動の途程
に就くことを誓ふ
一九二二年一月二十一日　右署名
梅田良三
北原健一
第三共産党国際同盟
執行委員
同志ヂノヴエフ

極東民族大会日本代表団による手書きの「決議書」

第三節　「暁民共産党」事件と仙台

私が「中名生幸力《なかのみょうこうりき》」という名を目にしたのは、卒業論文を作成している頃だったように思う。当時、新聞印刷工組合正進会というサンジカリスト系組合を調べていた私は、大杉栄の発行する『労働運動』の紙上でこの名を知った。聞き慣れない姓であり、この名がなにか中世的起源を思わせ、くわえて自分の住む町のある字名と同じだったことから、妙に印象に残っていたのである。その後もこの名にはしばしば出くわした。どんな人物で、どのような生涯を送ったのかを知りたいという気持は、そのつど強くなってきた。

この名とは、再び意外なところで出会うことになった。一九八五年八月のお盆のことである。私は母方の墓所がある隣町、宮城県岩沼市志引の竹駒寺墓地を家族とともに訪れた。墓参りを終え、何ということもなく林立する墓石群を眺めていて、そのなかに神道式のものが混じっているのに気づいた。近づくと「中名生家奥津城」と刻んだ石柱があり、その後ろに横長の墓石と法名碑がある。はっとして一歩踏み込んでその法名碑をのぞき込むと、筆頭に「中名生幸力　昭和五年五月十日　三十一才」とある。あわてて帰宅した私は、電話帳を取り出し岩沼市の中名生姓の有無を確かめた。一軒のみが載っていた。ぶしつけとは思いながらも中名生の縁故の方を確認したいという気持をおさえきれず、すぐさま電話をとった。電話に出られた方は、中名生幸力の末弟の隆さんであった。

一方、私のこうした動きとは全く別に、大正期に活躍したアナキストたちを永年研究されてきた小松隆二先生も中名生の足跡を追い掛けていらっしゃった。先生にお目に掛かったおりに中名生の墓のことをお話し申し上げたが、先生は私がこの墓を偶然見出した経緯、中名生隆氏のお話、中名生が出た旧制仙台第一中学校（現宮城県仙台第一高等学校）の成績資料、また在籍した早稲田大学の資料等を交え、アナ系活動家としての閲歴を中心に「ある忘れられた社会運動家[83]」という論文にまとめられた。これはご著書の『大正自由人物語[84]』にも収載された。

さて私の中名生の足跡をたどる仕事は遅々として進まずにいたが、地元紙『河北新報』の大正期のものを宮城県図書館で閲覧したことから意外な展開をみた。中名生は、当然のことながら、出身地仙台の大正期の社会主義運動と大きなつながりをもっていた。鉄道局雇員岡野守祐なる人物を介して仙台の社会主義者達と結びつきをもち[85]、その社会主義運動の動向に大きな影響力を与えていたのである。このことを示す出来事が「暁民共産党事件」の発端となった「社会主義宣伝ビラ事件」であり、これと密接不離なかたちで開催された仙台での「社会主義演説会」なのである。

一　「社会主義宣伝ビラ事件」と社会主義演説会

内務省警保局刊行の『特別要視察人状勢調　大正十年度』には、「特別要視察人ノ犯罪」の項で「十一月十二日在京主義者等ハ地方同志ト連絡ヲ執リ全国主要都市ニ一斉ニ共産主義宣伝ポスターヲ貼付スル計画アルヲ探知シ手配中果シテ十二日夜市内枢要場所ニ貼付シ始メタルヨリ」とあり、これを端緒として「暁民会一派」を検挙し、治安警察法および出版法違反として検事局に送致した旨のことが録されている。

この一大デモンストレーションが展開された諸都市とは、当時の新聞によれば東京・横浜・京都・大阪等であるが[86]、仙台でも同様のことがあった。仙台では、さらにこの事件の翌一三日夜に、大杉栄・山川均・岩佐作太郎・加藤一夫といった古参の社会主義者、および中名生幸力・中村還一といった若手の社会主義者や労働組合の活動家たちを東京から結集した社会主義演説会が開催されているのである[87]。当時の社会主義運動の状況からいって、当然この演説会はアナ・ボル混成で開催されるわけであるが、本節では、これを準備した在仙の社会主義団体「赤化協会」の結成と東京の社会主義者たちとの交流、またこの事件に表われた当時の社会主義運動の特質・傾向について検討したい。

宮城県の社会運動については、これまで二五年の政治研究会宮城支部の結成や一九二六年の日本労働組合評議会系の仙台印刷労働組合・仙台一般労働者組合の結成から、あるいはさかのぼっても一九二三年の日本農民組合関東同盟鹿又支部の結成から、説き起こされる場合が多かったが、中川正人氏によってこれらに先立つ仙台を中心とする社会主義思想団体などの動向が明らかになっている(88)。本節もこうした業績を参考にさせていただきながら、当時の社会主義運動状況全体を踏まえて、仙台における社会主義運動の一動向を検討・評価することとする。これは、宮城県における社会主義運動が日農や評議会のオルグにまつまでもなく、自生的な形で成長しつつあったということを示すものであると考え、この視点から一九二一（大正一〇）年一一月一三日、仙台市国分町歌舞伎座において赤化協会が主催した社会主義演説会と、その前夜、仙台も含めた全国の主要都市で起こった社会主義宣伝ビラ事件についてその意義を検討するためである。

二　事実の経過

以下の事項は『東京日日新聞』『大阪毎日新聞』『河北新報』から採録したものである。

二月一二日

朝　東京・大阪の社会主義者が互いに謀って一二日夜を期して社会主義宣伝ビラを撒布するとの情報を得た、大阪府警察部加々美特高課長は、大阪地方裁判所検事局田中検事を訪ねて社会主義者の検挙を開始した。

関西労働社（武田伝次郎宅）・野田律太宅・奥田梅太郎宅等が家宅捜索され、関西労働社同人の鍋山貞親・山田正一・岸井清・田中幾俊等、半谷玉三・野田律太・逸見直造・吉造親子など二〇余名が検束された。

午前八時　警視庁は管下各署に前記の情報を打電し各署はほとんど全署員を動員して警戒にあたった。

午前　岩佐作太郎が麹町元園町の社会主義同盟本部[89]から巣鴨の労働社を来訪、打合わせの後午後三時頃本部に戻った。

午後三時過ぎ　岩佐と入れ違いに鎌倉から大杉が労働社を訪う。

午後三時半　さらに岩佐は山川を伴い日比谷の服部浜二宅を訪ねる。

夕刻　社会主義同盟本部例会。しかし、出席者が岩佐・山川・鈴木重次他二名と少なかったため流会。「仙台大会[90]」出席準備を打ち合わせ、岩佐と山川はこの日の最終列車で仙台に向かった。

午後八時二〇分頃　大阪市内で、電車の車掌が車内後方に一枚のビラが貼付してあるのを発見する。

午後一一時　警視庁特高課山田係長・根岸同警部・榊原部長が神田錦町署を訪れ、協議のうえ一三日午前一時を期して社会主義者の大検挙を行なうことを決する。

この夜　荒井邦之介・小林康重・平崎権三が西神田署および錦町署に現行犯として逮捕される。さらに関係者とされた一五名が検挙され、宣伝ビラ三〇〇〇枚（うち一〇〇〇枚は既に撒布したもの）が没収された。

一三日

午前〇時　仙台では、赤化協会員が市内十字街の路上・電柱・板塀等に宣伝ビラを貼付するが、片端から官憲に剥ぎ取られ、残りの宣伝ビラ（三、〇〇〇枚）もこの日の朝に押収される。演説会の主催者である中名生幸力は、前夜から官憲の監視下に置かれていたが広告取締法違反で取り調べを受けた。無届けで宣伝ビラを市街に貼り回ったことによるものであろう。
午前二時　京都市でも宣伝ビラが京大・三高・熊野神社・鐘紡上京工場・京都織物会社付近で撒布される。
午前六時七分　大杉・岩佐・加藤・山川等仙台駅着[91]。市内中央ホテルに投宿。
この朝　巣鴨署が労働社を急襲し、吉田順司・原沢武之助・長谷川辰次等五名が検挙される。吉田〔一ヵ〕外一名は逃亡した。
午後三時四〇分　大杉・岩佐・加藤、行政執行法により検束される。
午後七時　午後六時の予定遅延して社会主義演説会開会。（弁士、中名生・庄司富太郎・山川均・中村還一・中尾新三郎・平野宴二・西脇穣）総計五〇分。七時五〇分閉会。於、市内国分町歌舞伎座。聴衆約五八〇名。

一四日
午前二時六分　大杉、仙台発上り列車で尾行を付せられ、鎌倉への帰途に就く。
午前九時　伊藤野枝、大杉検挙の報に、魔子をともない、鎌倉発午前九時一八分の上り列車で仙台に向け出発する。
一八日　朝刊で、中名生・秋月静枝・岡野・長島新らは社会主義演説会終了後、宮城県鳴子温泉に滞在し静養中と報じられる。

三　「社会主義宣伝ビラ」事件と社会主義演説会の運動史上の意義

この一連の「社会主義宣伝ビラ」事件と仙台での演説会に関与した人物を、その思想的傾向で分類してみよう[92]。

○アナーキズム・サンジカリズム傾向

大杉栄・岩佐作太郎・加藤一夫・中村還一・中名生幸力・庄司富太郎・新妻康愛・秋月静枝・吉田順司・原沢武之助・長谷川辰次・鈴木重次・長島新・武田伝次郎・奥田梅太郎・山田正一・岸井清・田中幾俊・逸見直造・逸見吉造・吉田一・中尾新三郎

○ボルシェヴィズム傾向

山川均・荒井邦之介・岡野守祐・野田律太・鍋山貞親・半谷玉三・小林康重・平崎権三

○不　明

平野宴二・西脇穣

かなり荒い分類であるが、これが当時のアナ・ボルの勢力のあり方を象徴しているといえよう。

こうした状況下で非合法の日本共産党を結党しようとすれば、勢いアナキストやサンジカリストの力を借りざるをえなくなる。二一年四月のコミンテルン日本支部準備会に、近藤憲二が加わり和田久太郎も一時的に入党したとされていることなどはそのあらわれである(93)。このような状況は二一年から二二年にかけて続くと思われるが(94)、この時期はボルシェヴィストの側にとっては思想的にも、組織的な運動の面においてもアナキズム、サンジカリズムの影響下から抜け出て、自己を確立する過程であった。しかしこの過程は、アナキズム、サンジカリズム陣営との決別を意味するものではもちろんなかった。むしろボルシェヴィストの側が、不可避的にアナキズム、サンジカリズム陣営に人的資源を頼らざるをえなかったがゆえに、アナ・ボル共同の時期が持続したということができる。またコミンテルンが、この時期に積極的にアナルコ・サンジカリストとの共闘と、さらに進んで活動家を自陣営に獲得する必要を唱えていることなども考慮に入れておく必要があろう(95)。

「暁民共産党事件」の一部を構成する社会主義宣伝ビラ事件はそれを端的に示す一事件であった。これらの宣伝ビラを貼り回ったのは暁民会と関係をもつ労働社のグループおよび労働運動社のグループと思われる。

仙台の社会主義演説会も同様である。

まず第一にこの演説会が、社会主義宣伝ビラ事件と軌を一にして開催されていることである。つまり、一連のビラによる宣伝の締め括りとしてこの演説会が企てられたのではないかということである。

事件当日、大杉・岩佐はまず労働社を訪ねる。前述のように労働社はこの事件の実行部隊と目されたグループである。このデモンストレーションの立案者だった近藤栄蔵は、当時こうした活動の熟練工はアナキスト、サンジカリストであり、指導部と「ランク・アンド・ファイル」の間は切り離しておく必要があったためと説明しているが[96]、いずれにせよ両者の思惑の違いを越えてこの時期のアナ・ボル共同が事実としてあったということである。

第二に、この演説会の弁士は、中名生・庄司富太郎・山川均・中村還一・中尾新三郎・平野宴二・西脇穣の七人であった。ここで山川均が加わっていることに注目したい。山川は、内務省警保局の史料によれば、山川菊栄とともに「暁民共産党」に加わって会計顧問に就任したともあるので、二一年四月のコミンテルン日本支部準備会の結成のみにとどまらず「暁民共産党」の運動にも関与していた可能性もある[97]。このようにしてみると、この一連の動きがアナ・ボルの連携のもとに進められていることが明らかとなる。

四　仙台における社会主義運動の展開

仙台における社会主義運動は、もちろん明治末期の初期社会主義運動に端を発するわけであるが、ここでは論及しない。ただ宮城の運動は、片山潜らとの結び付きが強く、既製政党の憲政本党が社会主義運動に一定のシンパシーをもって演説会を共催しているなどのことが重要な特徴としてあげられよう(98)。憲政本党系の弁護士で仙台市会議員を勤めた新妻胤嘉は、市政の刷新にむけてのさまざまな活動や普選運動を行なってきた人物であるが、この人物が、後述する「平民協会」の賛助員となっている。こうしたこともあってか、新妻は特別要視察人甲号に編入されている(99)。初期社会主義運動と大正期における社会主義運動の間にはわずかだが連続性があるように思われる。宮城県における社会主義運動は本格的には平民協会の活動に始まる。内務省警保局刊行の「思想団体表(100)」によれば、宮城県で活動する思想団体は三団体が注意されている。「社会問題研究会」（一九一九年四月一〇日結成、事務所　宮城県立図書館内）、「平民協会」（一九二〇年三月二〇日結成、事務所　仙台市東六番丁六九石《（ママ）》脇穣方）、「文化協会」（一九二〇年五月三日結成、事務所　石巻町仲町四八）がそれである。このうち社会問題研究会と文化研究会は、実行団体というよりむしろ研究団体の色彩が濃い(101)。

平民協会は、新聞記者二名、鉄道局雇員二名、学生（東北帝大工学部専門部・第二高等学校・東北学院専門部）などを含む会員数一一名の小集団である。「皇室ヲ尊重シ合理的新社会ノ建設ヲ期ス」という綱領を掲げていたというが(102)、その活動は新人会・黎明会などとの提携を打ち出すことから始まって、早くも四月一八日には仙台座において発会式を兼ね第一回学術講演会を開催するなど積極果敢なものになっていく。講師は鈴木文治・北沢新次郎・高畠素之の三名であった(103)。九月九日には、「東北労働者大会」を同じく仙台座で開催した。知識人による講演から労働者自身の自己主張へと一歩進んだ感があるが、弁士は平民協会員の首藤直之、福島大成会幹事の岩山義一、盛岡牧民会幹事の石川金次郎・準十郎兄弟、青年自由革新党幹事の渡辺保蔵など（前日八日の『河北新報』紙は信友会幹事の入沢吉次郎などを加えている）で、その思想的傾向は雑多である(104)。平民協会は「大正九年六月以降仙台文化生活研究会の名のもとに文化講演会を組織、各種文化講演を通して社会主義の宣伝を行」なった。この年の一一月には、日本社会主義同盟の山崎今朝弥から、仙台在住の唯一の同盟員である新妻康愛を通じて、社会主義同盟講演会を仙台において開催したいという要請が平民協会幹事の西脇に対してあった。[105]この企ては一三日を期して、大杉・堺・室伏高信・北沢新次郎・山川夫妻を招いて催される予定であったが、結局、官憲の圧力で会場が得られず、実現しなかった。[106]中央の社会主義運動との連携は早い時期からできあがっていたのである。

翌二一年一〇月二六日には、堺利彦を招いて「プロレタリアの文化」と題する講演をもつ予定であったが、これまた官憲の圧迫により中止を余儀なくされ、それにかわる「記念大音楽会」を開催している。[107]続いて秋田雨雀を招き文化講演会を行うが、この時期に「赤化協会」(東北自主協会とも)と改称し、いよいよ東京との連携を強め、社会主義団体としてたち現われるに至る。その再発足の宣言として利用されたのが社会主義宣伝ビラ事件であり、これに続く社会主義演説会はその積極的な自己表現であったといえる。

五 「暁民共産党」事件とアナ・ボル共同

所謂「暁民会共産党」については、すでにこれに参加した当事者間において、党組織だとする者(近藤栄蔵)と、コミンテルン日本支部準備会の暁民会細胞(=暁民共産主義団)だとする者(高津正道・高瀬清)とがある。この組織の評価をめぐっては、まだ統一的な見解が出ていない。[108]

ここでは、「社会主義宣伝ビラ」事件の経緯からこの組織の活動とその性格を考察してみたい。

「暁民共産党」は、二一年八月二一日、堺経営にかかる無産社で結成された。その運動方針は、まず組織論的には

「我等共産主義者ハ少クトモ理論上ノ方面ニ於テハ無政府主義ヲ征服セリト雖モ、尚多クノ無政府主義的気分ト戦ハザルベカラズ」という認識のうえに立ち「パーテーディシプリン」の確立を重視し、運動論的には「組合運動ニ対シテモ外部ヨリ破壊的態度ヲ以テ臨ム者多ク、ソノ結果ハ社会主義運動ヲシテ益々少数ノ知識分子ト大衆ヨリ離隔セル少数労働者ノ運動タラシムル虞レアリ」との考えから労働組合および工場内に共産主義者の「ニュークレア」を組織するというものだった[109]。また、議会運動の否認、農民運動の重視といった大方針のほかに一般労働者への宣伝の重視、軍隊への宣伝活動といった項目があげられている[110]。

こうした活動方針に基き「暁民共産党」はその端緒とし社会主義宣伝ビラによる大衆宣伝を企て、各自が作成したビラの文案を検討して三二種を選び、近藤栄蔵が資金一〇〇円を拠出し六万五千枚を印刷した。これを皇太子の欧州からの帰国にあわせて全国一斉に貼付する予定であったが、高津が筆禍事件で入獄し一頓挫を来したため、再度一一月一二日を期して実行するに決した[111]。その決行の状況については先述した。

この一連の示威活動は、日本社会主義同盟が解散し、社会主義的思想団体にも思想的分化が生じていた時期に起こったもので、そこには実質的なアナ・ボル共同が存在したが、両者の込める意図にはズレがあった。

ボル側は、すでにアナーキズム・サンジカリズムの克服にむけて動き出しており、組織論的にも運動論的にも純化していこうとしていたのである。

アナーキスト・サンジカリストの側には、ソヴィエト方式による社会革命の方法に強い共感を感じていたがゆえに、社会運動全般の急進化に向けてボル側と共同行動を執れるという認識があった[112]。

したがって、ボル側は理論的な純化を追求する必要があったし、その理論に則った運動を展開するためにはひたすら運動の急進化を求めるアナキスト・サンジカリストの手を借りるか、彼らを自陣営に獲得する必要があったのである。かくして、この社会主義宣伝ビラ事件と社会主義演説会は、この時期のアナ・ボル両者の運動論についての認識の相違をも含み込んだうえで、なおかつ両者が運動の急進化を志向するという一点で一致し実現した事件ということができる。

六　アナ・ボル共同の質的変化

一九二〇～二一年頃に活動していた社会主義団体は暁民会・労働社・北郊自主会・関西労働社等々であるが、これらはいずれも官憲側からみれば「無政府共産及ボルシエヴイキノ混合セル集団ニシテ主張極メテ険悪ナルモノ(113)」と目されていたグループである。ところが、日本社会主義同盟解散の頃からこのようなグループの思想的分化が始まる。たとえば、第二次『労働運動』が廃刊され、暁民会内のボルシェヴィストのみが「暁民共産党」を結成するなどである。しかし、事実としてのアナ・ボル共同は継続する。これが実質的に破綻するのは、総連合運動の失敗を閲しつつもなお三悪法反対運動で一定の成果をあげたことからすれば、無産階級の政治参加が日程に上る段階に入ってから、つまり第一次共産党の結党によって終止符が打たれるということになろう。

アナ・ボル混合の社会主義団体で構成される社会主義同盟は、アナ・ボル共同の象徴的存在であった。両者は社会運動の急進化に反対するものに断固として反対し、その関係は緊密であった。

しかし、ひとたびこれに解散命令が出ればかわって運動の核となる組織が必要となり、それは少なくともボル側にとっては党組織以外にはなかったのである。それでもなお両者が社会運動の急進化という一点で一致しえている間は、実質的なアナ・ボル共同が継続する。ここで取り上げた一連の示威行動はこの時期のものであった。

註

（1）封書、毛筆。この史料は山口晃氏が個人誌『木学舎だより』第二号（一九九八年五月）に「《資料》吉野作造書簡」として発表されている（七〇、七一頁）。なお、釈文については、書簡の現物に当たったうえで若干の補訂を加えたところがある。閲覧の便宜を供していただいた本庄市立図書館とご仲介いただいた山口氏に感謝申し上げる。

この書簡について、若干の説明を加えれば、文中「此間の歓迎会」とは、一一月一一日に堺利彦・安部磯雄・高島米峰が開いた石川の「帰朝歓迎会」（万世橋のミカドが会場）のことである。（「石川三四郎年譜」『石川三四郎著作集』第七巻　一九七九年）また、「堺君」とは堺利彦、「旅行中」とは一一月六日から八日にかけての大阪・神戸・京都への文化生活研究会の講演旅行のことと思われる（「年譜」（『吉野作造選集』別巻　岩波書店　一九九七年）。

（2）海老沢有道・大内三郎『日本キリスト教史』日本基督教団出版局　一九七〇年　二〇四頁。

（3）海老沢・大内前掲書、二〇五頁。

（4）篠田一人「日本近代思想史における熊本バンドの意義」（同志社大学人文科学研究所編『熊本バンド研究』みすず書房　一九六五年）二六頁。

（5）吉馴明子『海老名弾正の政治思想』東京大学出版会、一九八二年　一一〇頁。

（6）吉馴前掲書、一二五頁。

（7）土肥昭夫「海老名弾正の神学思想」（『熊本バンド研究』）二九二頁。

（8）「明道会東京本部所属会員名簿」（『新人』四巻二号　一九〇三年二月）

（9）太田雅夫「石川三四郎と本郷教会・平民社」（『初期社会主義研究』一八　二〇〇五年一一月）七三頁。

（10）第一章第一節参照。

（11）もっとも海老名においては、この過程は本来備わっていた「霊能」が顕現するものとしてとらえられており、個人がこれを能動的に意志的に拡充していくという経路をたどるものとされている。

（12）飯田泰三「解説　吉野作造の哲学と生き方」（『吉野作造選集』一二）。

(13) 吉野作造「木下尚江君に答ふ」(『新人』六巻三号　一九〇五年三月)。
(14) 「社会主義者の愛国心」(『直言』二巻一一号　一九〇五年四月)。
(15) 「平民の信仰」(『新紀元』七　一九〇六年一〇月)。
(16) 吉駟前掲書　四四頁。
(17) 第一章第一節参照。
(18) 老子の文明批判は、すべての人為を排したうえでなお否定しようとして否定できないもっとも根源的なものを探求し、その究極的なものと合一しようとする生き方として表現された。
(19) 『石川三四郎著作集』八　青土社　一九九七年　一九六、七頁。
(20) 石川「籠城日記」『石川三四郎著作集』二　一九七七年　一三～一四頁。
(21) 石川「文明進歩とは何ぞ」(『社会主義論集』ブルドック社　一九一九年所収)『石川三四郎著作集』第二巻　二一六頁。
(22) 同前　二一六頁。
(23) 同前　二一九頁。
(24) 同前　二一六頁。
(25) 同前　二二一頁。
(26) 同前　二二二頁。
(27) 石川「頽敗《(ママ)》に頽《(ママ)》せる西欧民族の文明」『石川三四郎著作集』二　一九一頁。
(28) 板垣哲夫氏は「人情」がヨーロッパ文明を批判する根拠となっていることを指摘している(板垣『近代日本のアナーキズム思想』吉川弘文館　一九九六年　二七一頁)。『虚無の霊光』においては虚無化による統一のみが唱えられ、その根本原理は明示されてはいなかった。
(29) 石川「商業主義の大病毒」(『新社会』四　一九一五年一二月)『石川三四郎著作集』二　二一二頁。
(30) 「『民本主義』から『デモクラシー』へ」(『民衆史研究』四六　一九九三年一一月)

(31)『法政大学大原社会問題研究所五十年史』法政大学出版局　一九七〇年。
(32)『東京朝日新聞』（一九二〇年一月一八日）（『吉野作造選集』一（一九九五）二五一頁。
(33) 吉野作造「東洋に於けるアナーキズム」（『国家学会雑誌』三四―三　一九二〇年三月）三、四頁。
(34) 同前、七頁。
(35) 同前、二二頁。
(36)「新人会記事」『同胞』第三号（一九二〇年一二月）
(37) 石川が一一月二五日に書いた文章（「久々にて」）が日本社会主義同盟の機関誌『社会主義』第三号（一九二〇年一二月）に掲載されているが、これはドムでの農耕生活を懐かしみ、自作農の生活の自足的であるが故の安定性を称揚し、同志に土に親しむことを促す主旨のものだった。荒畑寒村の「過激派戦術の解釈」や山川均の「英国の炭坑罷業」といった文章で彩られた目次欄にはいかにもそぐわない。
(38) 石川は常に自己の裡にある「無明の慾」を意識しており、ここでも「吾等は生まれながらにして無明の慾を有つて居る。身を養はんが為の食物を過度にして、吾等は却て其胃を毀う」と述べている。この意識下にある「無明の慾」をいかに対象化し克服するかが、社会の改造とともに同時に進められなければならないきわめて現実的な思想的課題だったと考えられる。
(39) 石川は「地のロタシヨン（lotation ―引用者）は吾等に昼夜を与へ、地のレボリユシヨン（révolution ―引用者）は吾等に春夏秋冬を与へる。此の昼夜と春夏秋冬によりて、地は吾等に産業を与える。地の産業は同時に又地の芸術である。芸術と産業は地に於ては一である。」と述べている。
(40) 石川「原始黄金時代の回顧」（『我等』七巻三号　一九二五年三月）『石川三四郎著作集』二。
(41) 石川「虚無的日本人」（『解放』三巻四号　一九二一年四月）『石川三四郎著作集』二　二五八頁。
(42) 小野信爾『五四運動在日本』汲古書院　二〇〇三年　二五〇頁。
(43) 内務省警保局「大正十年四月十五日調　思想団体表」（社会文庫編『大正期思想団体視察人報告』柏書房　一九六五年）四九頁。

(44) 小野前掲書 二五〇頁。

(45) 松尾尊兊「コスモ倶楽部小史」(『京都橘女子大学研究紀要』二六 二〇〇〇年三月) 四一頁。

(46) 幸徳の「志士仁人論」を核とした直接行動論の問題点については、第二章第一節参照。

(47) 「団体消息」『社会主義』九—九 (一九二一年九月) 三二頁。

(48) 初め『改造』大正一三年一一月号に掲載、のち山崎今朝弥の解放社から他の短編と併せて単行本として刊行 (一九二八年一一月)。

(49) 『労働者』一号 (一九二一年四月) 一頁および二号 (一九二一年五月) 一頁。

紅一会 栗原四郎一・田村高知
工友会 大塚忠蔵・市川弁次郎
黒瓢会 高尾平兵衛・宮島資夫・吉田順司・和田軌一郎
黒耀会 久板卯之助・望月桂
芝無名会 天土松太郎・桑原松蔵
自由人連盟 八幡博道・塩長五郎
信友会 阿部小一郎・石田九蔵・鈴木重次
正進会 生島繁・北浦千太郎・諏訪与三郎・布留川桂・綿引邦農夫・山田幸次・山田幸雄
時計工組合 小出邦延・小池宗四郎・渡辺満三
北郊ソヴエット 今井輝吉・吉田一・竹内一郎
北風会 岩佐作太郎・水沼熊
友愛会 狩野鐘太郎・高田和逸・庄司富太郎
技工組合 高山久蔵
黒旗社 原沢武之助

暁民会　浦田三太郎
無所属　江口渙・神近市子・北原龍雄
○地方同人
足尾　高野松太郎
千葉　渡辺精一・山岸伊作
横浜　吉田只次
金沢　松本文造
名古屋　伊串英治
京都　笹井季三郎・小田知一
印友会　西川欽・城増次郎
大阪　黒旒会　山田正一・殿水藤之助・曽根昌介・新谷与一郎・奥田梅太郎
神戸　ロンダ組　安谷寛一
松山　飯尾弁次郎
広島　丹悦太・武永文七
姫路　柳本為七
富山　中島安太郎
（傍線を付した人名は日本社会主義同盟執行委員を兼ねている者）

(50) 『特別要視察人状勢調　大正十年度』（『続現代史資料二　社会主義沿革二』一九八六年七月所収）七三頁。

(51) たとえば川端正久『コミンテルンと日本』（一九八二年五月）犬丸義一『日本共産党の成立』（一九八二年一〇月）等。

(52) 村田陽一「解説」『コミンテルン資料集』第二巻（一九七九年一〇月）六一四頁。

(53) 『コミンテルン資料集』第一巻（一九七八年一一月）四二七頁。

(54)『コミンテルン資料集』第二巻（一九七九年一〇月）一〇三頁。
(55)『レーニン全集』第二九巻　五七七〜五八三頁。
(56)『近藤栄蔵自伝』（一九七〇年三月）一三九頁。
(57) 内務省警保局「大正一一年一月調　最近ニ於ケル特別要視察人ノ状況」（『続現代史資料二　社会主義沿革二』一〇六頁。
(58)『近藤栄蔵自伝』二二八頁。
(59) 内務省警保局「大正一一年一月調　最近ニ於ケル特別要視察人ノ状況」一〇七頁。
(60) これは岩村登志夫訳の『史林』二九五号所載のものを用いた。これとは別に村田陽一による新訳が村田編訳『資料集　コミンテルンと日本』（一九八六年五月）に「日本における共産主義者の任務」として収められている。
(61) この史料については石堂清倫・山辺健太郎編『コミンテルン日本にかんするテーゼ集』（一九六一年二月）八一九頁から引用した。これについても村田による新訳がある。
(62) たとえば、『社会主義』八―四（一九二一年三月）に掲載された堺利彦の「普選運動と議会運動」を参照のこと。堺は「今の日本の社会主義者としては、普選運動をやらないところに威力がある」、「今更となつて、普選の実行が少少早く晩くても、どうでもよい」と述べている。
(63)『現代史資料二〇　社会主義運動七』七三頁。
(64) 同前。
(65)「幹部会報告にたいする青木〔荒畑勝三〕の討論演説」（一九二三年六月）村田前掲書　一四八頁。
なお、岩村登志夫は日本共産党の労働組合総連合運動への取り組みを、コミンテルン第三回大会で採択された「労働者統一戦線戦術」の適用であり、総同盟との共闘はもちろん、サンジカリストとの絶縁も極左派を排除する戦術の一環であるとした。しかし、荒畑の言動をみるかぎり、サンジカリストとの組織的共闘は別として、強固なボルシェヴィキ党を創っていくための人的資源をサンジカリスト勢力に求めていることは明らかである。付言すれば、石堂清倫もコミンテルンとの関わりが荒畑の思想の変遷に与えた影響を論じたなかで、「コミンテルン第三回大会いらいの統一戦線政策への転換は」、荒畑には「あまり理解されていないように見える」と述べている。
(66) 吉田一「労働者生る」『労働者』一（一九二一年四月）五頁。
(67) 高尾平兵衛「全日本鉱夫総連合会長、麻生久君に与ふ」『労働者』三（一九二一年六月）六頁。
(68) 一友愛会員「脱退の真相」『労働者』三、三頁。
(69) 渡辺政之輔「団体交渉権に就て」『労働者』六（一九二一年一一月）五頁。
(70) 橋浦時雄「ゾヴィエチズム」『労働者』二（一九二一年五月）二頁。
(71) 同前。
(72) 北浦千太郎「ボルシエヴィズムとアナキズム」『関西労働者』一（一九二一年九月）三頁。
(73) 内務省警保局「大正一一年一月調　最近ニ於ケル特別要視察人ノ状況」一一一頁。
(74) 中川正人「赤化協会」『宮城県百科事典』（一九八二年四月）五六〇頁。
(75) 『思想』五七七号（一九七二年七月）所収。
(76) 一九七四年一〇月　新泉社刊。
(77) 小林は正進会創立時の庶務、北村は創立時の常務理事を務めた筋金入りのサンジカリストである（『正進』一―一、一九二〇年四月）一頁。なお小林は一九二〇年七月頃から正進会本部入りした（『正進』一―四（一九二〇年七月）一九頁。
(78) 白銀は二一年六月～一二月にかけて、『正進』二―二～六の編集人を務めていた。
(79) 村田陽一編訳『資料集コミンテルンと日本』第一巻　所収。
(80) 村田前掲書、五七頁。
(81) 吉田自身の手になる回想には「レーニン会見記」『改造』二二年一二月号、「モスクワ共産大学卒業生座談会」『文芸春秋』一九五〇年四月号、「スターリン青年と革命を語る」『改造』一九五〇年四月号等がある。ここでは吉田のボルへの転身の論理を明らかにするため「スターリン青年と革命を語る」を用いる。
(82) 「スターリン青年と革命を語る」『改造』一九五〇年四月号　七四頁。

(83)『三田学会雑誌』八〇—二（一九八七年六月）
(84)岩波書店刊（一九八八年八月）
(85)「岡野守佑ハ鉄道局雇員トシテ在職中巧ミニ鉄道ヲ利用シ大正十年中当庁編入甲号特別要視察人堺利彦経営ノ無産社及山川均発行ノ水曜会パンフレット等ノ各種ノ書籍数十冊ヲ当庁編入甲号特別要視察人中名生幸力ノ内縁ノ妻秋月静枝事松村タエヲシテ鉄道局名ヲ詐称、仙台市ニ無賃輸送セシメタルウエ岡野ハ該書籍ヲ同地ノ同志ニ頒布シタリ」（「特別要視察人状勢調　大正十年度」『続現代史資料二　社会主義沿革二』一九八六年七月　九五頁。
(86)『東京朝日新聞』および『大阪毎日新聞』
(87)『河北新報』（一九二二年一一月一三日）
(88)「平民協会」、「赤化協会」『宮城県百科事典』（一九八二年四月）所収。「米騒動と民衆運動の展開」『宮城の研究』第六巻（一九八四年七月）など。
(89)日本社会主義同盟は二一年五月二八日にすでに解散命令を受けている。したがってこの時点では、この名を名乗る団体は存在しないはずであるが、社会主義同盟の機関誌的存在であった『社会主義』は存続しているので、この発行団体をこう呼んだものであろう。参加メンバーが禁止の前後で変化しているかどうかはわからない。これも同様に『社会主義』を発行するグループの例会とみなすことができる。
(90)日本社会主義同盟の「仙台大会」という認識が取材される側にあったことの反映であるとするならば、解散命令が発せられ組織自体が非合法状態となってもひとつの結集軸としてこれを事実として存続させていこう、という志向があったと考えられる。
(91)大杉は鉄道局関係者に与えられる「優待パッス」をもって仙台駅頭に降り立った。社会主義者が「優待パッス」を携行するなどは考えられぬ話であるから、所謂「鉄道アナ」の介在が考えられよう。前記の岡野の活動が想起される。
(92)この分類はあくまで暫定的なものである。分類の根拠として用いたのは、『労働者』『関西労働者』等の機関誌紙と内務省警保局刊行の諸史料、『社会運動人名事典』等である。

(93) 岩村登志夫「お天気と歴史」『思想』七一五（一九八四年一月）
(94) 第二章第二節参照。
(95) 第二章第三節参照。
(96) 『近藤栄蔵自伝』（一九七〇年三月）二二八頁。
(97) 「社会主義運動時報　第四冊　大正十年十二月」『大正後期警保局刊行社会運動史料』（一九六八年）七一頁。
(98) 『仙台毎日新聞』は村井宗二郎という憲政本党系の人物の経営によるものであったが、明確に社会主義の立場を標榜し、社会問題研究会とともに仙台における初期社会主義運動の拠点となった。
(99) 「特別要視察人状勢調　大正十年度」九五頁。
(100) 社会文庫編『大正期思想団体視察人報告』（一九六五年六）七九～八四頁。
(101) 「思想団体ノ状況」『大正期思想団体視察人報告』一七頁。
(102) 同前。
(103) 『河北新報』（一九二〇年四月一九日）。
(104) 大成会・牧民会のように明らかに社会主義的なグループや日本印刷工組合信友会のような急進的なサンジカリズム系組合もあれば、青年自由革新党なる普選運動のなかから生まれ、さらに政治的・市民的自由の獲得をめざすグループもあった。青年自由革新党については中川正人「米騒動と民衆運動の展開」『宮城の研究』第六巻、三六七頁参照。
(105) 向坂文庫の『日本社会主義同盟名簿』によれば宮城県在住の同盟員は四名いる。
新妻康愛　仙台市東一番町九三
吉川輝雄　気仙沼町魚町
浅山敬次　登米町寺池桜小路二三
天目山荘主人　磐城国荒浜町
この「天目山荘主人」については、宮城県亘理郡亘理町荒浜で藩政期に「城米浦役人」を務めていた旧家の当主であり、稀覯書収集家として知られた武者宗十郎であることがわかっている。つまり、思想的な共鳴からというよりはむしろ、同盟の刊行物は必ず発売頒布禁止となるであろうことから、それは必ず稀覯書になるという興味から、同盟に名を連ねたものと推測する。本来あり得ぬような事情ではあるが、この人物の行状を見る限りあり得ないことではないと思われる。（関野準一郎『天目山荘　絵入小説』（私家版）一九五五　城市郎「世界筆禍珍書研究博士、天目山荘」（『別冊太陽　発禁本Ⅲ』二〇〇二、二）

(106)『河北新報』一九二〇年一一月一日、一〇日。
(107)『河北新報』一九二一年一〇月二六日。
(108)前者の立場を採る川端正久は「暁民共産党は、一九二一年四月の日本共日本共産党暫定執行委員会から一九二二年七月の日本共産党までの過渡期の『日本共産党』の役割を果たした」（川端『コミンテルンと日本』一九八二年五月、九四頁）とする。一方、後者の立場を採る犬丸義一はその著書『日本共産党の成立』（一九八二年一〇月　一一九頁）のなかで「『暁民共産党』結成は、暁民会暁民会内部における準備委員会の細胞の結成であ」るとする。いずれにせよコミンテルン日本支部準備委員会がある以上、活力のある細胞が独自な活動を行なったからといってそれを別党だとすることは困難であろう。
(109)「社会主義運動時報　第四冊　大正十年十二月」八二頁。
(110)同前。
(111)「社会主義運動時報　第四冊　大正十年十二月」八九頁。
(112)前節参照。
(113)「最近ニ於ケル特別要視察人ノ状況　大正十一年一月調」『続現代史資料一社会主義沿革二』（一九八六年七月）九五頁。

第四章　社会運動の退潮と新しい統合原理の模索

第一節　石川三四郎の変革主体論とサンジカリズム運動

一九一三（大正二）年三月、石川三四郎は所謂「冬の時代」の日本を逃れ、ヨーロッパに新しい思索と活動の場を求めた。翌年ブリュッセルにあって、第一次世界大戦の戦禍に遭遇する。石川の七年半にわたる亡命生活は、この大戦とともにあった。この時期、石川が注視していたヨーロッパを中心とする国際社会主義運動もまた、この大戦への対応で分岐する。ここでは、反戦主義か祖国防衛主義か、そのイデオロギー状況に石川はどう向きあったかについて、まず論じたい。このことが亡命を終えて後の彼の諸社会運動への対応を分析する際の鍵となると思われるからである。

石川は、一九二〇年一〇月に帰国し、神戸に上陸。労働運動が反動恐慌の影響で高揚期にあったこの時期に、自身の活動を再開した。石川にとってみれば、亡命前の日本の社会状況から帰国後のそれへの変化は瞠目すべきものであったただろう。そして、その後の社会運動の歴史的推移は、石川の思索にいかなる影響を及ぼしたのか。石川が関与した社会運動の具体相をサンジカリズム運動を中心に叙述しつつ、そのなかに石川の言説を置き直すことで、その思想の独自性を浮かび上がらせることが本論の課題である。

この時期の石川の社会運動への関与と石川の思想の具体相については、平島敏幸氏、板垣哲夫氏の業績があるが、[1]ここでは、特に石川が運動の随伴者として向きあったサンジカリズムの展開と石川の言説を併せ論じることで、その思想の内在的分析にとどまらず、社会状況とどう切り結んでいったのかを明らかにする。

一　第一次世界大戦のさなかで

石川は、亡命生活の最初の二年ほどをブリュッセルで過ごした。この間に第一次世界大戦が突発し、ブリュッセルでの最後の五ヶ月はドイツ軍占領下での生活であった。後、フランスに移り、西南部のドルドーニュ県ドムで四年ほどを暮らすが、ここで終戦の報を聞く。その間、一九一六年二月、パリ滞在中に第一次世界大戦即時講和反対・戦争続行を主張するクロポトキンらアナーキストの「十六人宣言」*Manifesto of the Sixteen*　*Manifeste des seize* に署名者として名を連ねるが、この宣言に石川自身が加わったことの意味を考察し、その戦争観とその根底をなす文明観のありかたを探りたい。

石川は、亡命中ほぼ一貫して、エリゼ・ルクリュの甥ポール・ルクリュ[2]の庇護のもとにあった。ポール・ルクリュは叔父エリゼ・ルクリュらが開いた「ブリュッセル新大学」の地理学研究院の主宰者で、思想的にも叔父と同じくアナーキストであった。大澤正道氏がすでに指摘しているように、石川はこのポール・ルクリュとの関係から、「十六人宣言」に参加することになったのであろう。[3] また、これに加えて自らもドイツ軍占領下のブリュッセルで辛酸をなめたことも、その一つの要因であったと思われる。しかし、大きく言えば、これまでの石川の平民社以来の非戦論者としての立場から、この宣言を支持するまでの間に、どのような思想的な変化があったのかを明らかにしなければならない。

まず、「十六人宣言」そのものについてであるが、その名称にもかかわらず実際は一五人の個人と一つの地域が宣言の主体となっている。[4]このような基本的な事実にもあまり注意が払われてこなかった。署名者である石川ですら、署名者の一五人の名のみを挙げて、後から加わった残りの一名の氏名については不詳と、誤り伝えている。[5]このことが象徴するように、この宣言は批判の対象となりこそすれ、議論の対象となることはなかった。それは、一面ではコミンテルン流の「プロレタリア国際主義」に対する逆行であり、他面ではアナーキストの反国家・反政治・反戦主義の伝統からの逸脱だったからである。当然、その発表にいたるまでの事実関係すらも十分には明らかにされてこなかったので、[6]ルイス・パッーラスの叙述をかりて簡単にまとめておく。[7]

第一次世界大戦は、各国の社会主義党を各々の政府支持にまわらせた。大部分のアナーキストは、反戦主義者だったが、ジャン・グラーヴのような影響力のある少数派が戦争支持にまわった。彼らは、フランスと自由を守るということで戦争を正当化した。クロポトキンは、フランスの優れた革命的伝統を守り、またフランスの敗北は世界中の反動勢力を強めるだろうという根拠から、フランスの勝利を支持したのである。グラーヴは、如何なる戦争支持グループとも関係がなかったし、少なくとも戦争支持を期待されてはいなかった。彼はいつも志操堅固なアンチミリタリストだったからである。この苦痛をともなう変化が、クロポトキンからもたらされたものであることは明白である（グラーヴ宛クロポトキン書簡、一九一四年九月二日付）。一九一六年初頭、グラーヴはクロポトキンを訪ねて、ドイツの勝利に付随して起こりうる危険について警告するために何らかの宣言を出す必要を説いた。そして、後日、小冊子を作って、クロポトキンのもとに送り指示を仰いだ。これに署名したのは、クロポトキンとグラーヴの他に、シャルル・マラトとポール・ルクリュがいた。この宣言は、一九一六年二月二八日付で発せられ、三月一四日付のＣＧＴ[8]の戦争支持派の新聞 La Bataille に一般的な回状として初めて公開された。

宣言は、「現段階ではドイツの労働者階級は、彼らの政府の帝国主義を阻止できないが故に、平和への希望は有り得ない」ことを指摘し、「ドイツの人々が彼らの政府の帝国主義をささえていること」を糾弾するものであった[9]。石川は、なぜこの宣言の署名者に名を連ねたのか。大澤氏は、石川が一方的に戦争支持派のアナーキストたちに肩入れした理由を明らかにしえているわけではなく、むしろ戦争支持派と反戦派の対立という運動の状況を十分に把握していないことが根底にあったのではないか、と推測する[10]。この指摘は、示唆的である。先に、第一章第一節において、石川の思索が、社会主義運動のどの思想潮流に属すかというかたちの自己規定から始まるのではなく、それとは全く無縁なところで営まれていることを明らかにしたが、ここにおいてもその特性は発揮されていると考えるべきであろう。ツィンメルヴァルト会議[11]に結集した勢力は、交戦国をも含む各国の労働者階級の国際的連帯のうえに立つインターナショナリズムを、帝国主義戦争に対置した。これに対して、石川はドイツ軍の行った残虐行為を非難し[12]、ドイツ軍の侵攻に対して何ら有効な対処をなしえなかったベルギー国民、ブリュッセル市民の不甲斐なさをしきりに責めている[13]。その非難は激情的とも思われるもので、ベルギーやフランスのナショナリズムを積極的に肯定しているようにもとれる。石川はその立場をこう表現する。

独、墺、必ずしも絶対的に暴力主義のみでは無く、英、仏、露、必ずしも人道主義のみでは無い。喧嘩は両成敗である。問題は国家的の差別では無くて、人道か暴力かにある。人道果して幾何の威力を有するか。暴力果して幾何の領地を有するか。問題は人類の全歴史に渉らねば解決し得ない。唯だ今回の大戦乱はこの人道の光明と暴力の暗黒とが交叉錯綜して、世界の大ドラマを演出したるものである[14]。

石川は、「人道か暴力か」というテーマでこの戦争を理解する。後に石川は、この「十六人宣言」を支持したことを、日露戦争時の非戦論高唱と関連させて、純正アナーキズム[15]を標榜する八太舟三から非難される。そのときの石川の答は、以下のようなものであった。

白、仏、両国が殊に其国の老幼と女子とが、迫害凌辱を猛獣の如き占領軍隊から受けるのを見ては、俺は平和主義者だなどとは言つてはゐられなかつたのである。自分の家に強盗が這入つて家人は眼前に凌辱を受けてゐたのである。その強盗を打ち退けるまでは戦ふといふ。それがあの宣言なのである。日露戦争の時は、日本軍が国境の外にまで出て戦つたのである。場合が違う[16]。

この答は、一三年という時をおいてはいるが、先の「人道か暴力か」という文章のモチーフと内容的に隔たってない。石川は、この戦いを自衛戦として、また不仁な強者から素朴な弱者を守る戦争として位置づけたのである。この意味において、石川は野蛮から文明を守ろうとしたというより、むしろ不仁なものから無垢素朴なものを守ろうとしたと言える。

石川が「無政府主義の見地から戦争其ものを社会学的及び生物学的に研究すべきである」と主張し、「非祖国主義や、国際運動が行われながら、それが危急に際して全然無力であつたのは何故か？　資本主義の上から見れば全然不利であると見られる戦争を何ゆえにドイツはしかけたか？　一部無政府主義者の言ふ如く、国際間の戦争の非なると同様に、国内の革命運動も矢張り非であるか？」という三つの問いを立てるとき[17]、人間の本性をも蹂躪し破壊し去るものに対するより直接的な怒りや、人間が自ら価値と見なすものを否定されることに対する反発を、正当なものとみなしていることは明らかであろう。また、戦争を「生物学的に研究すべき」という表現を重視すれば、戦争という事態の根底に人間の内部に潜む暴力性をもみていたと考えられる。

いずれにせよ、極点に達した文明が第一次大戦という未曾有の惨禍を生み出したという事態は、石川の内部で一つの槓杆となって、さらに文明のありかたについての省察を深化させた。石川はこの視点をもって、一九二〇年代の活動を開始した。

二　一九二〇・二一年の日本社会主義運動の状況

大逆事件以後の「冬の時代」とよばれる閉塞状況は、大杉栄・荒畑寒村らによる『近代思想』を発行するなかでのフランス・サンジカリズムの紹介と、「センヂカリスム研究会」などの活動によって突破口が開かれ[18]、一九一九年頃からサンジカリズム系の労働運動が展開される。この運動は高度の技能をもって職場を渡り歩く「渡り職工」的熟練労働者の企業横断的組合を中心に発展した。日本印刷工組合信友会・新聞印刷工組合正進会といった印刷工組合がその中核となった[19]。

折しも一九二〇年は、普通選挙法案が提出された第四二議会が解散され、普選運動が一頓挫し、さまざまな政治腐敗が発覚した年でもあった。これらのことは、労働大衆の一部に、サンジカリズムの非政治主義の倫理的優位性を確信させ、さらに戦後の反動恐慌が運動の拡大に拍車を掛けた。この結果、サンジカリズムは中小工場の鉄工・機械工などのなかにも拡がり、さらには友愛会内にも若手労働者を中心として「左党連盟」が結成され、サンジカリズム系が台頭した[20]。こうして労働運動内部にも、急進主義的傾向と友愛会―総同盟主流の従来の穏健なトレード・ユニオニズム的傾向が拮抗するに至る。

この急進主義的勢力は、一九二〇年の日本社会主義同盟結成に合流するが、さらにこの勢力内部にも思想的な分化が生じる。ロシア革命の進展は、ボルシェヴィズムを革命運動の一大潮流として押し出した。とはいえこの両者、サンジカリストとボルシェヴィストは、その間に運動論・組織論において深刻な対立を孕みつつも（アナ・ボル論争）、運動の急進化という当面する課題を同じくする点においては一致し、アナ・ボル協同の時期を生み出していた。

このような運動状況は、先にみたように国際共産主義運動、つまりコミンテルンの側からも追認されていた。コミンテルンは、一九二一年の第三回大会で、社会民主主義勢力を主対象とする従来の「下からの」統一戦線論を根底に据え、「上からの」統一戦線政策を推進していくことを決めた。[21] この統一戦線政策の対象としてサンジカリズム系の労働団体もその視野に入っていたのである。[22] コミンテルンは、議会主義に毒されていないサンジカリストのなかの戦闘的分子を自陣営に獲得しようとしていた。コミンテルンにとっては、サンジカリズムは必ずしも革命運動においてネガティヴな役割しか果たさないものではなく、その非政治性のゆえに、かえってよく革命性を保持しているものとして評価されたのである。

それでは、こうしたコミンテルン側の規定に対応して、日本の共産主義運動は如何なる対サンジカリスト政策を採ったか。「日本共産党綱領草案」では、労働組合内でその革命化のためにアナーキストおよびサンジカリストと統一戦線を組む必要が唱えられている。[23] これもまた前述の「労働者統一戦線政策」の忠実な反映ということができる。こうした一連の対サンジカリスト政策のもとで、いわゆるアナ・ボル協同の時期がかたちづくられたのである。コミンテルンにとっては、幼弱な日本の共産主義運動を鍛え上げていくために、サンジカリズム運動のなかで経験を積んできた戦闘的な分子を自陣営に獲得する必要があった。

加えて二〇年・二一年当時、アナ・ボル両派はともに普選運動を否定していた。つまりこの段階では、アナ・ボル対立の必然性はなく、むしろ主要な対立軸はアナ・ボル両派対トレード・ユニオニズム的労働組合主義にあった。アナ・ボル両派の立場の違いは組織論および過渡期権力論[24]にあったのであり、当面、無産階級の政治的組織化が日程に上らない段階では両者の立場の相違は特に問題とはならず、むしろ無支配社会の建設を究極の理想としてともに掲げるものとして互いに共感しあっていたといえる。

実際に、アナーキスト・サンジカリストのある部分は、「ソヴィエト（労農評議会）」方式による社会革命の方法に強い共感を感じていた。「ソヴィエト」の理想化である。彼らは、理想とする新しい社会の構成単位、自治組織として「ソヴィエト」をとらえたのである。自治組織としての「ソヴィエト」への共感と両者の究極の理想（無支配社会の樹立）の一致を槓杆として、社会運動全般の急進化に向けてボル側と共同行動をとることが可能な状況が一時期存在したのである。[25]

合法無産政党樹立による議会闘争、あるいは具体的な闘争目標をもつ政治闘争を、非政治主義のアナ系はもちろん、ボル側でも考えていない段階では、アナ・ボル双方の間で問題となるのは過渡期権力、つまりプロレタリア権力を認めるか否かということしかなく、これを当面棚上げすれば両者は労働運動の急進化という共通の課題のもとに闘うことができたのである。日本社会主義同盟が結成された背景にあるのはこうした事情なのであって、それ以外ではない。同盟を構成した群小の思想団体がアナ・ボル混成で成り立っているのも同様である。石川は、このようなイデオロギー状況のもとで活動を再開する。

三　帰国後の活動と「土民生活」の提唱

「土民生活」論の提唱

一九二〇年代後半のサンジカリズム運動の展開過程において、石川がこれとどう関わったのかを明らかにしよう。[26]

またその関わりかたに、石川が提唱した変革主体論「土民生活」論の現実の社会運動への適用とその特徴を見出したい。彼の「土民思想」を簡単にまとめておけば、以下の通りである。石川は、「人間は、生きやう、生きやう、として死んで行く。人間は、平和を、平和を、と言ひながら戦つている。人間は、自由よ、自由よ、と叫びながら、囚はれていく」という人間観に基づき、人間は生まれながらにして「無明の慾を有つて居る」ことを指摘する。したがって、人間によって創出されたあらゆるものは、「吾等自ら幻影を追ふて建設したる造営物」（＝「バベルの塔」）にすぎない。「無明の慾(27)」を対象化するために、「地を耕し、地に還へる」ことがそれである。石川によれば、人は皆、「地の子」なのであり、「地は吾等自身である」。こうして人と「地」を結びつけることによって、石川は「個」を悠久な自然と統合する。石川は、この「地の子」を「土民」と呼ぶ。「土民」は、「地の運行」（＝自然）とともにあることから倫理性を確保し、自然に背き、これを征服することによって成立する「文明」の優位に立つ。「土民」こそが、「無明の慾」から自由な存在であり、幻影を追い求めることで成立する「文明」のありかたを変革する使命を負っているのである。

一九二〇年代のサンジカリズム運動と石川三四郎

それでは以下、停滞から分裂へという過程をたどる一九二〇年代のサンジカリズム運動のなかに、その時々の石川の言説を置き直してみよう。

アナ・ボル論争の過程で、サンジカリストは、生産に関する実権を労働者自身の手に完全に獲得するため、労働運動を果敢に展開するなかで労働者の横断的結集をなしとげ、ゼネスト──社会革命を惹起するという運動論をもつに至る。しかし、こうした運動論は、関東大震災後の新しい支配体制の確立と政治状況の変化──普通選挙制度による無産階級の政治参加の一定程度の保証―に有効に対処する理論を欠いていた。さらには、サンジカリズム系の一翼を担っていた機械労働組合連合会が、企業別組合を中心に現実主義へ大きく方針転換したことに象徴されるように、不況下で進行しつつあった労働市場の閉鎖化、日本的労使関係の原型の成立は、サンジカリズムの社会的基礎を急速に掘り崩しつつあった。サンジカリズム勢力は、労働運動全般の政治的進出を目の当たりにして何ら具体的対応をとらず、部分的改良の否定―革命性の保持を誇るばかりであった。サンジカリズム理論の再検討によってではなく、自派組合の連合・産業別合同によって状況を打開しようとしたのである。一九二六年五月の全国労働組合自由連合会（略称全国自連）の結成がそれであるが、このことはサンジカリズム戦線の組織的確立という以外に意義をもたなかった。全国自連は何ら有効な日常闘争を組みえず、かえって自らの戦闘的姿勢の誇示―熟練工の階層的性格へのもたれかかり―を強くするばかりであった。こうした観念的傾向が全国自連に蔓延し、労働運動自体に意義を認めないと揚言する者もあらわれた。(28)

石川は、この頃からサンジカリズム系組合の研究会・講演会に招かれ、積極的にこれに応じる。ここで、石川のサンジカリズム評価を検討しておく必要がある。彼は、すでに「土民」を変革主体として見出していたが、この「土民」とサンジカリズム運動を担う革命的労働者との関係は如何なるものなのか。

　土民生活ということは、……政治上では自治の生活ということである。農民が土地を耕しつつ、自分達の社会生活を営み、労働者が、自分達の工作に努力しつつ組合生活を発展させていくことは、同じく土民生活であるべきだ。フランスのサンジカリストの運動が、自分達の社会的権益を拡大しつつ、同時に自分達の組織、自分達の修養、研究を向上発展することに努力するという建設的方面を無視しなかったことは、この運動に一脈の光明を発揮したものである。こうした趣意においてこそ田野における農民の生活活動と、工場における労働者の努力とは互いに相助け、相補って共同の利益を増進することが出来るようになるのである。生産組合とか、消費組合とかいうものは、こうした広い視野のもとにおいてこそ、初めて存在の意義があるのである。私がヨーロッパから帰つてきて、一方においては農民自治協同主義を宣伝すると同時に、サンジカリズムの趣意を説いて廻ったのはこの理由による[29]。

これよりさきの一九二四（大正一三）年四月、石川は、このような教育・啓蒙活動を行う場として、安部磯雄・山崎今朝弥とともに、日本フェビアン協会を結成する。関東大震災後の運動の再建を企図するこの組織は、特定のイデオロギーをもたず、実際左右を問わず幅広いメンバーを糾合した。この組織の運動論と組織論を中心とする性格づけを機関誌『社会主義研究』の「発刊の辞」にみよう。

社会主義が空想として取扱はれた時代は過ぎた。人類は今社会主義が主張する提案の採否を決すべき時機に臨んでゐる。故に我々はその提案を実行的方面に於いて検討しなければならぬ、而して我々は今後主として言論出版の方法により、その結果を公表する。

我々の態度は飽迄も研究的である。現実的であると共に、合法的であり、漸進的ではあるが積極的である。以上の理由により我々は新たに日本フエビアン協会を組織したのである。

我々はあらゆる社会主義思想にたいして寛容であることをも付言したい。同様の志向に立つものを徒に異端視し、思想のためにその人を拒むが如きは我々の本意ではないからである。ましてそれの模倣では断じてない。たゞ態度に多少の類似あると他に適当な名称がなかったからと云ふに過ぎぬ[30]。

その活動内容を、官憲側は「講演会講習会等ノ名ニ於テ頻々集会ヲ開キ主義宣伝ヲ為ス[31]」と把握していた。啓蒙的な宣伝活動こそがこの組織の本領であって、この年の六月初めから七月末にかけて三カ所で延べ三九回の「労働講習会」を毎回一〇～二五名ほどの労働者を集めて実施し、併せて地方講演も盛んに行っていた。[32] 石川が、協会に期待した役割は十分果たされていたと言える。

しかし、時あたかも護憲三派が総選挙で圧勝し、第一次加藤高明内閣が成立（一九二四年六月一一日）、普通選挙の実施がいよいよ日程に上るという時期であった。この状況下で、協会に先行して活動していた政治問題研究会が無産政党樹立の準備体制づくりに乗り出し、政治研究会に改組（六月二八日）し活発な運動を展開するなど、普通選挙実施を睨んだ動きが顕在化しつつあった。特に、政治研究会と協会とに二重に加盟している主力メンバーが少なくなかったため、この動きは直接に協会に反映した。

当然ここで、非政治主義の立場に立つ石川らとマルクス主義的立場からの政治活動を構想する会員たちとの間に軋轢が生じざるをえない。それは、石川が機関誌『社会主義研究』への掲載を紹介した延島英一[33]の原稿の採否をめぐっての紛議を機に吹き出した。その原稿とは、グルジアのアナーキスト、チェルケゾフの *Pages of socialist history: Teachings and acts of social democracy* と題するパンフレットの訳稿なのであるが、そのパンフレットの主張とはマルクス・エンゲルスの『共産党宣言』はその公刊の前年に出版されたヴィクトル・コンシデラン[34]の著書『社会主義の諸原理　十九世紀に於ける民主党宣言』第二版（一八四七年、パリ[35]）の剽窃であるというものなのであった。この原稿はいったん採用が決まり、組版終了まで進むが、当然マルクス主義を信奉する会員から掲載反対論が起こり、石川が撤回することで決着した。このことは、協会内外のアナーキストを憤激させ、彼らとマルクス主義者の会員との間の反目は強まる。[36]

協会は、無産政党樹立へという滔々たる潮流のなかで、非政治主義を唱えるアナーキストたちと、政治研究会へ合流する左派・中間派・右派（のちに独立労働協会をつくり「健全なる無産政党」を志向する）に二分される。石川の労働者に対する非政治主義的教育啓蒙活動の情熱は、まず以て進歩的知識人の政治熱によって、後にはその対象たる労働大衆の政治熱によって、退けられることになる。

それでもなお石川は、普通選挙法の議会通過という状況のなかで、今ほど労働組合の本来の使命を明確にすべきときはないと考えた。石川は、ヨーロッパにおいて、「普通選挙の実行」のために、「従来一局部に限られて居た腐敗堕落の現象」が「益々一般社会に蔓延し、国会は常に国民道徳堕落の源泉として世の中から見做されて来た」という事態をつぶさにみてきたとして、このことを鑑とすべきだと主張する(37)。

> 今日の選挙制の上に立つ代議政治は早晩消滅に帰すべき制度である。それに比すれば、労働組合は遠大なる使命を持つた理想運動である。この遠大なる使命を荷なつてゐる労働組合は、議会運動の如き、政党運動の如き、無生産者、浮浪人の縁日興業には接近しない方が得策である。労働者は個人としては勿論政治運動に参加するが可い。
>
> けれども特殊な遠大な目的と使命とを有する労働組合は、殊に未だ繊弱なそして発達の初期にある日本の組合は、深く警戒して政治運動の紛擾から遠かる《(ママ)》ことに努力すべきである(38)。

かくして、サンジカリズムの経済的直接行動の原則は、無産階級の政治的進出の可能性が生まれるなかで、ますます強く擁護されなければならなかった(39)。石川は、このような立場から、サンジカリズム系組合の運動を支援していく。そして、高揚期が終わり、無産政党運動の進出によって、またその社会的基礎の解体傾向によって、退潮期に向かった時期のサンジカリズムの最大の思想的擁護者となる。

石川のサンジカリズム擁護はどのようなかたちで行われたか。全国自連内で生じた純正アナーキズムとサンジカリズムの対抗のなかで、石川は常にアミアン綱領(40)の原則からサンジカリズムを擁護し、その原則からの逸脱を批判する。

『サンジカリスムの話』（全国印刷工聯合会発行、一九二五年八月）、『労働組合の話』（全国印刷工聯合会発行、一九二五年一二月）、『自由聯合の話』（東京印刷工組合発行、一九二七年五月）等々、これら啓蒙的パンフレットから読みとれる根本理念を抜き出せば、以下のようになる。

サンジカリストは労働者多数の団結を要求する。けれども多数は必ずしも力にはならない。見よ、無産階級は常にブルジヨアの幾十倍幾百倍の多数でありながら其意気の揚がらないのは何の為であるか。元より其虐げられたる貧困の生活が然らしめるのであらう。けれども幾十倍幾百倍といふ多数を擁しながら極めて少数なブルジヨアの陣営に対して鯨波をあげ得ないのは何の為であるか。暴虐の下に徒に悲哀の睡夢を貪つてゐるのは何の為であるか。其れは、お互いの間に一致の感激が無いからである。吾等は自分達の理想国を創造するのだといふ自覚と感激が無いからだ。…サンジカリストの創造的事業と戦闘的行動とは、常に労働者の間に一致の希望と感激とを与へるものである。(41)

ここで、サンジカリズム運動はそれ自体で自足的なものであるということ、つまり変革運動としても、新社会をかたちづくっていく運動としても十全なものであると主張されていることを確認しておこう。しかも、その「創造的事業」に明らかに比重が置かれている。これに関与することで、労働者は本来的な人間としてのありかたを回復できるのである。

石川は、サンジカリズムの農民版ともいうべき、先の「土民生活」の理念を体現する農民組織を発見する。農民自治会がそれである。農民自治会は、第一次大戦後まさしく農村自治の建設の理念を掲げた農村青年たちによって始められたもので、江渡狄嶺などの影響を受けて、その主張には反都市主義や反文明主義的な傾向があった。全国組織として確立するのは一九二七年三月二〇日であるが、石川はその席上で挨拶を述べた。また、機関誌『自治農民』（のち『農民自治』と改題）に論考を載せたり、「土の権威」と題する講演を行うなど、「最も深く共鳴した」と自ら語っている[42]。

しかし、この「共鳴」も長くは続かなかった。たとえば、埼玉県で熱心に活動していた全国委員の渋谷定輔は、この石川の講演「土の権威」を聞いて、「思想原理」としてはわからないでもないが、「現実の農民生活との関連の中で石川氏の思想を考えると、あまりにユートピアであるような気がしてならなかった」と日記に書きつけている[43]。渋谷は、この後、熱心に非政党同盟の運動を展開する。この運動はアメリカ合衆国の non partisan league に範を採ったもので、その運動方法とは次のようなものである。

まず選挙に際して自らの政治的経済的諸要求を候補者に突きつける。ついで、それに対する賛否を点検したうえで票を入れるかどうかを決める。この一票の圧力でもって、諸要求を実現する。石川と同じ非政治主義の立場から出発しながらも、渋谷の小作人としての社会的・経済的地位はより具体的で実践的な方法を選ばせた。ここから、政治的な農民闘争への進出は容易である。農民自治会の政治批判の論理とは、サンジカリストのそれと同じく、政治の非倫理性・間接性を衝くものであったから、自らの社会経済的地位を完全な意味で代表しうる政治勢力を創るか見つけるかすれば、政治を排除する論理は力を失うのである。渋谷はまさにそういうものとして、全国農民組合を選んだ。以後、渋谷は全農の左派として全国会議派の中心的活動家となっていく。やはり、石川の「土民生活」は思想原理としての抽象性があまりにも強かったのである。地主小作制度の重圧のもとにある小作農民の切実な要求とそぐわない面をもっていたと言わざるをえない。結果、農民自治会は、やや遅れ馳せのアナ・ボル論争と無産政党の支持をめぐる紛争を経て、分裂瓦解してしまう[44]。

石川は、あくまで自らの「土民生活」の思想を実現すべく東京府下千歳村八幡山に地所を借りて農耕生活にはいる（一九二七年三月）。同時にここを学習と研究の拠点とするため、共学社をおく。また、『共学パンフレット』の刊行を開始する（一九二七年九月）。

一方、日常闘争という労働組合の本来の職分すらも没却し、思想団体的性格を強める全国自連の問題は組織分裂というかたちで噴出する。印刷工に代表される日常闘争蔑視・階級闘争否定の純正アナーキズム派に対し、自由労働者・中小企業労働者・サンジカリストたちが日常闘争を階級闘争の一環に位置づける立場をとった。すでに大企業から駆逐され、零細工場に流入しつつあったにもかかわらず、一応の生活の保証が得られていた印刷工が社会的展望を失って観念化し、生産過程から撥き出された自由労働者や劣悪な労働条件下で呻吟する中小企業労働者が日常闘争を重視した運動論を樹立しようと努力するのは、長期化する不況のもとでごく自然なことであったとも言える。依拠すべき生産点をもたず、それ故技術的熟練をもたぬ彼らが、最後のよりどころとしたのは、彼ら独特の社会的連帯性とでも言うべきものであった。自由労働者たちは、その社会的連帯性で以て、労働条件の維持改善を生活権の防衛・獲得という視点から闘ったのである。

全国自連は、これら純正アナーキズム派とサンジカリズム派とに分裂し、さらに後者からはボルシェヴィズムに転ずるものもあらわれた（全国自連第二回続行大会、一九二八年三月）。サンジカリスト派は、組織的結集を進める。関東地方労働組合自由連合会（一九二八年七月）さらに、全国労働組合自由連合協議会組織準備会（一九二九年二月結成、一九三〇年七月、自由連合団体全国会議に改組）を結成、日常闘争を誠実に闘うことによって、無産階級の自然発生約な要求獲得闘争をサンジカリズムの影響下に置くことができるという日常闘争重視の立場を明確に打ち出した。また全国自連の観念的傾向に飽き足らぬ組合がこれに脱退合流するなど、サンジカリズム派の活動は活発化した。彼らは日常闘争重視の立場をさらに進め合法左派系組合との提携を深めた。そして不況下の資本攻勢に大衆的共同闘争を以て戦い、ゼネストを準備することを主張した。

石川は、サンジカリズム派を一貫して支持する。「少数者の創造的暴力」による社会革命を主張し、階級闘争に意義を見出さない八太舟三ら純正アナーキズム派に対して、階級闘争論を擁護する。石川によれば、階級闘争は確かに「人類解放運動上の一現象に過ぎない」。しかし、「アナキストは平和と自由を愛す」るがゆえに、これを「真に人類の解放運動たらしむる為に、教育と組織との總ゆる手段を尽さなくてはならない」のである[45]。

このような観点からすれば、「人類解放運動」の方法として最も適合的なのは、「戦闘的行動」と「創造的事業」とを綜合したサンジカリズムなのであった。そして、さらにこのような「解放の力学」を追究する場として、一九二九年一一月、個人紙『ディナミック』を創刊する。これは、五九号（一九三四年一〇月）で終刊を迎えるまで五年にわたって続けられた。石川は、この個人紙において、主としてアナーキズム論、歴史哲学、社会思想史、時事評論等の論考を発表し、これらは幾冊かの著書にまとめられている。

一九三一年五月、石川は自由連合団体全国会議傘下の関東一般労働者組合の日本染絨争議を支援する。この争議は、会社側が労働者統轄の強化によっていっそうの合理化を図ろうとしたことに対するもので、組合側は分会員の工場煙突籠城、ハンガーストライキ、工場占領、外に向けては同種産業、地域、同一資本系統へ争議を拡大する戦術を採った[46]。また、婦人部が組織され後方支援に活躍し、その過程で新しく消費組合が設立されるなど、石川のいう「戦闘的行動」だけでなく「創造的事業」が大いに発揮された争議であった。石川は、自らの所属する文芸家協会を説いて人権擁護会をつくり、自由法曹団とともに活動した[47]。争議は、警視庁官房主事の調停で一応の解決をみた[48]。

この時期サンジカリズム運動は、その存立基盤が産業合理化の進行と、労働市場の閉鎖化・労働者統轄の強化のなかで解体に瀕していた。自由連合団体全国会議は、反ダラ幹闘争や工場分会地域分会活動を強化することによって大経営内の組織化を進め、その勢力を回復しようとした。しかしすでに、サンジカリズム的理念を受容しうる主体はそこには存在しなかった。結局サンジカリストは、不況過程での産業合理化によって大量に創出された臨時工・社外工への働きかけを中心に運動を進めていく。

一九三一年一一月、自由連合団体全国会議が日本労働組合自由連合協議会（略称　日本自協）に改組される。日本自協は、これまでの運動が充分に社会経済状況の推移に対応できなかったことを反省し、大経営内への組織運動の重視、労働者の階級的利害にのみ基礎をおく広範な戦線統一の実現、資本家のカルテル・トラストに対抗する産業別の地方的・全国的ゼネストを目標として闘うことを明らかにした。日本自協は、地域別の労働組合の連絡組織である江東地方労働組合協議会や関東労働組合会議に参加するなど、合法左派系組合との提携をいっそう強化していくが、これは広範な階級的戦線統一の端緒として左派の結集を図ることにその目的があった。また、産業合理化の進展のなかで増加しつつあった青年婦人労働者層の組織化にも力が注がれ、従来からの工場分会地域分会結成運動とともに、本格的な取り組みが展開された。こうして、日常闘争重視の姿勢を強めながらも、日本自協の組織的な衰退は挽回できなかったのである。

サンジカリズム運動の再編・終息過程と石川三四郎

一方、従来の純正アナーキズム派、全国自連は運動への目立った取り組みをなさず、ほとんど思想団体と化していった。しかし、一九三二年後半に至って、ようやく思想団体と大衆団体の混同を反省する声が出始めた。翌一九三三年、全国自連第三回大会が五年ぶりに開かれた。この大会での運動方針の転換によって、全国自連は、日常闘争の遂行から再出発することで、労働大衆からの遊離を解消する活動をようやく開始する。これは実質的には、全国自連が日本自協の路線に歩み寄ったことを意味し、これ以後、組織内で日本自協との合同の急務が説かれ始める。

さて、日本自協の側では、戦線確立研究会等の運動論再検討の動きがあった。解体縮小を続けるサンジカリズム系労働戦線を広範な階級的労働戦線のなかに投じ、階級的経済的利害にのみ基礎をおく大衆的共同闘争を行うべきであり、その外部に「アナーキスト総連盟」を結成して労働運動の不断の革命化を図り、運動の「指導権《ヘゲモニー》」を確保すべきだとする論が打出された。これは、日本自協の正式運動方針に採用されたわけであるが、アミアン綱領以来のサンジカリズム運動論からの大きな逸脱であったことは間違いない。なぜなら、元来サンジカリズムは労働組合をそれ自体で万能なものであるとしていたからである。彼らサンジカリストにとって労働組合は、日常闘争のための機関であり、社会革命の主体であり、同時に革命後の社会の生産と分配の調整機関でもあったはずである。しかし、この考え方は未組織労働大衆の要求する開かれた戦闘的な組合、日本自協の大衆化の方針と背馳せざるをえない。したがって、日本自協を大衆組織に徹底させる一方で、そのイデオロギー性を「アナーキスト総連盟」が外部からこれに不断に注入することで確保することになるのである。結果として、サンジカリズムのうちに見出された、日常闘争と社会革命運動の結合という理念はここに否定された。

この問題は、日本自協の理論誌的性格をもっていた『黒旗の下に』においても議論された。石川は、同誌上で直ちにこの「日本自協内の新動向」を批判した(49)。その論点は、まず第一に「指導権《ヘゲモニー》」を獲得するという思想のもつ問題である。つまり、「たとへ無政府主義の名に於て行はれる改革でも、それが指導権の強行によつて行はれるならば、それは最早解放運動でなく、また無政府主義運動でもなくなるであらう」ということである。第二に、日本自協からイデオロギー色を払拭し大衆組織に徹底させる一方で、「アナーキスト総連盟」が外部からこれに「指導権《ヘゲモニー》」を行使するという方法論が、「大衆獲得」のための「大衆獲得」に陥る危険性を指摘する。よしんばそれに成功したとしても、そのうえに「指導権《ヘゲモニー》」を行使することは、サンジカリズムの原則からの逸脱である。「吾々は共働者を求めるのであつて被指導者を求めるのではない」。そして、石川は「今吾々は個人的に―日本自協は既にアナルコ・サンジカリストとして確立してゐるが故に―労働大衆または他の組合のなかに入つて、そのイニシアチーヴを刺激してやるべきではなからうか。そしてその大衆が自らの組織を創成する事を助くべきではないか」と述べる。さらに、「かうした態度は、日本自協としては或いは廻りくどいかも知れない併し私の見るところでは日本自協が将来、真に大きくなる所以だと思ふ」と続ける。石川は、日本自協の人びとの焦燥感も十分に理解しつつ、それでもなおサンジカリズムの原則からの逸脱を認めることはできなかった。石川のアナーキズムは、革命運動の単なる戦略戦術論に還元できない性質のものであって、その時々の選択が十分に政治的リアリズムを確保しているかどうかはあまり問題ではなかったのである。

一九三三年当時、労働運動の合法性を防衛しつつ、階級的な労働戦線を拡充していかねばならないという現実の要請は、サンジカリズムの根本理念の再検討をなさしめずにはおかなかった。同時にこのことは、サンジカリズム運動の社会的基礎も準戦時体制への移行のなかで最終的に解体しつつあったこととの反映でもあった。

こうして、まず分裂していた全国自連と日本自協の両派を包括する自由連合主義労働戦線の再統一が焦眉の問題となった。まずもって、メーデー・反ファッショ闘争における両派の統一行動が実現し、こうした共同闘争を経て、一九三四年三月の全国自連第四回大会において日本自協が全国自連に組織的に解消するかたちで合同が完成した。

石川は、この準備段階で日本自協幹部の相談を受け、全国自連との合同を支持する。この後、日本自協関東地方協議会第二回大会で挨拶し中止させられる（一九三三年三月五日）などの他は、運動から退く。

再生全国自連は、左右を問わぬ一大産業別組合の結成を戦線統一の最終日標に据えた。これによって経済闘争を果敢に展開するなかで、労働大衆を自らの側に獲得するという戦略を採用したのである。それ故、彼らは「自主的従業員組織の戦闘化」、工場委員会活動を通じての合法的闘争、団体協約獲得のための闘争など、ごく日常的な闘争のなかから労働運動を再建することをめざして運動を始めていた。しかし、急速に衰退する自派労働運動に対する焦慮は、強固なアナーキストグループ結成による革命運動へと短絡し、非合法活動へ没入する者を生み出した。一九三五年一一月の無政府共産党事件[50]による党関係者の検挙に名を借りたアナーキスト・サンジカリストの大弾圧が実行に移され、全国自連は解体した。

石川は、一九三三年八月に再渡欧を決意、一〇月一八日塘沽着、中国に二ヶ月ほど滞在する。この間、中国文化の深さに惹かれ、東洋史研究を志し、渡欧を中止し帰国する。以後、社会運動からは距離を置き、専ら東洋史研究に没入していく。

石川三四郎における変革主体論の特徴

最後に、石川のサンジカリズム運動への関わりかたから、石川の変革主体論の特徴を抽出しておこう。

第一に、変革主体としての「土民」を、単に農民としてではなく、自律的な直接生産者として捉えていることである。その意味で、労働過程を支配している労働者は、「土民」たる資格を十分に有しているわけである。

第二に、あらゆる運動の直接性を重視し代行主義を否定する姿勢である。その意味で政治は徹底して忌避される。

第三に、「戦闘的行動」のみが一方的に強調されるのではなく「創造的事業」との総合が説かれるように、常に教育と啓蒙の視点が貫かれていることである。

第四に、状況への「現実的」対応を全くと言っていいほど顧慮しないことである。言い換えれば、政治的リアリズムの欠如ということである。これは、石川の場合、「戦闘的行動」と「創造的事業」の総合という視点にみられるように、その運動論が体制からの全人格的解放と将来社会へ向けての新しい人間像の模索という区々たる成果を超えた根源的な問いのなかに溶解してしまうことによるのである。

このように整理してみたときに、石川の変革思想の特徴はその思想的出発の時期にできあがった基本的な枠組みを踏襲していることが明らかになる。個の変革と社会の変革の同時遂行を可能ならしめる原理(51)を模索してきた石川は、帰国後「土民生活」を提唱し、これを新たな統合原理とする。直接生産者として、自然の摂理に則った生活をする「土民」のなかに、個と自然の統合を見、自律的存在としての「土民」が連帯し社会関係を取り結ぶことで個と社会が統合される。石川にとっての労働運動・農民運動は、直接生産者つまり「土民」の運動として、政治性を排除した、直接性を保持した変革運動として意味をもった。そしてその運動論は、「戦闘的行動」と「創造的事業」の総合を強調するように、教育と啓蒙の視点が貫かれており、新しい人間像の形成という根源的な問いに溶解してしまう性質のものであったが、同時に個と社会を統合的に歴史的に把握する普遍理論の構築を求めるものでもあったのである。

第二節　石川三四郎の神観念と統合原理の模索――『新紀元』から一九三〇年代へ――

近代日本において、新しい来るべき社会のありかたを構想する思索と運動は、今は覆い隠されてしまった個と社会の統合原理を明らかにし、それへの回帰を目指す方向と、歴史の上向的な推転を信じ、それに意識的に関与しようとする方向と、二様の展開をみたように思われる。この見方からすれば、初期社会主義運動の重要な分岐点であった「直接行動論争」における、「直接行動論」も「議会政策論」も、一種の「科学主義」（素朴な進歩史観）に立脚していたのであり、後者に属していたと言えよう。以下は、石川三四郎の思想的営為を前者の典型として、その思索と運動を跡づけようとするものである。

平島敏幸氏は、キリスト教社会主義から「土民思想」へ、さらには社会哲学へと向かう石川の思想的発展を、「自発性」と「自治」を重視する「精神性」が動因となったものとした。そして、その抽象性の根源を、個と宇宙を直結し、その媒介項となるべき社会の問題を軽視し、組織論の検討が弱かったというところにみたが[52]、ここではむしろその抽象性を採り上げ、石川が模索した新しい社会の統合原理の枠組みの形成と発展を明らかにしたい。その形成は『新紀元』の時期から本格的に始まり、著作『虚無の霊光』で一応の端緒的な成立を見、亡命を終えて後の「土民思想」に結実し、一九三〇年代の社会哲学の構想へと進む。『虚無の霊光』における思想的達成については、すでに論じたところであるが[53]、『新紀元』段階の石川の主張を検討し、その思想的枠組みの形成と成熟を明らかにする。

一　『新紀元』における社会主義と信仰

石川の『新紀元』所載の文章から、石川のキリスト教社会主義の内実を明らかにしよう。特に、石川の信仰の根幹をなす神認識の特徴を明らかにすることは、石川の思想的営為の根底的部分を明らかにすることでもある。まず第一に、入信の動機はどうあれ、石川の信仰のありかたは意外に理性主義的なものだったということができる。その点を、石川の受洗前の文章ではあるが、「信仰の有無と有神無神[54]」という論考で確認しよう。石川は、「信仰の有無」と「神の有無」とを区別する。そして、外界の刺激に対し、「一の単簡なる応答を為し得るものは必ず一の信念を有す」と述べ、この「信念」はすでに「信仰」なのであるとする。この「信仰の高卑強弱」を決定するのが、個の認識能力を規定する「智識の広狭深浅」である。「智識」は、「信仰の対象を審察悟得せしむるもの」として重視される。

石川は、信仰上の師、海老名弾正の神観念を踏襲し、「神は自己の裡にこそある[55]」との認識に至るが、海老名は、人の内に「天地の主宰」と「一体」である「霊明」が存在すると結論づけ、「人格的唯一神の世界支配、その人間の内面への現れ」をそこにみた[56]。石川が、この枠組みを受け容れ、儒教における「天」とキリスト教における「神」とを同義に用いていることはすでに論じた[57]。

そのうえで、『新紀元』一一号（一九〇六年九月）誌上で高島米峰の「社会主義と宗教―『石川兄に質す』」に応じた「米峰兄に答ふ」から、自らの宗教観を披瀝している部分を引こう。石川は、一神教も「汎神教」も「共に不完全な信仰で、此の二つは共に真理の半面に執着して居るのだと思ふ」と述べ、さらに進めて「宇宙は丸い球の様なもので、人が其球の中心を望むときは一神教的信仰起こり、人が其内面をより外方を見る時は汎神教的信仰が起るのでは無いか」と主張する。これは、「常に人類は神の子にして兄弟である」という命題にももち込まれる。キリスト教の場合は人類が「神の子」として、つまりは神を親と認識することで「一神教的信仰」を自己の内に生じるのであり、社会主義は、この「同胞」（石川は「兄弟」をこう言い換えている）が「愛」でもって結びつくことによって実現するとする。世界に神と人類という縦の関係（「宗教生活」）と、人類同胞間の横の関係（「社会生活」）が構造的に存在することから、その両面を見据えたキリスト教社会主義が存立の根拠をもつというのである。

この構造論的世界観は、次の段階、その後の『日刊平民新聞』の筆禍による入獄中に深められる。

二　構造論的統合原理の提唱から「土民思想」へ

『虚無の霊光』の結構についてはすでに述べたところであるが(58)、ここでは個と社会の関係についてまとめておく。石川における個は客観においては渺たる個にすぎないが、主観においては自らの裡に「道」を保持し、天地の理を担うものである。個は、自らの内なる「道」を意識し、積極的にこれと合一し、本来のありかたを回復することができる。個と社会の関係もこのアナロジーで解釈される。個は社会においては「社会の一分子」として「一切他力」の生活を営むにすぎないが、個は「自我の自発的能力」を有する。この一見相反する両側面は実は相補的関係にあるのであり、個の「自我の独立の自覚」があって「自治」が生じ、この自治の能力があってこそ「協同生活の実も挙が」るというのである。

次に、歴史観の問題である。石川は精神や社会のありかたとその歴史的展開過程の把握について、その動態的把握と静態的把握という区別を立てる。マルクスらの「歴史の事実に徴して之を今後の革命に推及せんとするもの」と、クロポトキンらの「進化の静的観察に基づきて、革命の標準を樹てんとするもの」とを区別し、この二様の把握は統合されるべきだとするのである。石川によれば、それは「巨大無限の時間の流れ」を流れに沿ってみるか、その流れに浮かぶ個体のありかたを分析するかの違いであり、両者は相補的関係にあるのだという。

このようにみてくれば、石川の思想の論理的階層構造およびその深化がみて取れる。認識論的には主観と客観の統一的把握であり、社会観としては個人的自立と社会的協同の統合が目指され、歴史認識としては歴史事象の自由性（静態的把握）と規則性（動態的把握）の統一的把握が主張される。

石川は、文明批判という観点から、あるべき個と社会の関係を探究する。石川は、自らの「物慾」を相対化し文明化のなかで生じる「物慾の蔭」を排除することで、宇宙的究極原理である「道」に還ることを提唱する。このことは、主観を担う個が自らを対象化することで、客観性の象徴としての「道」に回帰合一することを意味し、認識論的には主観と客観の統一的把握を主張している。このように個が本来的な「自我の自発的能力」を回復することによってのみ、社会も「協同生活」を実り多いものとすることができる。ここに、個人的自立と社会的協同の統合が図られる。個の変革と社会の変革の同時遂行という視点は、主観と客観および個と社会を統一的に把握する思想原理の模索のなかに保持される。石川は、非常に観念的な形態においてではあるが、それを果たした。

石川は、大逆事件後の「冬の時代」をヨーロッパへの亡命生活で凌ぐ。この間の東西文明の比較による文明観の深化は、第一次世界大戦に遭遇した体験を直接の契機とし、先の文明観を基本的枠組みとして獲得された成果であった。彼は世界戦争を生み出したヨーロッパ文明に対して深い懐疑の念を抱くが、その文化的退廃の根源に「権利義務の思想」が「一切の人情関係を物質化」してしまったことをみたのである。さればこそ、新しい文明の組織原理は、有限の個が無限の自然を包容しうる「人情」にこそ求められる。ここでも石川は、有限な個と無限の自然を統一的に把握しようとしていることがわかる。「人情」という、自らの内なる「ナショナル」なものを意識し対象化し、ここに新たな文明の形成原理を見出したのである[59]。

しかし、この考え方は「土民生活」論がフランスでの農業体験のなかから浮上してくると、後景に退く。石川は帰国後、「土民生活」を提唱し、これを新たな統合原理とする。直接生産者として、自然の摂理に則った生活をする「土民」のなかに、労働を媒介とした個と自然の統合を見、自律的存在としての「土民」が連帯し社会関係を取り結ぶことで個と社会が統合されると考えた。普遍化の困難な「ナショナル」なものは、「土民生活」の依拠する場の論理として探究の対象となるのである。

石川は、一九二〇年代後半以降、実践運動とも関わっていく。しかしその運動論は、「戦闘的行動」と「創造的事業」の綜合を強調するように、教育と啓蒙の視点が貫かれており、新しい人間像の形成という根源的な問いに溶解してしまう性質のものであった。

三　イデエ・フォルス論と社会美学

準戦時体制下の社会運動の全般的閉塞状況のなかで、石川の構造論的統合原理の探究はどのようなかたちで帰結したかを検討したい。石川の統合原理の探究は、主観と客観から個と社会へと進められてきた。そして、あるべき社会の姿は文明観の深化のなかで明らかにされた。しかし、その統合原理を実現するための運動体は、まず第一に政治の横溢に抗しきれず押し流され、次に帝国主義的侵略政策を遂行する国家機構の抑圧によって最終的に破壊された。石川は、実践から歴史研究へと思索の場を移すことになる。

かくて石川は、生命観から主観主義的統合原理を基礎づけようとする。[60]

生命が機械と異なる点は、それが自己の意匠（イデー idée —引用者）と、その意匠を発展する力（フォルス force —引用者）とを持つてゐるところにある。

生命が自我を実現するイデエ—フォルス・私はそれを念力といふ・は如何なる外来の妨害力に会つても自我の拡充を停止することなく、その本来のイデエを歪められながらも尚ほ最後まで努力を続けるものである。それは植物でも動物でも皆同様である。そして其のイデエ・フオルスが、外来の妨害又は内発の疾病によつて活動を全然絶止すれば、其れは其個性の死となるのである。

そして「生の本能は自我の拡充建設にある。其の力を私は念力と言ふ。吾々の解放の力学は此念力を綜合し調和し発展することを目的とするのである」と結論づける。

この「イデエ」はさらに深められる。「イデエ」（＝「自己の意匠」）は、すべからく「美」に向かうのである。「イデエ・フォルス」論は、その一部を構成するかたちで、「社会美学」論に吸収される。そしてこの「美」が、社会の組織原理としてのアナーキズムを要求するというかたちで、アナーキズムを基礎づけるのである。その「美」の何たるか、そしてその「社会美」とは何か。

如何なる運動も美的感激なしには起らない。宗教も道徳も、国家も社会も、それ等が与える美的感激を喪う時は衰亡する。……美的感激は如何なる運動、如何なる事業にも、第一義的要素であり、また力学的要素でもある。……一般美学者が言つてゐる通り、「美とは感情移入によつて成立する対象の価値である。」……然らば、かうした事実を記述する美学が、果して社会といふやうな抽象的事象を対象となし得るか。…美の感激は感ぜられた調和、善の感激は努力を以て欲求せられたる調和である。そして、その調和感が我々に起るのは、対象の中に認められる生命の動き又は姿様が吾々の本性に融合してビブラシヨンを起す時にある。そして吾々は、かうしたビブラシヨンを大自然に対して感じ、また、同様に人類社会に対して感じる。これは直接の感覚を通してゞはなくて、綜合的観念を通してゞはあるが、それが一種の直観であると言ひ得るであらう。[61]

そして「社会美学」は、コント社会学の「社会静態学」と「社会動態学」の区分に倣って、「社会静態美学」と「社会動態美学」とに分けられる。前者は「社会の組織秩序」のありかたに対して観照される美を、後者は「社会の進歩発展」のありかたに対して観照される美を扱う。

「社会静態美」を、石川は絵画の鑑賞を例にとって説明する。

芸術家が自然の一部を框に入れて、尚ほこれに生命を感じるのは、それが大自然に有機的に属する一部分と見るからである。吾々は大自然そのものを絶大な芸術的現象として驚異と感激とを以て、讃美する。その極微小部分たる框中の自然にも吾々が美的感激を持つのは、それがその大生命のつながりであり、吾が衷に躍動する生命そのものと連帯するからである。

吾々が社会を観照する場合も矢張り同様である。どんな小さな社会を見ても、そこに美的観照が行はれるには、吾々の宇宙的意識内に起こる感情がその対象社会に移入して、その中に宇宙生命の輝きを直観するからである。[62]

ついで、いったい「如何なる社会組織が吾々の美的感激をそゝる」のかが、問題とされる。それを検討するためには、吾々に「美的感激」をもたらす吾々の「宇宙観」が明らかにされなければならない。

庶物崇拝（アニミズム―引用者）時代の宇宙観と、その時代の家族的土着社会とが一味的共通点を有し、多神教時代と部落的聯合社会とが同存し、一神教時代と国家的統一社会とが並行するのは、各時代人の社会美観の相違を物語るものである。[63]そして、その宇宙観は移り変わりつつある。

過去百余年の間に、世界一般の宇宙観は一神的宇宙観から汎神的宇宙観に、更に汎神的宇宙観から汎美的宇宙観に変はつて来てゐる。……

宇宙は吾々の前に依然として神秘ではあるが、併しその神秘は古人の見た神秘とはちがふ。厳酷な神秘ではなくて親しみ深い神秘だ。地球の主人公たる意識を獲得し、自然に対する自己の力を信じ得るに至つた人類は、単なる恐怖を以て宇宙を見ない。楽しき美しき住家として、これを見る。少くともさうできるといふ積極的信念を持つ。

それは吾々自身が宇宙の一員だからである。無限に連帯せる宇宙の一環鎖としての存在だからである。吾々各自身が宇宙的交響楽の一楽士だからである。そのオーケストラにはコンダクターは居ない。

かうした宇宙観の下に、新らしい宇宙的サンフオニイ（symphonie―引用者）を演奏すべき吾々の社会生活を如何に組織すべきか。第一に必要なことは各自が自由にして自発的行動が許されること、第二にその全体に一環せる一味の連帯性が存在すること、第三にその連帯せる各部員が特殊の旋律を奏すべき職分を持つてゐること、……

吾々の社会組織そのものが実は益々かうした方面に向つて進化して来たのである。社会生活の古来からの発達の跡を見れば、単純から複雑へ、孤立散在から連帯綜合へ、諸国対立から国際連帯へと変つてゐる。これが人類の自ら追究してゐる方向である。(64)

こうした宇宙観は、社会組織における「強権的階級統制を認容しない」。次に、先の宇宙観に基づく社会組織の原理に、アナーキズムの三つの原理が正しく対応することが示される。

アナルシスムの第一原理は、個性の完全なる自主的拡充といふことである。第二原理は、その個性は自然の相互的連帯関係に於て生命の根を張つてゐるといふことである。第三の原理は、個性が自発的に社会生活を達成する場合には、その形体と色彩は千差万別にして多種多様に発展するといふことである。そこに平等的差別はあるが、権力服従はない。分業はあるが、階級はない。(65)

つまり、「社会美の原則」は「ただアナルシスムに於てのみ具現せられる」のである。

それでは、「社会生活の時間的継起的の美、即ち社会動態美[66]」とは如何なるものか。「動態美」とは、音楽を例に採れば個々の音とその連続で形成される旋律の関係に見出され、社会の場合は「社会組織の形態と流動進展の調子」の関係に見出されるべきものである。そしてその「社会的動態美」は、アナーキズムのなかにこそ見出されなければならない。それは、アナーキストこそが「人間性に本質的本能として美的感能が存在すること」と、「その本能の要求が人間生活に迫力となつて社会の進展を促すこと」を明確に認識しえているのであって、「かうした人生観に基くアナルシスムは未来の社会理想としての美を想望するのみならず、現実生活に於ける社会交響楽の一要素として自己を生かして行く[67]」からである。

こうして「美」を媒介として、「美」の観照者としての個は宇宙と直接に結びつけられ、宇宙のありかたを映して、その「動態美」と「静態美」を備えたあるべき社会の姿が導き出される。そして、そこでは個は「美」を追求することで、「個性を拡充」し、「社会の進展を促す」。ここに、石川の統合原理は完成する。

四　歴史哲学の探究

石川は、この統合原理の模索を終え、次に生命観に基礎づけられた歴史哲学の探究に向かう。これは、明らかに史的唯物論を意識し、それとは異なるアナーキズムの歴史観を確立するための思想的営為であった。

まず、「歴史現象の多元性」が論じられる。石川は、「生命現象」のなかに、その原理を見出すが、それは以下のようなことである。すなわち、自然界に存在する有機物は、さまざまな細菌の働きかけによって分解され、あるいは他の有機物と合成され、その存在形態を時々に変えてゆく。そしてそこには、常に有機物の破壊と合成の完全な均衡状態が成立している。歴史も同様に、「決して弁証法的『自己運動』として成立したのではなく」、「内外多元的動因」が、内在する要因と外部的な契機が結合して初めて結果を生むという、「因縁果の法則によつて結成せられた」ものなのである(68)。

また、「地理的環境が吾々人類の心理生活、及び生理生活に深甚な影響を与えることは極めて明白である」し、同時にその時代の「人間の知識及び信仰がその社会生活に主要な威力として発動すること」も確かである。かくして、地理的環境と時代による「歴史の多様性」は不可避となる(69)。

このように生命および人類の存在態様に照応した歴史観の模索は、歴史事象の評価の問題へ移る。石川は、歴史事象を評価する際の「価値的批判を施す標準」として、「歴史的価値」と「社会生理的価値」の二つを立てる。「歴史的価値」は、単に「その事実が歴史進化に与へる直接影響の大小如何によつてのみ価値が評定される」。一方、「社会生理的価値」は「或る事象が人間史に与へる直接影響の強大さ如何の外に、更にそれが其人間社会の健全性に与へる影響如何」によっても決定される(70)。

栄養を摂るための食事において過食し胃を損ねるが如く、人間はその本性からいって「無明」から逃れられない。このような人間のありかたを無視しては、歴史事象を検討することはできない。「歴史現象の社会病理学的批評」が必要となる。この分析の方法的な用具として、「細胞病理学」の考え方を採り入れる。「細胞病理学」の知見によれば、「人間の諸器官の病気は、……その器官を構成する細胞の病気に基く」。このアナロジーを社会に及ぼせば、「単なる機構の問題ではなくて、機構を組成する細胞の問題である」という見解に達する。つまり、「各個人覚醒の度はその時代の自由と健全の尺度である(71)」。正常細胞の占める数量的割合でその社会の「自由と健全」の度合いが決まる。

そもそも、健康な人間（調和的に存在した世界）であっても、内に何らかの病因が存在した場合には（因）、外部から病原が侵入することで（縁）、疾病を生じる（果）。ここでも因縁果の法則は貫徹する。疾病を生じた場合には、人体においては白血球が働くが、社会においてはそれは自覚したアナーキストやサンディカリストの役割である。人類の歴史も、同じように「或は進歩し、或は退歩し、或は健全に進み、或は病的に陥つてきたものであること」[72]がわかる。つまり、一貫して上向的発展を遂げてきたものではないとするのが石川の見解なのである。

小括

以上みてきたように、石川の思想のラディカリズムの根源とは、個に保全される内的価値を外界からの阻害要因を排除して拡充し、普遍的価値に直結するという点にあった。そして、それを社会全体に拡大するために、自己の内的価値に気づかせない社会的な機構・制度を対象化し、破壊するという方法を主張した。教育・啓蒙が重視される所以である。

そして、その時々において、普遍的価値を供給する統合原理は、老子・陽明学から「土民生活」へ、また「イデエ・フォルス」論へ、さらに「社会美学」論へと深化してきた。その間、「ナショナル」なものの評価とその果たすべき役割も変化した。ヨーロッパ亡命期には、ヨーロッパにおける「権利義務の思想」という社会の組織原理にとって変わるべきものという評価が与えられたが（「文明進歩とは何ぞ」）、帰国し「土民生活」が唱えられる段階ではそれは「土民」という普遍概念の後景に退き、「土民」が依拠すべき土壌として適合的なものという評価へ変化する。

さらに、生命観・宇宙観から統合原理が構想される段階になると、それは地理学的・文化史的に位置を与えられ、またその形成過程も歴史的に分析され、ますます相対化・対象化される。このことは同時に、個が活動し社会を形成する動きの基層にその「ナショナル」なものが存在することを意識することでもあった。

石川は、一九三五年頃から運動から遠ざかり、歴史哲学の研究と東洋史研究に没入する。これは、先の「社会美学」論と同様、生命観に基づく歴史の説明原理の模索であり、実際に日本をも包括する東洋史をこの歴史哲学に基づいて分析しようとする作業であった。この作業は、個別の歴史事象を記述的に歴史の流れのなかに配置し、同時にそれらの歴史事象間に一定の規則性を見出し、ソフトなかたちで一つの歴史観に統合しようとする試みであった。

石川は、主観と客観・個と社会の統一的把握と、個の変革と社会の変革の同時遂行を可能ならしめる原理を模索してきた思想そのものと、その思想的営為において一貫していたのである。

註

（1）平島敏幸「石川三四郎の『土民思想』」（『学習院大学文学部研究年報』第三七輯　一九九〇年）、「石川三四郎の社会哲学」（『学習院史学』三二、一九九四年）、板垣哲夫『近代日本のアナーキズム思想』吉川弘文館　一九九六年。これらの業績の評価については次章参照のこと。

（2）Elisée Reclus（1830-1905）。パリ・コミューンに参加した所謂コミュナールで、地理学者・アナーキスト。主著の *L'Homme et la terre*,6vols（paris,1905-8）『地人論』、*L'Anarchie*（Paris : Publications des Temps Nouveaux, 1895）など多くの著書がある。クロポトキンの友人でもあった。Marshall, Peter, *Demanding the impossible:a history of anarchism*（Glasgow, 1993）

（3）大澤正道「編集ノート　堺利彦と黒岩周六、『十六人宣言』など」五五九頁。大澤は、特にアルザシァンであるルクリュ夫人の熱烈な愛国者振りが石川に与えた影響を指摘する。

（4）Patsouras, Louis, *Jean Grave and the anarchist tradition in France*,（New Jersy, 1995）65f

（5）Manifeste des Seize（Manifesto of the sixteen）。石川も「十六人宣言」と呼んでいる（石川訳「即時媾和論に対する宣言」『クロポトキン全集』第一巻　春陽堂　一九二九年　四九四頁）。

（6）この問題を石川の思想の問題と関連させて論じているのは、大澤正道「編集ノート　堺利彦と黒岩周六、『十六人宣言』など」（『石川三四郎著作集』第二巻）、米原謙「第一次世界大戦と石川三四郎」（『阪大法学』四六―二　一九九六年六月）がある。大澤氏も米原氏も、石川が「十六人宣言」に署名した理由を、石川が「政治嫌いで政治音痴であった」ことに求めている。
（7）Ibid., 64ff.
（8）フランス労働総同盟 Condération Général du Travail.
（9）Ibid., 65f　石川の訳による宣言原文が「即時媾和論に対する宣言」として『クロポトキン全集』第一巻（春陽堂　一九二九年）に収められている。石川は、この宣言をオランダのアナーキスト、クリスチャン・コルネリセン Cornelissen, Christian とクロポトキンの手になるものとして解説を加えているが、ルイス・パツーラスによれば実際はジャン・グラーヴとクロポトキンによるもののようである。
（10）大澤「編集ノート　堺利彦と黒岩周六、『十六人宣言』など」五五九頁。
（11）一九一五年九月五日から八日にかけて、スイスのツィンメルヴァルトで、同国の社会主義者の主催で開催された。その目的とは、この大戦の速やかな終結をめざして国際的連帯に基づき各国の社会主義者が国内の反戦運動を促進することにあった。会議に参加したレーニンら左派は、この戦争の革命的内乱への転化と新しいインターナショナルの創設を主張した。コミンテルン創設の起点とされる。J・ジョル、池田清・祇園寺則夫訳『第二インター』木鐸社　一九七六年　二三一～二三三頁。
（12）石川「籠城日記」六七頁。
（13）同前　四二頁、四六頁。
（14）無署名「人道か暴力か」（未発表）『石川三四郎著作集』第二巻　一七〇頁。文末に「千九百十四年十月三日　ブルセル市籠城中之を記す」とある。
（15）純正アナーキズムとは「唯物史観を強権主義として否定し、マルクス主義の概念と用語の全てを、アナキズムの中から排除し去ることがアナキズム運動の理論的基礎の確立につながると主張」する思想的立場であった。（後藤『日本サンジカリズム運動史』啓衆新社　一九八四年　七一、七二頁）この立場からは、サンディカリズムの労働価値説に基づく階級闘争論をマルクス主義の思想的密輸入として否定し、労働運動そのものを資本主義システム内での再分配要求運動として変革運動と認めないという議論が生じ、サンディカリズム運動と鋭く対立した。
(16) 石川「十六人問題に就て」(『自由聯合新聞』三五　一九二五年五月)『石川三四郎著作集』第三巻　一九七八年　五〇頁)
(17) 同前　五一頁。
(18) 後藤彰信『日本サンジカリズム運動史』啓衆新社　一九八四年　五〜七頁。
(19) 後藤前掲書　八〜一〇頁。
(20) 後藤前掲書　一六頁。
(21) 村田陽一「解説」『コミンテルン資料集』第二巻　大月書店　一九七九年　六一四頁。
(22) 村田陽一編『コミンテルン資料集』第二巻　一〇三頁。
(23) 村田編訳『資料集　コミンテルンと日本』第一巻　大月書店　一九八六年　一四一〜一四四頁。
(24) 革命後にその成果を確保するために発生する革命権力を認めるか否かという議論。ボルシェヴィストはその必要を主張し、統治権力一般を否定するアナーキスト・サンジカリストはこれをも否定する。
(25) 第三章第二節一四八頁。
(26) サンジカリズム運動の展開過程については、後藤彰信『日本サンジカリズム運動史』をもとに叙述した。
(27) 石川は常に自己の裡にある「無明の慾」を意識しており、ここでも「吾等は生まれながらにして無明の慾を有つて居る。身を養はんが為の食物を過度にして、吾等は却て其胃を毀う」と述べている。この、意識下にある「無明の慾」をいかに対象化し克服するかが、社会の改造とともに同時に進められなければならない、きわめて現実的な思想的課題だったと考えられる。
(28) ここでは熟練労働者の「渡り職工」的性格から生じる独立自主の気風と、その反面を構成する運動をともにする他に自らと同じ一定の精神的強度を強いる傾向を意図している。
(29) 石川『自叙伝』理論社　一九五六年、『石川三四郎著作集』第八巻　一九七七年　四二九頁。
(30) 無署名「発刊の辞」『社会主義研究』一―一（日本フエビアン協会　一九二四年五月）。

(31)「特別要視察人並水平社状勢調」(『続現代史資料一　社会主義沿革二』みすず書房　一九八六年)二六九頁。

(32)同前、二八〇〜三二九頁。

(33)延島は当時東京印刷工組合に所属する印刷労働者で、英語・仏語などを独習しサンジカリズム理論を精力的に翻訳紹介した。

(34)Considérant, Victor-Prosper(1808-93)フーリエ主義者。フーリエの思想を社会主義の名のもとに体系化。二月革命には、国民議会議員に選出される。後、アメリカ、テキサス州でファランジュの実験を行い、失敗して帰国。関嘉彦『社会主義の歴史Ⅰ』力富書房　一九八四年　六四頁。

(35)Considérant, Victor-Prosper *Principes du socialisme: Manifeste de la démocratie au dix-neuvième siècle seconde édition*(1847 Paris)

(36)この問題をめぐっては石川の『自叙伝』の該当部分の他に、延島が当の訳稿をパンフレット化して出版した『共産党宣言の種本』(金星堂、一九二七年)の「序」に詳しい。それによると、この原稿は、一九二五年に労働運動社からパンフレットのかたちで一度出版され、本文に訂正を加えて金星堂の「社会科学叢書第一編」として上梓されたもののようである。

(37)石川「普選と労働組合の危機」(『社会主義研究』三―一　一九二五年五月)『石川三四郎著作集』第二巻　三八九頁。

(38)同前　三九三、四頁。

(39)石川はフランスサンジカリズムの根本理念となったフランス労働総同盟CGTのアミアン綱領を明らかに意識している。これは一九〇六年のアミアン大会で採択されたもので、労働組合のあらゆる政党政派からの断絶を宣言し、経済的直接行動＝ゼネストという運動方針への確信、労働組合が階級的な抵抗主体であり、また同時に将来社会の構成単位とも成りうるという労働組合万能論を自らの依拠する立場として表明したものであった(喜安朗『民衆運動と社会主義』勁草書房　一九七七年　一九八、九頁)。

(40)アミアン綱領については註(39)参照。

(41)石川『サンヂカリスムの話』(全国印刷工聯合会)『石川三四郎著作集』第五巻　一九七八年　二四二頁。

(42) 石川『自叙伝』四三七頁。
(43) 渋谷定輔『農民哀史』勁草書房　一九七七年　五〇六頁。
(44) 大井隆男『農民自治運動史』銀河書房　一九八〇年　三六一～七頁。
(45) 石川「階級闘争説に就て」『黒戦』一巻二号（一九三〇年四月）三頁。
(46) 後藤前掲書　一一四頁。
(47) 日本染絨争議団本部『闘争日報』No.9　一九三一年五月　二頁。
(48) 白井新平『日本を震撼させた日染煙突争議』啓衆新社　一九八三年　六四頁。
(49) 石川「自由聯合主義とヘゲモニー」『黒旗の下に』五（一九三三年五月）二頁。
(50) 日本無政府共産党員の高田農商銀行の襲撃に端を発した事件。一九三五年一一月一一日から約四〇〇名が検挙された。司法省刑事局思想部『思想研究資料特輯二七　日本無政府共産党関係検挙者身上調査書』（一九三六年）によれば、党員数は三一名、シンパあるいはそれと目される者が一四名、他はほとんど全国自連の組合員、アナーキズム系文芸誌の購読者などであった。
(51) 第一章第一節参照。
(52) 平島敏幸「石川三四郎に於ける社会主義とキリスト教」（『学習院大学文学部研究年報』第三六輯　一九八九年）、同「石川三四郎の『土民思想』」（『学習院大学文学部研究年報』第三七輯　一九九〇年）、「石川三四郎の社会哲学」（『学習院史学』三二　一九九四年）
(53) 第一章第一節参照。
(54) 石川「「信仰の有無と有神無神」（『埼玉新報』一九〇三年一〇月二七日）『石川三四郎著作集』第一巻　一八、一九頁。
(55) 石川「平民の信仰」『新紀元』七　一九〇六年。
(56) 吉馴明子『海老名弾正の政治思想』東京大学出版会　一九八二年　五頁。
(57) 第一章第一節　二二頁。

(58) 第一章第一節　二五―七頁。
(59) ここで、石川が「人情」を果たして日本固有のものとして意識していたのかという問題が生じる。それは石川自身がヨーロッパにおいては「権利義務の思想」が「一切の人情関係を物質化」してしまったと書いているからである。しかし、一方で「仁侠的精神」を持ち出して「人情」と同列に論じ、また「人情」がすでに駆逐され尽くしているように表現するとき、それが保全されていること自体が「ナショナル」な意味をもつと考えることもできよう。
(60) 石川「自由の要求」『ディナミック』四　一九三〇年二月　二頁。
(61) 石川「社会美学としての無政府主義」『ディナミック』二九　一九三二年三月　二頁。
(62) 同前　三頁。
(63) 同前　四頁。
(64) 同前　四頁。
(65) 同前　四、五頁。
(66) 石川「動態社会美学としての無政府主義」『ディナミック』三〇　一九三二年四月　二頁。
(67) 同前　二頁。
(68) 石川「歴史現象の多元性」『ディナミック』四〇　一九三三年二月　一頁。
(69) 石川「歴史動態の多様性」『ディナミック』四一　一九三三年三月　一頁。
(70) 石川「歴史現象の社会生理的批判」『ディナミック』四三　一九三三年五月　二頁。
(71) 同前　三頁。
(72) 同前　三頁。

終章　日本アナーキズムにおけるインターナショナリズム

インターナショナリズムを、被抑圧者の立場に立ってその抑圧からの解放を目指す各国の諸社会運動や諸個人が、階級的あるいは階層的な同一性を基礎に、国家の枠を越えて連帯を求め、さらには国家間の戦争を抑止しようとする思想と運動と定義すれば、いわゆる「プロレタリア国際主義」のそれがこれにあたろう。しかし、「プロレタリア国際主義」の経験と成果は、われわれが今欲するインターナショナリズムからあまりに遠かった。労働者階級の国際連帯を獲得する「ための」、世界革命の「ための」、現実は「労働者の祖国ソ同盟」防衛という目的に堕したが、そのように、あまりにそれが方法的な概念や思想に過ぎたことをわれわれは知っている。

ここでひとたび価値形成論的観点からインターナショナリズムの歴史をみれば、インターナショナリズムが思想と運動として自立するためには、国家を超越する普遍的価値を立てて、国際的連帯を獲得することが必要であったはずである。国際的な連帯の実現は、それだけでは価値ではない。それはあるべき価値を創出するための方法的概念にすぎない。

アナーキズムは、反国家・反政治を標榜し無政府社会の実現を期するというその本質から、国民を国家の側へと誘引するものと最も先鋭的に対峙してきた。日本アナーキズムは、インターナショナリズムを求めて、いかに国民を国家の側へと誘引する「ナショナル」なもの(1)を乗り越えようとしたのか。アナーキズム運動に限らず社会主義運動は、近代が生み出した抑圧的な諸制度からの全人類の解放という世界的大義の実現を標榜する限り、その思想や運動を国家の枠内に押し止めようとする「ナショナル」なものと対峙し、価値的にもこれを超越する必要があったはずである。

日本アナーキズムは、「ナショナル」なものに対して、いかなる価値を対置し、その乗り越えを図ったのか、そしてその試みは、成功したのか否か。その思想と運動の草創期から、日本アナーキズムが、そのときどきに自らのインターナショナリズムをどのように構築しようとしたのかを明らかにしたい。日本アナーキズムのインターナショナリズムのありかたを検討することは、暴力的に進行するグローバリゼーションにいかなる対抗的価値を対置できるかという現代的な課題にも、何らかの示唆を与えるものといえよう。

一　インターナショナリズムを求めて

日本のアナーキズム運動がそのときどきにどのようなかたちで海外の運動との連帯を求めて活動したのかを明らかにする作業は、日本のアナーキズムが世界的な運動状況のなかに自らをどう位置づけたかという自己認識のありかたを探ることでもある。これを、初期社会主義段階から運動の衰退期まで、時系列でみていくことにする。

①初期社会主義段階（一九〇五年〜一九〇七年）

この段階については、直接行動派のヨーロッパ社会主義運動認識と自己認識を問題にしたい。日本の社会主義運動が未だ社会運動としての実態をともなわず、ひたすら現前する日本社会をいかなる方法で変革するかという方法論の定立のための議論が戦わされた時期である。

この時期、インターナショナリズムは運動の指針を与える引照基準として機能する。世界的にみれば一九〇五年一月にロシア第一次革命があり、さらに同年六月には米国労働運動の高揚により移民や非熟練労働者を組織し急進的な労働組合I.W.W.（Industrial Workers of the World）が生み出された。ついで一九〇七年八月の第二インターナショナル第七回大会、すなわちシュトゥットガルト大会ではゼネラルストライキの有効性について議論が戦わされ、同月のアナーキストインターナショナル・アムステルダム大会では、個人主義的アナーキズムかサンジカリズムかが論じられた。こうした前提のもとに、一九〇七年八月の日本社会党第二回大会における直接行動論争が起こった。

幸徳秋水は、一九〇五（明治三八）年一一月から〇六年六月までの在米期間に、I.W.W.と在米ロシア社会革命党員との交流をもったが、帰国するや「世界革命運動の潮流」（『光』一六、一九〇六年七月）を発表し、そのなかで「毎回の万国大会に於ける革命的決議案は常に少数を以て敗れ、急激派の人々は相率ゐて無政府党に向つて走るに至れり」という状況認識を示し、ヨーロッパのゼネストの経験とロシア第一次革命の影響が「西欧諸国の惰眠を撹破」すると断じた。

また大杉栄は一九〇七年二月に『日刊平民新聞』「欧洲社会党運動の大勢」（六回分載）で「近時、欧洲に於ける社会党運動の最も重大なる問題は……非軍備主義と労働組合主義との二つなる事を断ずるを得る也」と記し、フランス社会党最左派のギュスターヴ・エルヴェの「非軍備主義」と「労働組合主義」（サンジカリズムを指す：著者註）が国際社会主義運動の焦点となりつつあるとの観測を述べた。そして、「社会党運動が漸く政治的運動より革命的運動に進みつゝ、あるは、欧洲社会党運動の大勢にして、而して又、万国社会党運動の大勢也」と論じている。

当時、直接行動派といわれた人々の認識は、第二インターナショナルが革命的な方向へ動きつつあるということと一致していたし、彼ら直接行動派は、第二インターナショナルの革命化の動向につながることによって、自己の活動の世界性・歴史的合法則性・正統性を確保しようとしたのであった。[2]

②冬の時代から大正デモクラシー期へ（一九一一年～一九一八年）

その後、一九一〇年の大逆事件で幸徳らが処刑されると、事件後の社会の逼塞状況のなかで片山潜や石川三四郎ら多くの社会主義者が亡命するが、彼らは異郷から祖国の運動状況をどのように見、さらに第一次世界大戦の勃発にあたってどのような感懐を抱いたか。特に、第二インターナショナルが祖国防衛の方向に雪崩をうって流れ、分裂・機能停止に至る状況に、思想的にどう対処したのかを、石川三四郎についてみてみたい。

第二インターナショナルが「城内平和」政策を採ったことで、フランスでは「革命の祖国」を防衛するためとして、フランス社会党も「神聖同盟」に同調することになる。インターナショナリズムは、ナショナリズムに挑戦されることになったのである。左派は少数ながら、戦争反対を唱えてツィンメルヴァルト会議に結集し、第二インター内での反戦運動をめざすものと、新たなインターナショナルの結成をめざすものとの二派が生じた。

このとき、ヨーロッパのアナーキストの一部から、ドイツ帝国主義打倒のための戦争継続を支持する「十六人宣言」[3]が発表される。宣言は、「現段階ではドイツの労働者階級は、彼らの政府の帝国主義を阻止できないがゆえに、平和への希望は有り得ない」ことを指摘し、「ドイツの人々が彼らの政府の帝国主義をささえていること」を糾弾するものであった。[4]石川は、第一次世界大戦即時講和反対・戦争続行を主張するクロポトキンらの「十六人宣言」に署名者として名を連ねた。

このとき日本国内では、ヨーロッパの運動状況をどのようにとらえていたのか。山川均を例にとれば、一九一五年の『新社会』一一月号掲載の「万国運動の復活」で、第二インターナショナルの破綻を、そもそも社会主義がその運動の生成以来、理想主義的に「国際主義」に偏してきて「牢固として抜くべからざる国民性」の前に「微塵」となったという解釈と、社会主義は各国で政権獲得をめざすものであったから勢い運動は「改良的となり、国民的となった」ので、今回の大戦、「帝国主義的資本制の一大飛躍」によって、インターナショナルは「無残」に「粉砕」されたという二様の解釈を提示した。山川自身は、後者の解釈の正しさを信じ、大戦後の社会主義が「一層革命的に一層万国的になる」と考え、「新しいインタナショナル」に期待を掛けた。

国内にあった山川が、限られた情報のなかでこのように透徹した判断をもちえたにもかかわらず、フランスにあった石川が、非戦論から真の意味での自己形成を出発させたはずの石川が、なぜ先の宣言の署名者に名を連ねるに至ったのかが問題とされねばならない。

大戦初期にドイツ軍占領下のブリュッセルで辛酸を嘗めたことが、その大きな要因であったと思われるが、大澤正道氏は、石川が一方的に戦争支持派のアナーキストたちに肩入れした理由を、石川自身が戦争支持派と反戦派の対立という運動の状況を十分に把握していなかったことが根底にあったのではないかと推測した(5)。石川は、亡命中ほぼ一貫して、ポール・ルクリュの庇護のもとにあった。石川はこのポール・ルクリュとの関係から、「十六人宣言」に参加することになったのであろう。

米原謙氏は、周到な現地踏査と文献調査から亡命期の石川の動向を詳細に明らかにし、当時のフランス・アナーキズム運動の思想的組織的配置に石川の言説を置き直して論じた。氏はルクリュ夫人への献身的介護から、石川の「母なるものへの一体化というかたちでフランス人のパトリオティスムに同調する心理」をみている。併せて、当時の左翼ナショナリズムを代表するギュスターヴ・エルヴェに深く影響されていたことを指摘し、「自由の擁護という主張が同時に比類のないナショナリズムの原理となるところに、この戦争におけるフランスのイデオロギーの特徴があった。石川がツィンマーヴァルトに期待をかけながら、フランスのナショナリズムに同調していく原因はここにある」と結論づけた(6)。

これらの指摘は、重要である。石川の思索は、日本社会党大会において直接行動派と議会政策派の調停者として奔走したように、社会主義運動のどの思想潮流に自らを位置づけるかという自己規定からではなく、自己のあるべきすがた、あるいはなすべきことについての省察から始まる。ここにおいてもその特性は発揮されていると考えるべきであろう。つまり、石川は、ツィンメルヴァルト会議に結集した勢力が、帝国主義戦争に労働者階級の階級的立場に立つインターナショナリズム（「プロレタリア国際主義」）を対置したのに対して、まったく異なる文脈でこれに対したのである。これは、インターナショナリズムに背馳する態度のようにも思われるが、この論理の孤立性と重要性そして問題提起的性格については、改めて詳論することとしたい。

いずれにせよ、二人の論者が指摘するように、石川は自己のありかたについての省察をもとに、自らの主観にかけて守るべきもの、価値的だと考えたものを重視することで、ツィンメルヴァルト会議ではなく、「十六人宣言」を選択したのであろう。

③ロシア革命の影響――コミンテルンの登場と「プロレタリア国際主義」――（一九一九年～一九二二年）

ロシア革命は、日本の労働運動に大きな影響を与えた。当時、アナボル未分化だった左派は勢いづき、普選否定論へ奔った。一九二一（大正一〇）年三月二七日の友愛会関西労働同盟会大会は、左派の提出した「普選運動を為さざる事」「同運動を為さざる様、各団体に促す事」という動議を採択した。また翌月の足尾銅山争議（四月四日～一八日）においては、銅山側との妥協に終始した友愛会幹部の麻生久らに対し、サンジカリスト側から知識階級排斥運動が起った。また、労働者自身の手による労働運動・革命運動を標傍するサンジカリズム系思想団体「労働社」の機関紙『労働者』が、高尾平兵衛らによって発刊された（四月一五日）[7]。

「プロレタリア国際主義」の動きも組織だったものとなってくる。これに先立つ一九一九年三月二日、コミンテルン（第三インターナショナル）が結成される。ロシア共産党極東ビューローは、大杉栄を上海の極東社会主義者会議（一九二〇年一〇月）に招請、これを承けて大杉は帰国後雑誌第二次『労働運動』をボルシェヴィスト（高津正道、近藤栄蔵）とともにアナ・ボル共同で発行するなど運動を活発化させる。この動きは近藤栄蔵らの暁民共産党結成の動きで破綻し、この年の一二月で終わる。

さらに、一九二一年六月二二日に開会したコミンテルン第三回大会は、「労働者統一戦線」戦術を採択し、第二および第二半インターナショナル、アナルコ・サンジカリストを対象に、「下からの」統一戦線戦術とともに「上からの」政策的な取り組みも追求することを決議した。

また、翌二二年一月二二日から始まった極東諸民族大会は、第一次大戦後のアジアの支配秩序を確定するためのワシントン会議に対抗し、コミンテルンが主催して極東の被圧迫諸民族と労働者階級の政治組織を集めて開催したものであった。これに、サンジカリストの側から呼応したのが高尾平兵衛・吉田一・和田軌一郎・小林進次郎・北村栄以智である。また、活版印刷の技術を買われて、シベリア出兵中の日本軍への宣伝活動要員として大会後に入露したのが水沼熊・北浦千太郎・秀島広二・白銀東太郎・渡辺幸平である（高尾・吉田・和田は労働社同人、他は新聞印刷工組合正進会員。正進会は、当時サンジカリズムを標榜しもっとも急進的だった新聞印刷工の組合である）。

この間の急進主義者たちのロシア革命観を、東京北郊自主会および労働社の同人であった橋浦時雄にみよう。彼は、ソヴィエト（労兵評議会）を「労働者の自主自治団体の大連合」として解釈し、「共産党の戦闘手段は、労働者会議即ちソヴイエットが単位になつて、各ソヴイエットが堅く結合し、あらゆる非妥協的な方法をもって資本家制度と資本家的組織、習慣、道徳をも破壊し尽くすにある」と主張した。ロシア共産党、つまりは「ロシア革命」の戦術をソヴィエトの組織による権力奪取を核として理解したのである。また、新聞印刷工組合正進会の有力な活動家で労働社同人でもあった北浦千太郎(8)は、「（ロシア革命後のソヴィエトは—引用者）工業的村落が同時に民会の主権者として行動し平和と戦争の権、独立裁判と独立行政とそれ自身の道徳的・経済的・知識的の平等と自由を保証せんと約束する無政府主義の自主自治的な工業村落と同じものであると云ふことは窺ひ得る材料がある」（『関西労働者』創刊号、一九二一年九月）と述べる。

当時のサンジカリストを含む急進主義者たちは、運動の合法性よりも直接性を重視するするがゆえに、革命後の社会の単位を労働者・農民の評議会（ソヴィエト）や労働組合に措定する考え方、つまりロシア革命のもつ社会革命的側面に強い親和性を本来的にもっていたといえよう。

極東諸民族大会に参加したサンジカリストたちは、ボルシェヴィズムへの改宗を明らかにする。つまり、「ソヴィエティズム」を旋回軸とするボルシェヴィズムへの転進である。まず、自治組織としてのソヴィエトへの共感があり、サンジカリズム・ボルシェヴィズムの究極の理想（無支配社会の樹立）の一致を槓杆として、「必要悪」としての過渡期権力（プロレタリア権力）の追認へと至る径路である。

ここでも、自らの信念が、ロシア革命の基本理念によって証明されたという図式がみて取れる。これは、アナ・ボル論争のありかたにも反映し、過渡期権力論と組織論に限定して論じられたことにも反映された。本来サンジカリストたちは、印刷労働者や鍛冶工などの金属労働者であって、その熟練から、つまり自律的な労働過程への関わりかたから生じる自律自主の心性を、労働運動のなかでの言説としてあるいは行動として表現しえていた。しかしそのことが没却され、前述した自らの社会的基礎から生じる、運動の「労働者主義」的性格を対象化せずに終わった。彼ら自らが希求するインターナショナリズムを求めるなかで、むしろその過程こそがこの自己対象化の作業を抑圧する方向に働いたのである。[9]

④全国労働組合自由連合会と汎太平洋労働組合会議（一九二六年〜一九二七年）

一九二六年は、アナーキズム・サンジカリズム運動の退潮傾向のなかで、全国労働組合自由連合会（アナーキスト系・サンジカリスト系のナショナルセンター、以下全国自連と略記）が結成された年である。この年は、普選実施に向けて、中間派が日本労農党を、総同盟など右派団体が社会民衆党を結成し、労働農民党が左翼無産政党として再出発するなど、労働者階級の政治参加の展望が開けた時期でもある。

翌年五月、オーストラリアのニューサウスウェールズ労働組合会議の提唱による第一回汎太平洋労働組合会議が、プロフィンテルンの強い影響のもとに、広東（後に漢口に変更）で開催されることになった。その主要議題は「中国革命と国際労働運動」であった。

日本からの参加者は、統一運動全国同盟・日本労働組合評議会・東京市従業員組合・関東労働組合自由連合会（全国自連加盟団体）等で組織する太平洋労働組合会議代表派遣全国協議会で決定され、サンジカリスト側から歌川伸・松本親敏・松田十九二が参加することになった。全国自連は、結成当初から「極東自由連合主義労働組合会議設置」を提唱し、その第一回全国大会（一九二六年五月二四日）において「東洋各地の同一主張組合に勧誘状を出すこと」と「連絡委員の選出」を可決していたのである。[10]

さて、第一回汎太平洋労働組合会議は、「太平洋戦争反対、太平洋沿岸全労働組合組織の同盟」を基本的なスローガンに、中・日・ソの労働運動の統一戦線樹立を企図するものであった。そして、この会議の提出議題は、いずれもプロフィンテルンの意向を強く反映したものとなった。全国自連代表は、統一運動同盟の五票に対し、票決権一票を与えられたのみで、自らの提案にかかる「サッコ・ヴァンゼッチ釈放に関する抗議の件」は中国代表に提出権が与えられるなど、不本意なものとなった。彼らは、当然、汎太平洋労働組合会議のプロフィンテルン支持決議に反対するものの、会議はこれを可決した。全国自連代表の帰国後、サンジカリズム派が汎太平洋労働組合会議について、消極的ながらも一定の評価を与えたことに対して、全国自連内外の純正アナーキズム派が一斉に批判する。このころより翌年にかけ純正アナーキズム、サンジカリズムの論争が熾烈化する。純正アナーキズムとは、労働価値説に立つサンジカリズムをマルクス主義の亜流として批判する思想的立場で、主に個人主義的アナーキズムに基礎を置く。純正アナーキズム派は、サンジカリスト派がプロフィンテルンの「プロレタリア国際主義」に政治的に乗じられたことを強く批判したのであるが、彼らもインターナショナリズムそのものを否定しているのではない。むしろ彼らも、自らの思想的立場の正統性を確保するために、ドイツのアナーキスト、マックス・ネットラウに書信を寄せたりということを頻繁に行っていた。ここで、サンジカリストの側は、国際的連帯を求めて、純粋に階級的な国際連帯を信じて、思想的立場もあえて踏み越えようとしたのに対し、純正アナーキズム派はあくまでアナーキズム運動のなかでの世界的連帯を求めるという構図が明らかになる。

⑤運動退潮のなかのインターナショナリズム（一九三一年～一九三五年）

全国自連は、第二回続行大会（一九二八年三月）において、純正アナーキズム派とサンジカリズム派とに分裂し、サンジカリズム派は脱退。一九三一年一一月に日本労働組合自由連合協議会を結成する。この時期、運動は産業合理化の進行のなかで解体に瀕していた。結局サンジカリストは、不況過程での産業合理化によって大量に創出された臨時工・社外工への働きかけを中心に運動を進めていく。

このような状況のなかで、両組織とも国際的な連帯を標榜するものの、実質的に同主義の海外組織との連絡・情報交換にとどまっていた。

ここでは、石川が再度戦争という事態と直面することとなった「満州事変」に対する評論を、一九三一年当時の世論の奔騰のなかに置き直すことで、石川の「ナショナル」なものへの向き合い方を検証する。江口圭一は「満州事変」頃の社会状況を次のようにまとめている。

日本民衆をとらえたのは共産主義でも社会民主主義でもなく、満州蒙古を「日本の生命線」であるとし、中国・連盟ひいては米英を敵視し日本軍を讃え日本を絶対化する排外主義と軍国主義・国家主義であった。一九三二年大阪府の主婦により創立され、陸軍の後援をえて、一九三四年末一二三万人・三六年末三六七万人の巨大組織へ成長した国防婦人会はその象徴的存在であった[11]。

一方、無産政党勢力は満州事変にどう対したか。社会民衆党は、「日本国民大衆の生存権確保」を名分に中央委員会で満州事変支持を決議する。全国労農大衆党は、満州事変以降の政治情勢を「金融資本支配の帝国主義ブルジョアジーが、急速にファッショ的支配を確立しつつある」ものと規定し、「対華出兵反対闘争委員会」を作って帝国主義戦争反対の態度を明らかにした。そして、準戦時体制が確立されていくなかで、この勢力から国家社会主義的部分が析出され、活動を開始することになる[12]。

石川は、満州事変勃発後、個人紙『ディナミック』二五（一九三一年一一月）に早速「墨子非戦論」、エリゼ・ルクリュの「戦争と軍隊」を載せ、反戦の態度を明らかにした[13]。また二六号は、「満州事変」と題する石川の評論が当局の忌諱に触れ、その発送直後に発禁処分となった[14]。二七号巻頭の「如何に祖国を愛するか」という評論で、石川は国家間の闘争に乗じて自らの野心を実現しようとする人びとの存在を指摘する。その例として挙げるのは、「小学校の東西もわきまへない児童にまで指を切つて血判させて国軍の勝利を誓願させる」教育者である。しかし、国内にひとたび目を向ければ、「青森県、北海道の飢民救済運動はどんな状態か？」、「若し学校が青年や児童の精神教育を目的とするものであるならば、これこそ先づ第一に学校当局者の関心事であるべき筈だ。これこそ青少年の同胞愛を喚び覚ますべき好機会ではないか」。石川の言葉は、日本人の「愛国心」なるものの事大主義と酷薄さを衝いて辛辣である。

日本人の愛国心といふのは、此のやうな方面にはまことに不向だ　戦争と軍隊以外のことに愛国心を放散することは愛国心の経済にならない。けちな、みすぼらしい、貧民の問題なぞは、ほつといて、景気のよい方へ向つて万歳！万歳！と叫ぶのが『やまと民族の愛国心』であり、武士道の神髄である。愛国心は安売りするが、同情や同胞愛には至つて吝んぼなのがやまと民族の特長《(ママ)》だ。

それでは、石川自身は「如何に祖国を愛するか」。

自分の生れた故郷を愛する点に於て、吾々も人後に落ちない積りだ。けれども、吾々は日本の永遠の幸福を思ふがゆへに、日本の正義を思ふがゆへに、人道の日本を愛護するがゆへに、日本を不義非道の名に汚すことに反対するのである。日本人の才能と精力とは、まだまだ世界各方面に向つて大いに発展すべき約束を吾々に示している。併しそれには、若し無鉄砲な自称愛国心に過られぬならば、といふ条件が付く。

世界的にみても、「デマゴオグ」が各国に横行し、「民衆を煽り、民衆を踏台にして野心を満足しよう」としている。先に「世界戦争」が起こったのもこのことによる。吾が日本に、「尚ほ少しく光輝ある発展を希望するならば、吾々は先づ自ら平和の人道の正義の国民として世界人類の前に立たなくてはならない」と、石川はこの文章を結んでいる。

さて、アナーキズム運動においては、運動の急激な衰退のなかで、二派に分裂していた組織の統一が焦眉の問題となり、メーデー・反ファッショ闘争における両派の統一行動を通じて、一九三四年三月の全国自連第四回大会における両派合同が完成した。再建全国自連は、左右を問わぬ一大産業別組合の結成を戦線統一の最終目標に据え、これによって経済闘争を果敢に展開することが労働大衆を自らの側に獲得することにつながるという方針を採った。しかし、急速に衰退する自派労働運動に対する焦慮は、強固なアナキスト・グループ結成による革命運動へと短絡し、非合法活動へ没入する者を生み出した。無政府共産党事件の発覚による覚関係者の検挙に名を借りたアナーキスト・サンジカリストの大弾圧によって、全国自連は解体し、運動の命脈も絶たれたのである。

こうして、アナーキストのインターナショナリズムを求める動きは、その初発の段階から、自らの運動の正しさを証明するための引照基準として、国際社会主義運動の一潮流に自己をなぞらえるかたちをとった、と言うべきであろう。もちろん、アジアの被圧迫諸国の労働大衆への共感はもちつつも、彼らのインターナショナリズムのありかたは、国際的な運動状況を自国内の運動状況へと手繰り寄せ、欧米の運動とつながることで、自らの運動の「科学性」や「正統性」を確保しようとしたのである。社会運動を「科学」として定立することが可能となれば、内国的な政治社会事象を世界的な文脈で説明することも可能になる。ついで、運動論においては、反帝国主義運動としての国際反戦運動との連携によって、階級的な立場からの反戦を中心課題とする国際連帯が可能となり、「正統性」「世界性」「科学性」を自己のもとに確保できる。ここに、インターナショナリズムに、過剰な政治性が付帯する理由がある。

彼らは、国家を越えた自由な連帯を模索したはずであったが、根底に強い科学性・世界性信仰をもっていたと言わざるをえない。国民国家という枠組みを乗り越え、インターナショナリズムを獲得するための、「ナショナル」なものとの対決が必要となるゆえんである。それでは、アナーキストインターナショナリズムは、「プロレタリア国際主義」と選ぶところがないものであったのか。むしろ、一見インターナショナリズムに背を向けたようにみえる石川の言説にこそ、インターナショナリズム構築の思想的基礎をみる。

石川の「十六人宣言」支持問題は、亡命生活と第一次世界大戦の戦禍の体験が、自らよって立つ思想風土の対象化へ彼を向かわしめた契機となったことから、石川が「ナショナル」なものといかに対峙し乗り越えようとしたのかを考察する素材にふさわしいものである。

次に、石川の自己対象化の思想的営みを明らかにすることで、どのようなかたちでインターナショナリズムを構築しようとしたのかを探ろう。

二　石川三四郎のインターナショナリズム論の孤立性と独自性

「十六人宣言」に石川自身が加わったことの意味をさらに深く考察したい。石川三四郎のインターナショナリズムのもつ思想的な意味での孤立性と独自性を明らかにするためである。インターナショナリズムとは、詰まるところ自己認識である。まず個人があり、その個人はその国の歴史的文化的風土のなかで形成される。その個人を成り立たしめる歴史的文化的風土の制約性を認識し、そのうえでその相違を相互に認め合って、さらにそれを乗り越えて、国際連帯を求める。石川の思索はその径路で進む。

まず、その文明観のありかたを探る。石川は、通俗的な「文明」と「野蛮」という区分そのものの妥当性を、ヨーロッパと日本の文化の類型の相違という観点から疑い、否定する。「文明」が「野蛮」よりも価値的であるという通念すらも同様である。そして、「近代思想」において、「進歩」とほとんど同義と考えられている「機械産業の発達」についても疑義を呈する。まず、生産力の発展の成果が、真の意味で全社会的なものとなっていないことを指摘する。次に、人間が自らのために生み出した機械にかえって「征服」されてしまっていることを論じる。本来、人間は「自然を征服」するために「生産交通の便利」を図ってきた。しかし、「人間は自然を征服する前に、自ら其手段たる機械に征服されて了つた」。それゆえにこそ人間は、「進歩」「文明」という言葉にますます深く囚われることになる。そしてその極点に、機械文明の所産たる「征服機械」が「毎日幾十万の人間を虫けら同様に屠つてる」という凄惨な事態がある。[15]「『文明』に伴ふて必ず『暗黒』が進み、『富』に伴ふて必ず『貧』が増し、生産力に伴って浪費力が高まるのであらうか。道徳的事実が増加すると同時に罪悪的事実が必来するのであらうか[16]」。社会を衝き動かしている価値としての「進歩」観、「文明」観に対する、石川の絶望感は深い。

石川は文明観のうえから、この戦争に対する態度を決定した。石川は、ドイツ軍の行った残虐行為を非難し、この戦いを自衛戦として、また不仁な強者から素朴な弱者を守る戦争として位置づけた。この意味において、石川は野蛮から文明を守ろうとしたというよりむしろ、不仁なものから無垢素朴なものを守ろうとしたのである。

しかし、これまでの石川の非戦論者としての立場からこの宣言を支持するまでの間にどのような思想的な変化があったのか、また絶望的な人間観と文明観の表明がどのようなかたちでこの宣言の支持につながるのかを明らかにしなければならない。「十六人宣言」については、第四章第一節で詳述したので繰り返さないが、ドイツ帝国主義からフランスの革命的伝統を守るための呼びかけではあったものの、この宣言に込めた石川の想念はさらに深かった。石川が、「無政府主義の見地から戦争其ものを社会学的及び生物学的に研究すべきである」と主張し、「非祖国主義や、国際運動が行われながら、それが危急に際して全然無力であつたのは何故か？　資本主義の上から見れば全然不利であると見られる戦争を何ゆえにドイツはしかけたか？　一部無政府主義者の言ふ如く、国際間の戦争の非なると同様に、国内の革命運動も矢張り非であるか？」という三つの問いを立てるとき(17)、人間の本性をも蹂躙し破壊し去るものに対するより直接的な怒りや、人間が自ら価値とみなすものを否定されることに対する反発を、正当なものとみなしていることは明らかであろう。また、戦争を「生物学的に研究すべき」という表現を重視すれば、戦争という事態の根底に人間の内部に潜む暴力性をもみていたと考えられる。いずれにせよ、極点に達した文明が第一次大戦という未曾有の惨禍を生み出したという事態は、石川の内部で一つの槓杆となって、さらに文明のありかたについての省察を深化させた。このことは、「ナショナル」なものへの眼差しをも変化させる。

「十六人宣言」署名から一六年という長年月をおいてのことにはなるが、石川は満州事変に対する自らの思想的立場を次のように説明している。

アナーキズムは世界主義であるが同時に民族的でもある。また同時に地方的であり、村落的でもある。それは自由自治の精神から当然そうなるのだ。

民族的だからと言つて排他的だと思つたら間違ひだ。自己の自由と自治とを尊重するアナーギ（マ）ズムは他の自由と自治とをも同様に尊重する。そこに侵略も排外もあり得ない。

こうして石川は、マルクス主義的な「帝国主義戦争反対」の立場とも自由主義とも異なった理論的立場から、満州事変に反対した。ここで、明確に「ナショナル」なもののもつ両義的性格が把握される。それは、偏狭なナショナリズムに基礎を与えうるものであると同時に、個が活動し社会を形成する動きの基層として存在するものであることを意識することであった。

石川のインターナショナリズムは、否定しようとして否定しつくせない「ナショナル」なもののうえに、インターナショナリズムを構築しようとするものだった。一方、天皇制国家においては、天皇制イデオロギーによって伝統的倫理的価値を付与された「ナショナル」なものを守ることが国家への献身に直結していた(18)。そうすることが価値的であると民衆自身が考えていた時代に、その構造と正面から切り結ぶものであったと言えよう。

おわりに

社会主義体制の終焉の後、国民国家一般のもつ抑圧性の問題へと議論が進み、さらにはグローバリズムとどう向き合うかが大きな思想的課題となっている現在、国民国家が創出した「ナショナル」なものの虚構性を暴き出すことは簡単である。しかし、その「ナショナル」なものを根底的に否定すれば「インターナショナリズム」を確保し得、それをグローバル化への対抗的価値として対置することができるということもまた幻想にすぎないことははっきりしている。そうであれば、今われわれに求められるのは、この「ナショナル」なものを文明論的かつ人間論的観点から対象化し、相対化しつつ、これに依拠して普遍的価値を支えうる「インターナショナリズム」を構築してゆく論理である。石川の思想は、その論理を構想する際のひとつの指針を提供するものだったのだ。

註

(1) ここでいう「ナショナル」なものとは、国民国家形成へ向けて民衆を動員するために、伝統的な精神のなかから新たに創られた価値意識を意図している。

（2）第二章第一節参照。

（3）Manifeste des Seize (Manifesto of the sixteen)。

（4）石川の訳による宣言原文が「即時媾和論に対する宣言」として『クロポトキン全集』第一巻（春陽堂　一九二九年）に収められている（同書四九三、四頁から抄録）。

吾々の深い良心から見れば、独逸の侵略は単に吾々の解放の希望に反するのみならず、凡ての人類進化に反する処の一つの脅威であつた（実行に移されたる）。吾々、無政府主義者、吾々非軍国主義者等、吾々、戦争の敵、国民間の平和と友愛との熱烈なる主張者等が、独軍防禦側に属したのはこの故である。そして吾々は吾々の運命を他の民衆のそれから切離さねばならぬと信じなかつたのである。

言ふまでもなく吾々は、この民衆が、自らの手で自己の防禦をなすことを欲したのであつた。併し其は不可能であつたので、避け難き運命に従ふより他なかつたのである。

吾々は今闘つて居る人々と共に、独逸人が正義と権利との健全な観念に帰つて、終に是以上汎独政策の統治計画の、機械となることを拒絶するにあらざれば、平和は問題にならぬと考へる。

勿論、戦争にも係わらず、殺戮にも係わらず、アンテルナショナリストであることを忘れるものではない。又吾々は国民間の結合と、国境の消滅と欲する者であると云ふことも忘れはしない。吾々の解放のあらゆる希望を消滅する処の侵略者に対して抵抗しなければならないと考へるのは、吾々が国民間（独逸国民をも含む）の和合を欲するからである。

四十五年前、ヨオロッパをして広い陣営地たらしめた処の独逸が、自らの平和条件を強要し得る間は平和を談ると云ふ事は無上の不幸な誤謬であらう。独逸の計画に抵抗し、其を失敗に終らしめる事は独逸国民に、健全なる新しき道を開いてやることであり、またこの軍国主義を一掃する手段を与へることである。

吾々の独逸に於ける同志達が、敵対両方のために是が唯一の得策であると云ふことを理解してくれることを望む。吾々は、彼等と協力すべく準備してゐる。

(5) 大澤「編集ノート　堺利彦と黒岩周六、『十六人宣言』など」『石川三四郎著作集』第二巻　五五九頁。
(6) 米原謙「第一次世界大戦と石川三四郎」(『阪大法学』四六　一九九六年六月) 二九〇頁。
(7) 第二章第一節参照。
(8) 帰国後、ビューローを経て第二次日本共産党に入党。福本イズムの風靡期にはアンチ福本イズムの論陣を張る。
(9) 後藤『日本サンジカリズム運動史』(啓衆新社　一九八四年　一四、五頁。
(10) 後藤前掲書、七九～八二頁。以下この節については、特に断らないかぎりこの部分をもとに叙述する。
(11) 江口圭一「一九一〇―三〇年代の日本」『岩波講座日本通史第一八巻　近代三』岩波書店　一九九四年　五二頁。
(12) 絲屋寿雄『日本社会主義運動思想史Ⅲ　一九三一―一九四五』法政大学出版局　一九八二年　六一、二頁。
(13) 「墨子非戦論」「満州事変」「如何に祖国を愛すべきか」の三編が、『日本平和論大系一一　横田喜三郎　石川三四郎　無産政党・労働者の反戦運動資料』(日本図書センター　一九九四) に、大澤正道氏の解説「石川三四郎の平和主義」を付して収められている。
(14) 「本誌前号の発禁」『ディナミック』二七　一九三二年一月　一頁。
(15) 石川「文明進歩とはなんぞ」『石川三四郎著作集』第二巻　二一八頁。
(16) 同前、二一六頁。
(17) 石川「十六人問題に就て」五一頁。
(18) 安丸良夫「反動イデオロギーの現段階」『〈方法〉としての思想史』校倉書房　一九九六年　二八七頁。

あとがき

本書は、私の第二著に当たる。早稲田大学大学院に提出した修士論文を、故白井新平氏のご厚意から、相京範昭氏のお手を煩わせて、『日本サンジカリズム運動史』として刊行していただいてから三十数年。本書に収めた論考は、それ以降現在まで初期社会主義研究会の機関誌『初期社会主義研究』に発表したものが主となる。

大学院を修了してのち、郷里の宮城県に帰って県立高校の教員になった私は、教員生活の傍ら社会運動史研究を続けてきた。今でこそ、地方での歴史研究にさほど不自由を感じることはなくなったが、一九八〇年代前半はまだ大学や研究機関から離れてしまうことがなにやら絶望的に感じられた時期であった。そのようななかで救いを求めるように、結成間もない初期社会主義研究会に加わり、そのことで主観的にも客観的にも研究活動を継続することができたのである。研究会の諸氏の有形無形のお励ましに感謝している。テーマは、大正期サンジカリズム運動から遡及するかたちで直接行動論へと移った。本書に収めた諸論考は、そういう意味で私の教員としての履歴と分かちがたく結びついている。

地方での職業生活・研究生活をスタートさせた私は、しだいに教員としてのルーティンワークに名状しがたい枯渇感を覚えるようになった。日々生徒たちを前に、教科を通して普遍的価値のなんたるかを伝えたいと努力する社会科教員としての自分と生徒たちの価値意識のずれ、また同時に歴史研究者としての自分をどう折り合わせるのかという問題もあった。宮城教育大学大学院教育学研究科社会科教育専修への現職教員の派遣の制度に応募して四〇歳の社会人学生となり、本郷隆盛先生の下で倫理学を学び、石川三四郎の思想で二度目の修士論文を書いた。価値形成の主体たるべき個と社会の調和的なあり方をどうつくりあげるかという石川の思想的課題が、教科指導を通して何を価値として生徒に伝えるかという教育の課題と通底し、胸に迫ったのである。本書の第一章第一節はこの時期の所産である。

さらに、四年をおいて、東北大学大学院博士後期課程に編入学し、大藤修先生と安達宏昭先生にご指導をいただいた。このときには、私の職場の異動などもあり、お二人の先生の熱心なご指導にお応えできたとはいえず、忸怩たる思いがある。大藤・安達両先生には、本書を上梓することで、ご指導に対する感謝の気持ちをいささかなりとも表したい。

さて、今回このようなかたちで、同成社から刊行していただくことになったわけであるが、これが私にとっての研究生活の一区切りになることはまちがいない。そして、同時に私は教員生活を終える。これからは、かつて文化財保護行政に携わった経験を活かし、郷里の文化財保護活動を通して地域社会への恩返しをはかりたい。

また、当面は、これまで収集した史資料の整理を進めつつ、前著の改訂に取り組みたいと考えている。思えば、前著は社会経済的な分析手法で、サンジカリズム運動の社会経済的基礎を明らかにし、その基礎構造の歴史的変化から、運動の展開と衰退の過程を明らかにしようとしたものであった。本書の序章で述べたようなもっと自由な視点から、この運動を考えてみることが必要になったのだと思うのである。

末尾ながら、本書の上梓をお勧めいただいた同成社ＯＢの吉田幸一氏に感謝の念を申し述べたい。同氏には私の作業が遅々として進まず大変ご心配をお掛けした。また本書の刊行をお引き受けくださった同社の山脇洋亮会長、種々ご高配を頂戴した佐藤涼子社長に深く御礼申し上げる。

二〇一六年三月

後藤彰信

初出一覧

序　章　日本的アナーキズム論―切り穴を潜る人々（書き下ろし）
第一章　アナーキズムの受容と伝統思想
　第一節　石川三四郎の思想形成と伝統思想
　　同名論文　松永昌三編『近代日本文化の再発見』岩田書院（二〇〇六年一月）
　第二節　石川三四郎と田中正造
　　同名論文　金戴昌・小松裕編『公共する人間四　田中正造』東京大学出版会（二〇一〇年九月）
　第三節　大杉栄と佐々木喜善との交流
　　「大杉栄、佐々木喜善との交流と平民社参加の頃」『初期社会主義研究』一六（二〇〇三年一一月）
第二章　初期社会主義におけるアナーキズムの位置
　第一節　「万国無政府党大会」と幸徳秋水
　　同名論文『初期社会主義研究』一（一九八六年一〇月）
　　「資料紹介　幸徳秋水「日本の労働運動」（仏文）」『初期社会主義研究』九（一九九六年九月）
　第二節　直接行動論再考
　　同名論文『初期社会主義研究』六（一九九三年一月）
　第三節　サンジカリズムの受容過程と『近代思想』

同名論文　「大杉栄と仲間たち」編集委員会『「大杉栄と仲間たち」『近代思想』創刊一〇〇年』ぱる出版（二〇一三年六月）

第四節　石川三四郎の自由恋愛論と社会構想
同名論文『初期社会主義研究』一八（二〇〇五年一二月）

第三章　社会運動としてのアナーキズムとその社会構想

第一節　石川三四郎と吉野作造の思想的軌跡とその交差
同名論文『国史談話会雑誌』四七（二〇〇六年）

第二節　日本サンジカリズム運動とコミンテルン
「労働社論」『初期社会主義研究』二（一九八八年四月）

第三節　暁民共産党事件と仙台
同名論文『初期社会主義研究』三（一九八九年一二月）

第四章　社会運動の退潮と新しい統合原理の模索

第一節　日本サンジカリズム運動の展開と石川三四郎（書き下ろし）

第二節　石川三四郎の神観念と統合原理の模索
同名論文『初期社会主義研究』一九　二〇〇六年一二月）
『日本史年次別論文集二〇〇六年版』学術文献刊行会（二〇〇九年六月）に収録

終　章　日本アナーキズムにおけるインターナショナリズム
同名論文『初期社会主義研究』二五（二〇一四年五月）

石川三四郎《いしかわさんしろう》と日本《にほん》アナーキズム

■著者略歴■

後藤彰信（ごとう　あきのぶ）

1956年　宮城県生まれ

1980年　茨城大学人文学部文学科史学専攻卒業

1982年　早稲田大学大学院文学研究科博士課程前期課程日本史専攻修了

宮城県公立高校教員として勤務する傍ら、宮城教育大学教育学研究科修士課程社会科教育専修を修了、東北大学大学院文学研究科博士後期課程に編入学、単位取得満期退学。

2016年　宮城県公立高校教員を定年退職

現　在　初期社会主義研究会会員　日本思想史学会会員

〈著書〉『日本サンジカリズム運動史』啓衆新社　1984

2016年7月20日発行

著　者　後　藤　彰　信

発行者　山　脇　洋　亮

組　版　㈱富士デザイン

印　刷　モリモト印刷㈱

製　本　協　栄　製　本㈱

発行所　東京都千代田区飯田橋4-4-8
（〒102-0072）東京中央ビル　㈱同成社

TEL　03-3239-1467　振替　00140-0-20618

ISBN978-4-88621-731-8　C3021